# 図書館の興亡

古代アレクサンドリアから現代まで

マシュー・バトルズ

白須英子＝訳



草思社文庫

図書館の興亡◉目次

※本文中の〔　〕は訳注

# 図書館の興亡　古代アレクサンドリアから現代まで

# 第1章　図書館は宇宙に似ている

俗人は、図書館ではばかげたことが常態であり、理にかなったことは（たとえ小さな、単なる首尾一貫性というようなことさえも）奇跡的な例外であると主張する。

ホルヘ・ルイス・ボルヘス「バベルの図書館」

私がハーヴァード大学ワイドナー記念図書館で働き出したとき、これでたくさん本が読めると思ったのがそもそもの間違いだった。トーマス・ウルフの小説『時間と川について』のなかで、主人公ユージン・ギャントが、ワイドナーの書架のあいだをうろつきながら感じためまいがどんなに強烈なものだったか、たちまち思い知らされることになったのだ。

このところ彼は夜になると図書館の書架のあいだをうろつき、たくさんの書架の一つから本を抜き出しては気が狂ったように読みふけっていた。書架に並ぶ膨大な量の書物を思うと気が気でない。読めば読むほど自分の知識が乏しいように思える——読んだ本の数が増えるにつれて、到底読みきれない本の数も無限に増えていくような気がして……数百冊、数千冊、数万冊と読んでいくうちに、なんだか頭がおかしくなってきた……まだまだたくさんの本が待っていると思うと胸が張り裂けそうだ。彼は、本の中身を、鳥のはらわたを食いちぎるように突つき荒らしている自分の姿を思い浮かべた。

主人公の芝居がかった行動は、図書館でだれもが直面する当惑をよく表わしている。目標の書架を探し出して書物を手にとり、その重みを感じながら巻頭頁の文字の形やレイアウトをためつすがめつし、だれか書き込みをしていないかと覗いているうちに、肝心の内容は何だったのか、印象はしだいにぼやけてゆく。知りたいことはみなここにあるよ、と表紙の裏表、文字の行間が手招きしているかのようだ。一冊の本との心温まるめぐり合いを夢見て図書館にやってきた読者は、おびただしい数の本、頁をめくったり表紙がこすれ合ったりする音、大量の本が集められている場所独特のつんと鼻を突く匂いなど、言語が物体化された現実に気づかされて愕然とする。もちろん、本が物であるという実感は、大きな図書館であればいっそう強い。そこでは、堆積された書物の言葉の重みがそれなりの引力を発揮しているように感じられる。とはいえ、トーマス・ウルフに限らず、私自身や他の数えきれないほど大勢の人たちを魅惑するワイドナーよりも大きな図書館はそうはないのだが。

タイタニック号の沈没で、ハーヴァード卒業生の愛書家ハリー・エルキンズ・ワイドナーを失った母上が、息子の死を悼《いた》んで寄付した蔵書と基金をもとにつくられたワイドナー記念図書館は「壮大な不沈図書館」で、十層《レヴェル》になった全長九十キロメートルもある書架には、多少の増減はあるが、約四百五十万冊の本が収められており、書棚はがっしりした鉄骨でできていて、それが建物の重みを担っている。この図書館はまことに文字通り、そこに収蔵された本によって支えられているのである。

内部にひしめくのは司書や図書館利用者、教授たちばかりではない。営繕係、文書配達人、コック、経理担当者、学生やパートタイムの図書整理係、ウェブマスター、ネットワーク管理者、人事担当者もいて、さながらハーヴァードの九十あまりの学部と学科の蔵書を統括する都市国家の感がある。それらすべての蔵書を合わせれば千四百万冊にのぼり、世界最大の大学図書館を形成している。

ワイドナー図書館の埃っぽい書架のあいだにはいくつものトンネルがある。その一つを行くと、官庁刊行物保管所があり、そこで私はインドのウッタル・プラデーシュ州やカシミールの村々に土や草でできた家が何軒あって、籠編み職人や革なめし職人が何人いるかなどを記録した統計資料を読んだことがある。別のトンネルを行くと、劇場関連書のコレクションと、大きさも形もさまざまな、名目上は、書架にそのまま置くと傷《いた》んでしまうか、あるいは成長段階の一様でない大学生の目に触れさせるにはあまりにも猥褻であるような代物がしまわれている〝X－ケージ〟がある。ここには、十九世紀の流れるような手書きの言語学小論文の入った薄い箱が積み重ねられていたり、二十世紀はじめの英国ジョージ王朝時代のタイプ原稿や、スペインで業績を残したアラブ人哲学者で、医学者でもあったアヴェロエスの写本のフォトコピーを綴じ込んだバインダーもある。移民反対運動家たちのぼろぼろになったパンフレットや、親ナチ・アメリカ人の雑誌もあるが、これは書かれている思想ゆえに別途保管されているのではなく、不況時代の紙に含まれている酸が原因で、文書がしだいに変質してしまうためである。

こうした通常は鍵のかかった、めったに訪れる人のない図書館の一角で、「軍隊用ドイツ語・特殊用語ゲーム」というタイトルを見かけたことがある。それはフィルターなしのタバコの箱くらいの容れものに、遊び方の説明書といっしょにトランプが入っているもので、「ヨーロッパ前線で捕らえた捕虜の尋問に必要な語彙をトランプ遊びをしながら楽しく覚える！」と銘打ってある。カードには、「Das ist keine Zeit zum Streiten! Raus!（議論しているひまはない。吐け！）」とか、「Trotz Ihrer Lügen, beabsichtige ich, Ihnen noch eine Gelegenheit zu geben（もう一度チャンスをやる。こんどは嘘つくな）」など、役に立ちそうなカードも含まれていた。日本兵を扱う同種の表題のものにはこう書いてある。「大半の言語マニュアルは旅行者用だが、これはちがう。本書は日本兵《ジャップ》をこてんぱんにやっつけようと戦っているアメリカ陸海両軍の兵士のためのものである」

だが、図書館は――とりわけ大規模なものは――単なる骨董品の陳列棚ではない。それは一つの世界だ。包括的でありながら未完で、神秘に満ち満ちている。そこは世界に似て、人が決めた書物の優劣順位の永続性には無頓着の変化もあれば季節もある。読者の要望という強い引力によって、本は図書館から潮の干満のように出たり入ったりする。ワイドナー図書館を出入りする書物の整理をしている人たちの話によれば、図書館は「呼吸している」という。学期のはじめに書架は渦巻く大きな雲のなかに本を吐き出し、学期の終わりに図書館が息を吸い込むと、書物が舞い戻ってくる。つまり図書館もまた一つの身体である。書物の各頁は目に見えない体内の器官を圧縮成形《プレス》したようなものである。

ほかでもないワイドナー図書館でなら、宇宙というものは本という一つの元素の無限の変異体によって構成されているのだとつい思ってしまう。私自身までもが、十六世紀のイタリアの画家ジュゼッペ・アルチンボルドの描く「図書館長」と同じように、本でできていると勘違いしそうなのだ。アルチンボルドのパトロンだったルドルフ二

ジュゼッペ・アルチンボルド作（1566年頃）『図書館長』（スウェーデンのスコクロスター城蔵　©ゴラン・シュミット　LSH photo）

世のプラハ宮廷は、合理的なものと非合理的なもの、神話的なものと経験によって立証できるものをためらいもなくごっちゃにし、宮廷天文学者だったティコ・ブラーエやヨハネス・ケプラーも、錬金術師でもあり占星術師でもあるような扱いを受けていた。アルチンボルドは自分を取り巻くこうした矛盾を大いに面白がり、興に乗って、本でできた人間を「図書館長」として表現した。その男は一冊の本ではなくて、図書館全体を表わしている。頬と唇はアルチンボルドの時代によくあった祈禱書のような小型本である。これと対照的に、彼の右腕は本としては一番大きくて重い二つ折り判〔二五八頁参照〕でできている。頭の上に開いている頁は印刷ではなく手書きで、上からしか読めない。

ここだけでなく、どこの図書館の書架のあいだに立っても、その膨大な数の書物には実際、人間の経験のすべてが含まれているのではないかという強烈な印象を受ける。膨大な数の書物は宇宙のひな形ではなくて、宇宙そのものを形成している。建物の奥へつながる擦り減った大理石の階段を、何層にもわたって収納された書物のぷんと鼻をつく匂いを嗅ぎながらいそいそと降りていくと、外界で起こっているすべてのことは文字にして印刷され、これらの書架のどこかにあるにちがいないという感覚に襲われることがしばしばある。ここにある書物を配列しなおせば、宇宙の神秘や、神の秘密の名と同じくらいの神聖な言葉《ロゴス》があらわになるのではないかという密教的神知論者《カバリスト》のような白昼夢につい誘い込まれそうになる。一九八三年にブータンで出版された四十三冊の本、中国で出た三万一千六百二冊、はるか昔に消失したニネヴェのアッシュールバニパル二世の図書館の三万個の粘土板、カエサルがアレクサンドリアで自分の船を炎上させて灰にした三十万巻の巻子本《かんすぼん》〔軸に巻きつける形式の本〕のなかには、探せば「賢者の石」の製法が載っていたのではないか？　西サモアの八つの日刊紙のうち、どれに目を通すべきか？　ヘンリー八世の多事多難な宗教改革期の統治時代にソールズベリー大聖堂から盗まれた破れた写本の綴じ込みのなかに、神の名は乱暴に放り込まれたのでは？　一九九六年だけでイランで出版された児童書二千六百三十五冊のうちの数冊は何らかの情報伝達用に暗号化されていたのか？　こんな夢想に耽《ふけ》っていると、ものごとを単純化してしまう危険がある。もし世界が一つの図書館に圧縮されうるのなら、一冊の本にだって――いや、たったの一語にだって圧縮できるのではないかと。

一八七〇年代から一九九〇年代までのあいだに、ハーヴァードその他の学術図書館の蔵書は百倍、場所によっては千倍に増えた。こうした奔流のような書物の増加は多くの人に恐怖を覚えさせるほどの衝撃と不安をかきたてている。いったい、だれがこんなにたくさんの本を読む暇があるのだろう？『昔の図書館司書年鑑』という作者不詳の十八世紀の本（実際は二十世紀はじめのボストンのある図書館司書の作り話）によれば、昔の司書は自分の担当する書物の埃を丁寧に払い、一冊一冊、時間をかけて読み、最後の一冊までくると、また同じプロセスを繰り返したと、その奇特さを激賞している。今日の学術図書館の司書は一生かかってもこうした仕事をやり遂げることはできないであろう。いや三百回生まれ変わっても無理だ。それにもちろん、蔵書数は限定されていない。ハーヴァードの図書館では毎年、規模の大小を問わずすべての学術図書館と同様、われわれのだれ一人として一生かかっても読みきれないほど本の数が増えている。世界最大の総合図書館であるアメリカ議会図書館は、すでに全長八百五十キロメートルの書架に一億冊以上の書物があるところへ、毎日七千冊ずつ増加している。それだけではない。ワードプロセッサーやファクシミリ、フォトコピーでわれわれが毎日作り出すその日限りの印刷物のほかに、インターネットのウェブ上には八億頁もの情報が提供されている。まさに情報の氾濫のなかにいることは明らかだ。

こうした印刷物の洪水のなかにいると、それをどうやって整理するか自問せざるをえない。かなり最近まで――図書館の歴史にとっては短い期間である二、三百年前まで――図書館司書は自分をストア派哲学者セネカの信奉者の一人とみなすことができたであろう。『セネカ道徳書簡集』のなかには、「どれだけたくさんの本があるかではなくて、どんなにすぐれた本があるかが問題だ」と書かれている。セネカの言う図書館はカトリック教会の聖者一覧表のように申し分のない本がずらりと並んでいるようなところだ。私はむしろ、この種の図書館を〝パルナッソス神殿〟と呼びたい。デルフォイと同じようにパルナッソス山麓の丘の天辺に建てられたその神殿は、アポロと知を司る女神たちにとって神聖な場所だった。そこに集められた書物は知の精髄である。どの書物も本質的には（古典的な定義での）善と美、（中世の定義での）神聖さを追求してやまない。宇宙のひな形としてのこうした図書館は、最高水準のものを集め、それらがみごとな調和をかもし出す。

これと対照的に、総合図書館では、書物は少なくとも最初の段階では、貴重品、あるいは本質的なものの結晶として扱われることはない。書物は単なるテキスト、生地《きじ》のようなもので、やがて切り刻まれ、綴り合わされて新たな組み合わせやスタイルごとにまとめられる。書物は空の星か、独自の分類法を編み出した十八世紀のスウェーデンの植物学者リンネにとっての草花のように、特別の影響力や特質のために賞賛されることはなく、読みたい人が現われる前に、まず数えられ、分類されなければならない。

気むずかしいセネカは、知の精髄を集めたパルナッソス神殿の扉の上に大文字で刻みつけるのにふさわしいモットーを与えた。アメリカ第三代大統領のジェファーソン（彼の蔵書はヴァージニア大学とアメリカ議会図書館のコレクションの中核をなしている）は、絶え間なく増え続ける総合図書館の「蔵書は……単なる消耗品ではなく、資産であることが望ましい」と、セネカとはまったく対照的なありようを示唆している。

どんな図書館でも、社会的、文化的、神秘的効用を吟味したうえで収蔵図書を厳選する。言葉《ロゴス》が社会にもたらすもの——それは神や、知を司る女神たちの息吹、善と美の住処《すみか》、すさまじい情報の嵐、あるいはそれらすべてを寄せ集めた得体の知れない融合体であるかもしれないが——図書館が神聖なものとして保存するのはまさにこれだ。究極的には、書物や言葉を扱う人間である司書はみな、総合図書館はパルナッソス神殿に成りうるという共通した信念をもっているかもしれない。そうだとすればおそらく、ステファン・マラルメの「この世のすべてのことは究極的には一冊の本になる」という言葉は、私が図書館で体験してきたことをもっともよく物語る。

二十世紀のフランスの哲学者ジャック・デリダは、『グラマトロジー〔文字言語を文明解読の基本とする方法〕について』のなかで、〝痕跡の痕跡〟である文字言語は、音声言語から二次的に形成された記号システムにすぎないのではなく、ひとことで言えば、それ自体独立した存在であると言っている。デリダは自論を裏付けるために総合図書館を詳しく調べる必要はなかったであろう。なぜならここでは、文字言語が、古写本の書き出し、結びの言葉や署名、奥付、左右の頁、紀元四－八世紀頃の丸みのあるアンシャル字体、ベネヴェント風字体、文字を縦に伸ばして圧縮したようなメロヴィング風字体などの手稿本、パリンプセスト〔元の字句を消して羊皮紙に上書きしたもの〕や欠文、二つ折りから四つ折り、六十四折までいろいろな大きさに製本されたもの、鎖線やすかしの入った紙に書かれたもの、初期印刷本《インキュナブラ》〔ヨーロッパで一五〇一年以前に活版印刷された現存する書物〕やCD-ROM、『百科総覧』やカトリックの『禁書目録』、主題、著者、書名カード、MARC（機械可読目録）書式《フォーマット》の細目分類部分や数字・文字列の一字一字、などの寄せ集めのなかに独自の命脈を保っているからである。

英国の哲学者で科学者でもあったロジャー・ベーコンは、ヨーロッパ中世の他の自然科学者と同じように、薬草、鉱物、言語の三物質が魔術的効果を可能にすると考えていた。書物は繊維質でできた記録用材、緑礬《りょくばん》や煤でつくったインク、それに言葉という三つの結合体である。文字言語は、植物や石と同じように、われわれが口にする言葉とは別の存在で、この世に多大な影響力があるという考え方は、あちこちの伝承によく見られる。図書館の本は、大量に集められ、山のように積み上げられたり、適当に処分されたり、読まれたり、忘れられたりするなかで、単なるテキストではなく、それなりの命脈と歴史をもつ形ある物体なのである。

たとえば、私が働いている図書館にこんな一冊の本がある。一五〇三年、イタリア北西部サヴォーナの印刷業者フランチェスコ・ド・シルヴァは、ドミニコ会修道士ナニ・ミラベッリの*Polyanthea opus suavissimis floribus exornatum*（古典名作概説事典）の初版を発行した。当時のすべての本がそうであったように、この事典も綴じていない折丁のままで売られ、個々の購入者は刷りたての頁を自分の好みに合わせて、簡単な、あるいは装飾を施した表紙のなかに――時にはポケット版にして――自分で自由に綴じ込んでいた。学生たちは印刷された一冊の本を綴じないでおき、仲間の学生と分け合って図書費を節約することもできたであろう。反対に、裕福なコレクターは、すでにかなりの規模になっていた自分の図書室にマッチした色に染めさせた革表紙に金ぴかの題字を入れた本に仕立て上げていたかもしれない。だが、ホートン図書館に残っているこの一冊は、過去五百年のあいだのいつかに再製本されたものだ。表紙になっている素材は、グーテンベルク以前の、来歴はよくわからない手書きの交唱聖歌集のもので、ヴェラムと呼ばれる子牛か子羊のものと思われる革製、本の表紙ときっかり平行に三行の歌の一節が描かれていて、手書きと印刷、天《あま》がける音楽と地を行進するテキストが珍妙な合体を余儀なくされている。

初期の印刷業者と製本業者とのあいだで、こうした慣習はめずらしくなかった。王妃の離婚問題で国王ヘンリー八世がローマ・カトリック教会と決裂した十七世紀の英国では、修道院の新たな所有者になった世俗主義者たちは、蔵書を紙の製造原料用のパルプと、新本用の表紙に分け、さっさと売り払う人が多かった。十五世紀後半から十六世紀初頭にかけてのテューダー王朝時代に指導的立場にあった人のなかには、こ

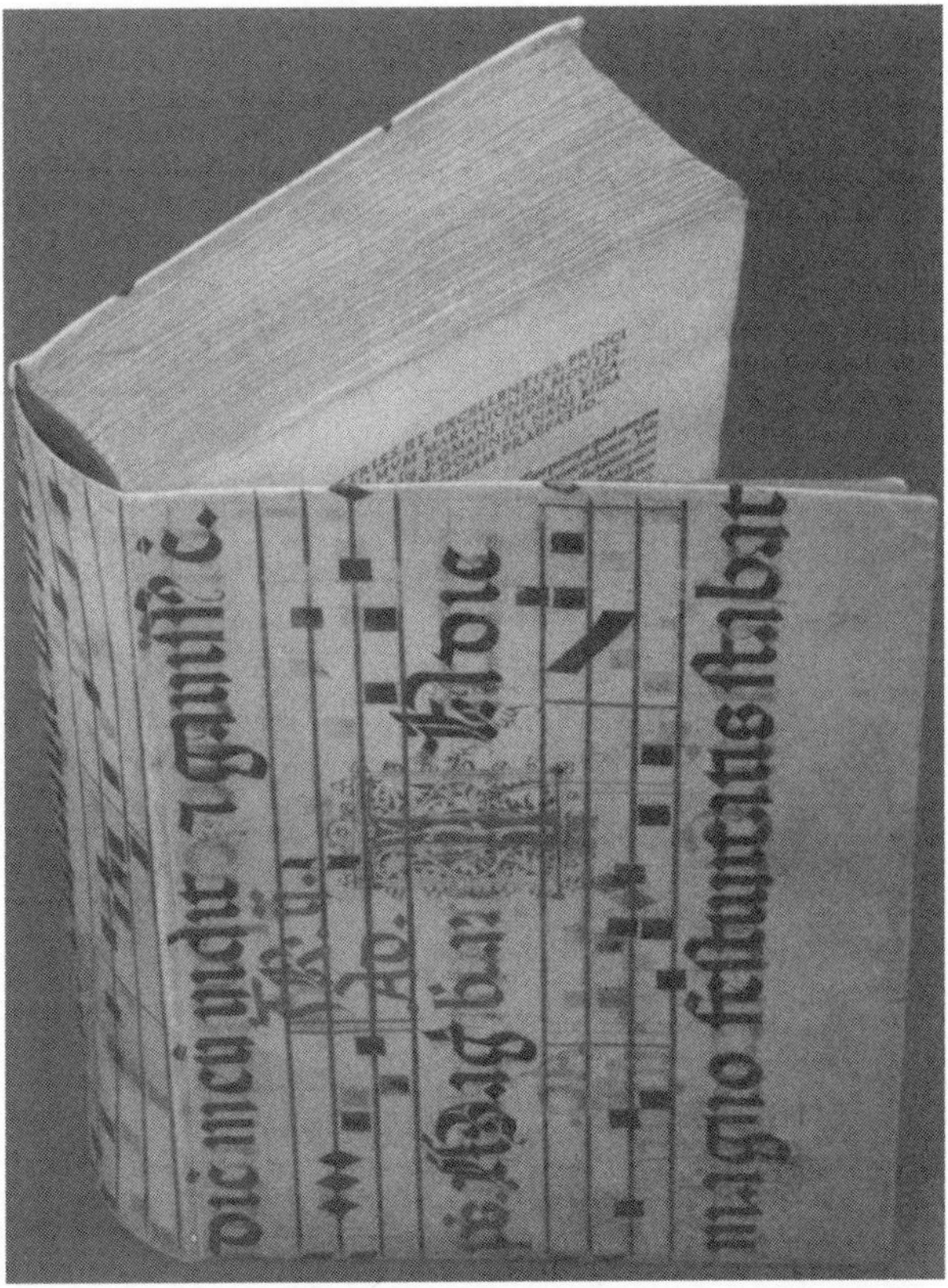

ナニ・ミラベッリ著『古典名作概説事典』手書きの交唱聖歌集の1頁で装丁された印刷本（ホートン図書館　Typ 525 03.596 F. ハーヴァード大学ホートン図書館印刷・グラフィックアート部蔵　©スティーヴン・シルヴェスター、ボブ・ジンク　HCL imaging services）

れを文化の破壊と見る人もわずかながらおり、国王の側近の一人ロバート・コットンは、たくさんの作品を表紙からはずしてひそかに保存した。そのなかには現存するもっとも古い『ベーオウルフ』〔八世紀の英国の英雄叙事詩〕の写本もあった。同じようなことは印刷本時代の最初の数十年にはヨーロッパのあちこちでもあって、たとえば、失われずに残っている古英語のサクソン方言を記録した唯一の文書がヴァチカン図書館のある本の表紙の芯に使われているのが発見されている。総合図書館にとっては何より貴重な捨てられたテキストや短寿命の収集品（絵葉書・ポスターなど）は、こうして何世紀ものあいだ、リサイクルされ続けた。二十世紀までに出版されたフランスの薄っぺらな革の背表紙の下張り部分を覗いてみれば、大文字の並ぶ広告頁が剝ぎ合わせてあるのが見られるであろう。

もち歩けるような本ができる前の、書物が高価で、専門技術を要する品物であった頃でさえ、写本はリサイクルされていた。記録用材のヴェラムは、すでに書かれているものをこすり消すことができた。どこかの地主の所有する農奴の名簿や、もしかすると共和政府転覆の陰謀をたくらんだカティリナを元老院に告発するキケロ〔紀元前一〇六－四三〕の文書も、きれいに消されて、新たに書き込める記録用材になっていたかもしれない。そのような再利用される写本のことをパリンプセストと言う。過去に書かれたものの残影が新たに書かれたものの下に残っていて、紫外線によってのみ、読みとれることがある。

時の経過を示すものは物体としての本のあちこちに刻み込まれる。表題頁の裏側には取得日がスタンプあるいは鉛筆で記され、貸出票にはその本が貸し出されたことがあるかどうか、あるとすればいつ、何回ぐらい貸し出されたかなどが記録されている。背表紙や紙の状態は時間の経過と正比例はせず、むしろ利用者との流動的な、時には抜き差しならない関係を如実に物語る。最近出版された本は、ボール紙の表紙がゆがんだり、背綴じが緩んだり、頁がちぎられたり、ぞんざいに書き込みをされたり、ひどく傷んでいて心配になることがよくある。それに引きかえ古い書物は、もっとも熱心な利用者からさえ一度も覗かれたことがなく、つながった頁もカットされておらず、染み一つついていない。やっと棚から引き出しても、製本所から出てきたばかりのように背綴じが固くて、開こうとするとバリッと音がする。貸出票は黄ばんでいて、一度も貸出スタンプが押されないまま、朽ちていきそうだ。カード目録は、かつては貸出頻度を物語り、始終調べられるカードは擦り切れて染みや手垢で汚れていたものだが、あまり調べられないカードは真っ白く、きれいな状態で前後のカードに保護されるかのようにひっそりケースに収まっていたものだ。もっとも、今ではカード目録はほとんど姿を消し、オンライン目録がデジタル・ネットワークという世にも不思議な方法で来館者を記録する。こうしたシステムは図書の貸出を記録するだけでなく、コンピュータはそれぞれの記録が何回検索されたかも追跡できるし、そのネットワークのなかのどの端末で、何月何日にその検索が行なわれたかもわかる。

オンライン目録はまるで怪物のようで、そのグロテスクな触手であるデータベースはもっとも冷静な学徒である利用者を、わけのわからないことを言うバカ者に変えることさえできると言う人もいる。彼らは何世代にもわたる図書館司書の優雅な仕事であるカード目録のよさが失われたことを嘆く。だが、カード目録そのものが発明された当時の司書の警告を心に留めているなら、われわれはそう急いで隠退しなくてもよいのかもしれない。エドムンド・レスター・ピアソンは一九〇九年にこう書いている。

図書目録を収納する抽斗《ひきだし》付きのキャビネットの数が増えすぎて、ボストン公共図書館とハーヴァード大学の目録がハーヴァード橋でぶつかるという古いジョークがまんざら冗談ではなくなるにつれて、そのなかの一枚を調べる人の精神的苦痛と肉体的疲労は看過できないほど大きくなりつつある。

どこの図書館でもほとんど毎日、そうした人たちの不安そうな様子が見受けられるであろう。Thomas De Quincyの名前は、Deのラベルの抽斗にあるのか、それともQuのラベルのところか考えなくてはならないことに苛立っている人たちを大勢見かける。これかと当たりをつけてみるがたいてい間違っていて、他の抽斗へと走っていくのが、その苦々しい表情から見てとれる……。

冷静さを失いそうになるのは目録を調べる人たちばかりではない。終日座ってこうした分類の嵐にきりきり舞いをしている目録作成者自身も危機にさらされている。今後永久的に、表記をDepartment of AgricultureとAgriculture, Department ofのどちらにするか決定するまで、心神喪失状態にはなるまいと悲痛な誓いを立てていたのはついこのあいだのことだった。相当に強靱な精神の持ち主でも、ここで暗礁に乗り上げて身を滅ぼしてしまう仲間が多いことを彼らはよく知っているのだ。だが、彼らは向こう見ずで、闇雲に突進していった。議論しているうちに、いつのまにか真夜中になることもあった。悪戦苦闘しているうちに明け方を迎え、ついにひんやりとした灰色の曙光《しょこう》がシャッターの隙間から差し込んでくるが、それでほかのものは見えるようになっても、問題解決の兆しはいっこうに見えず、論争者の精神状態は相変わらず不安定なままだった。

これは蔵書数が今日の学術図書館の百分の一だった一九〇〇年頃の総合図書館の話である。ピアソンの言う図書館利用者や目録作成者の悩みは、図書館の規模とか目録のあるべき姿とはあまり関係がなく、総合図書館というものを抽象的に考えたために大きくなったのかもしれない。

分類方法については、また別のもっと次元の低いレベルでこまごました歴史がある。アメリカの大学図書館では、現在広く使われている議会図書館請求記号システムを採用している。これは人間の直観的知識を無視した何が何だかわからない数字と文字の組み合わせだが、〝厳正な〟書誌学上の法則に則ったものである。他にも分類法があり、なかでも一番有名な（悪名高いという意味でも）のはデューイのものだろう。かつてはほとんどの図書館が独自の図書検索システムを採用していた。ワイドナー図書館でも書架には古いシステム時代の名残があり、二十世紀はじめに考案された情報の種類別分類方法の痕跡が見られる。たとえば、Ausの分類には、Austro-Hungarian Empire（オーストリア＝ハンガリー帝国）の歴史書が入っており、Ottの分類には Ottoman Empire（オスマン帝国）関連の文書が集められていて、調査者に便宜をはかっている。ダンテ、モリエール、モンテーニュもそれぞれ独自の分類がある。

総合図書館では、深遠で難解な書物も大衆向きの本も、それぞれの時代のパターンや好みを度外視して混ざり合っている。さまざまな出版社から出ているシェイクスピアの異文版もあって、そのなかには、一九一〇年版の〝エイヴォン（生地ストラトフォード・アポン・エイヴォン）の詩人〟シェイクスピアの全集をもとにしたブレイナード・マッキーという人の『五行戯詩で語るシェイクスピア』のような、原本を正しく引いているのかどうか怪しい、へたくそに韻を踏んだへぼ詩も収納されている。以下にマッキーの『テンペスト』からの要約版をお目にかけよう。世にも稀な愛書家のプロスペロー〔『テンペスト』の主人公〕はどこにも出てこない。

There once was a girl named Miranda
Who flirted with one Ferdinand, a
Shipwrecked young prince
Who, after a rinse,
Played chess with her on the veranda.

（昔、ミランダという名の娘がいて
難破したフェルディナンドとかいう
若き王子に言い寄った
王子は身づくろいをしてから、
ヴェランダで彼女とチェスをした）

ハーヴァードで学んだ十九世紀のアメリカの自然派詩人で随筆家でもあったヘンリー・デーヴィッド・ソローは、閲覧室ゴア・ホールの薄暗いくぼんだ小部屋でこうした五行戯詩を読んでいた可能性がある。ソローは「コンコード川とメリマック川の一週間」〔一八四九年〕にこう書いている。「図書館には世界中の叡知の記録が並んでいる。だが、その記録のどれ一つとして、蔵書を一冊増やすだけで本当の意味の宝の蓄積にはなっていない……シェイクスピアもミルトンも、未来にどんな仲間と遭遇するか予見してはいなかった」。自然を最高に内容豊富な図書館と思って散策し、どんな些細なことにもすばらしい資質や偉大さを見つけ出したソローでさえ、図書館の悪書は、文学の常春の朝に降る雹《ひょう》のようなものだった。それでも、ひそやかに動き回るリスや、若芽を食べ尽くされたリンゴの木からソローが発見した不思議な驚きに似たものもまた、図書館のなかに生きている。図書館利用者は、生年月日や名前の綴りなどから占うと、〝エイヴォンの詩人〟シェイクスピアの戯曲の作者はフランシス・ベーコンであったとする論文や、年代記からオクスフォードの伯爵エドワード・デヴェーレを原作者として復活させた詳細な研究、(少なくない冊数の)シェイクスピア原作説を支持する伝記物語のうちの一冊を、蔵書のなかから手にとって見る必要があるのだろうか? いや、そうした本は、これこそ総合図書館と言われるところならどこでも、いっしょに棚に並んでいなければならない。それらが勢ぞろいしてはじめて、たった一冊では述べきれない物語を私たちに聞かせてくれるのである。

図書館の概要がわかると、結論はたちまち明らかになる。つまり、書物の大半は悪書であり、しかも実際にとんでもない悪書だということだ。さらに悪いのは、それが常態《ノーマル》であることだ。それらの書物はその時代の矛盾や混迷の域を出ていない(その点では本書も例外ではないと確信する)。そこで、私たちは時代的な枠組を超えた、非常にすぐれた書物を探し出すことにどんなにたくさんのエネルギーを費やしているかわかる。だが、目立たない本のほうがおそらく、私たちが愛好する「偉大な書物」よりもずっと、文化の歴史について教えることが多いということを忘れてはならない。

コロンビア大学の英文学・比較文学の教授フランコ・モレッティは*Atlas of the European Novel 1800-1900*（十九世紀ヨーロッパの小説地図）のなかで、つねに傑作が生まれる一連の時代的背景には、「真の意味で文化をリードしてゆく何かがある」と主張している。「典型的な人の暮らしを綴った文学の変遷史には、およそ目新しいものはなく、われわれが想定する歴史よりもずっと〝単調に〟」見えるかもしれない。だが、「人生とはまさにそのようなものであり、文学をその殺風景な日常から救おうとする代わりに、ありのままを見つめ、それが何を意味するか理解するべきなのだ」。

文化の豊かさが全体として文学作品のなかに表現されるようになるにつれて、作家たちは図書館の重要性に気づきはじめた。シェイクスピアからジョナサン・スウィフト、ウンベルト・エーコにいたる作家たちの作品にも図書館が登場する。実際、いかにも何かが起こりそうな舞台装置として図書館はよく使われる。奇怪で幻想的なミステリの展開に陰気な図書館はうってつけではないだろうか？（本を横にして手にもったとき、これは威力を発揮しそうだと気がついて――もっとも薄っぺらなペーパーバックの背表紙であなたの掌をパシッと叩いてみれば、私の言おうとすることがわかるであろう――私は書物を武器にした殺人ミステリが書けるのではないかと思ったくらいである。「クルー」という各プレーヤーが殺人事件の登場人物になって犯人・凶器・

犯行の部屋を割り出すゲームの最大の欠陥は、マスタード大佐〔「クルー」の登場人物〕を図書館のなかで〝本〟を使って殺すことができないことではないだろうか）。

作家にとって、図書館の魅力は非常に大きいので、自分で図書館をつくってしまわずにはいられない。その最初の例はおそらく、ラブレーの『ガルガンチュアとパンタグリュエル』だろう。パンタグリュエルはパリの聖ヴィクトール図書館を訪ねて、

*The Codpiece of the Law*（法律の股袋）、*De modo cacendi*（排便法）などのタイトルの本はないかと探し回る。だが、想像力の豊かだったラブレーがこの種のものを書き尽くしてしまったわけではない。ジョン・ダンは一六一〇年に架空の著書目録をしたためているし、エドガー・アラン・ポーは自分の頭のなかにだけ存在する図書館の本から引用して自分の物語のあちこちにちりばめた。チャールズ・ディケンズはガズヒルの自宅の書斎につながる扉を*Hansard's Guide to Refreshing Sheep*（ハンサードの烏合の衆活性化指南・十九巻）〔ハンサードはディケンズと同時代に初めて英国議会議事録を印刷・出版した人。以後、英国の国会議事録は「ハンサード」と呼ばれるようになる〕などのタイトルの本を入れた偽の書棚で飾り立てた。

文学者の描く図書館でもっとも有名なのはたぶん、自分も図書館長であった作家ホルヘ・ルイス・ボルヘスの想像したものであろう。彼は「バベルの図書館」という短編で、宇宙を図書館と想定した（あるいは図書館を宇宙と想定したのかもしれない）。

それは奇妙なほど画一的だが、どこまでも観念的で、語り手の言葉を借りれば、「不特定多数の六角形の回廊から成っている」。四つの壁にはそれぞれ五段の棚があり、残りの二つの壁は隣接するまったく同じタイプの部屋につながっている。「ここにはまた螺旋《らせん》階段が通っており、下は底なしの淵《ふち》に沈み、上ははるかな高みへと昇っている」。ホールにはいくつかの鏡がかかっており、語り手はそれが図書館の「無限の広がりを象徴するとともに、期待させてもいる」ように思う。バベルの図書館を彷徨する司書たちは、この同じパターンがあらゆる方向に無限に続いていると確信している。この図書館にある書物には厳密な制限がある――それぞれの本は四百十頁から成り、どの本もアルファベットのなかの一定数の文字しか使えないことになっている。それでも、この宇宙に住んでいる司書たちは、限界や境界を思い浮かべることができない。彼らの理屈では、宇宙はどういうわけか無限でなければならないのだ。

どんな疑問も、図書館に行けば決定的な答えが得られるわけではない。図書館には現在・未来のあらゆるタイプの人間のありよう、宇宙そのものの起源や働きなどに関する本もあるにちがいないが、真実なもの、本質的なものと、人を欺き、間違った方向に導くものとをより分ける手だてもない。論理的に正しくない説明も、想像できないほどたくさん、そこにある書物のなかに含まれているにちがいない。司書は仲間といっしょに、あるいは孤独な托鉢僧のようにさまよい歩く。なかには目録の目録を探す者もいれば、「人類の基本的神秘の解明を期待する人もいる。そんな書物は造物主の完璧な構築物を真似た、独りよがりの原生人の作品だから無意味だと思い込んでいる者もいる」。だが、ボルヘスの語り手は、図書館を宇宙に見立てて、万物についての最終的な理論を発見した。「図書館は無限でしかも周期性がある。永遠の旅人がどんな方向にそれを横切っても、数世紀後に、同じ本が同じように無秩序に再生されるのを知るだろう（そうした無秩序がくり返されるうちに、一つの秩序、「宇宙的秩序」が構成されるはずだ）」

ボルヘスは父と同様、遺伝的に早くから視力が弱く、やがて物としての本を見て楽しむことがまったくできなくなってしまった。完全に視力を失ったのは、彼がペロン政権崩壊後のアルゼンチン国立図書館の館長に任命されたときである。

この偉大なる神の仰せに
だれも自己憐憫、あるいは非難を読みとるべきではない。
書物と視力の喪失とをいっぺんにお与えくださるとは、
なんとすばらしい皮肉であることか。

ボルヘスの視力の喪失はシェイクスピアの悲劇『タイタス・アンドロニカス』に登

場するラヴィーニアを思い起こさせる。復讐劇で傷を負った彼女もまた本が読めなくなっているのだ。ローマ人と戦って捕虜になったゴート人の女王タモーラの息子たちは、兄弟の一人が討伐将軍タイタスに殺されたことへの復讐として、タイタスの娘ラヴィーニアを強姦し、両腕を切り落としたあげく、彼女の舌まで切ってしまう。この実際にはありえないようなすさまじい暴力の連続劇は、興行的にはあまり成功しなかったため、これはシェイクスピアの作ではないのではないかとしきりに弁護する人もいるくらいだが、いずれにしてもラヴィーニアの苦しみは察するにあまりある。彼女は言葉を口にできないのが淋しい。ラヴィーニアは事件の経緯を語って自分を苦しめた人たちへの復讐を果たすことができないのだ。無言でいることに彼女の苦悩がにじみ出ている。父タイタスは図書室に入ってきた娘の悲しそうな目を見て、「本棚からどれでも好きなものを選んで、読書でおまえの悲しみをまぎらわすがいい」と言って、孫の幼い男の子を呼び、娘の選んだ本の頁を繰ってやるように命じる。書物に親しむことのできなくなったラヴィーニアの悲しみをつぶさに知ると、その憐れさに心をかきたてられる。だが、ラヴィーニアが切望していたのは、書物によって悲しみをまぎらわせることではなく、書物のなかの物語が、自分が言えないことを代弁してくれることだった。そこで彼女はオヴィディウスの『変容物語』を選び、切断された両腕でフィロメラの悲話の頁をはじく。タイタスは、フィロメラがテレウスに暴行された話を思い出し、娘の言いたいことを覚る。こうしてようやく正義の車輪は回転しはじめるのである。

ボルヘスもラヴィーニアと同じように、書物を知覚的に体験することはできないが、それでも書物は依然として彼のなかにあった。彼は画家アルチンボルドが描く、身体全部が本でできた人間よりももっと、図書館を体現していただろう。のちに「天恵の詩」のなかでボルヘスは、視力を失った自分にとって、図書館の本はいまや、「昔、アレクサンドリア図書館から消えた書物のように、手の届かない彼方にある」と記している。

ボルヘスの短編に登場する図書館を彷徨する司書の一人のように、私は図書館の道楽性と信憑性、愚劣なものと本質的なもの、パルナッソス神殿と総合図書館の錯綜する関係を解き明かそうとしている。次章から私が採る行動様式は、ユージン・ギャント〔トーマス・ウルフの小説の主人公〕とそっくりである。まず一冊の本――たぶんギボンの『ローマ帝国衰亡史』――を書棚から取り出し、それを読んでいるうちにアレクサンドリアの司書だったカリマコスの叙情詩やセネカの書簡が読みたくなる。そうした頁に手を置いたまま、カッシオドルスからフランシス・ベーコン、カリフ・ウマルからジョナサン・スウィフト、ジョン・スチュアート・ミルの足跡を追うことになる。ある一節を飛び越して次の一節に行ったり、山のような書物のあいだをすり抜けたり、書架のあいだで迷子になったりもする。厚く埃の積もった本、虫に食われて穴のあいた本があちこちにある。虫もきっと、私と同じくらい本に飢えているのだろう。

だが、自由に連想に耽るとはいえ、探索は一定の方式に従っている。私は生き物である図書館を訪ね歩く。もちろん、図書館全史――あらゆる形態の存在するすべての図書館の記録――となれば、何十冊にもなってしまうであろう。私が着目しているのは、図書館の変容の節目、読者、著者、司書が図書館の意味を疑問視する瞬間や場所だ。私は視力を失った図書館長ボルヘスのあとをついて行くうちに、書架を通り抜けて、インターネットの情報の洪水のなかへ入り込みつつも、予想していたほどショックは感じていない。そこでは、調べるという行為はこれまでになく日常茶飯事となり、連想が連想を呼んだり、思いがけない発見があったりするからである。

# 第2章　アレクサンドリア炎上

## 消えた巻子本《かんすぼん》

六四一年のアラブ征服時に、アレクサンドリアに住んでいたコプト教司祭で文法学者のヨハネにとって、ムスリム征服者アムル将軍は斬新な人物に見えたにちがいない。ヨハネが将軍の顧問官に任命されたとき、彼はこの市の新総督が音楽や詩、学問は退屈だと感じるような野蛮人ではないことを知って喜んだ。ヨハネはやがて大胆になり（期待を膨らませて）、アムルに「王家の宝庫——プトレマイオス王朝宮殿内の有名な図書館——のなかにある叡知の書」をどういたしましょうと訊ねた。将軍はきっと、自分を信頼して、この図書館を自分の手に委ねてくれるだろうと内心思ったのだ。

ところがアムル将軍は、アラブ王朝の最高権威者カリフ・ウマルの許可なしにその書物の処分を決めることはできないと答えた。アルフレッド・J・バトラーの『アラブのエジプト征服』〔一九〇二年〕によれば、カリフの答えは、「申し出のあった書物の処分についてであるが、そこに書かれていることが神の書と一致するならば、それらの書物は必要ない。もし反するものならば、それは望ましくないものである。よってすべての書物を焼却せよ」というにべもないものだったという。慣習に従い、これらの巻子本は束ねられてアレクサンドリア市内の浴場に配られ、それで風呂窯の燃料六カ月分が賄えたと言われる。

『千一夜物語』にならぴったりの、いかにもありそうな話だが、残念ながらあまり信憑性がない。実際、よく知られているこの話は、十二世紀のスンナ派の年代記編纂者イブン・アル・キフティの作り話だった可能性がある。エジプト生まれのギリシア・ローマ史の専門家モスタファ・エル・アバディによれば、同時代のスンナ派支配者サラディンが十字軍と戦う戦費捻出のために図書館にあるすべての書物を売り払ったことを正当化するために、アル・キフティがこの話をでっち上げたのではないかと言っている。だが、話の出所はイスラーム側であったようなのに、西欧には、ギリシア時代の学問的成果が野蛮な東洋でたどった運命をオリエント学者が嘆く話として伝えられている。

実際、七世紀にイスラームのカリフ軍がアレクサンドリアに着いたときには、噂に聞いていた市の図書館はすでに一度ならず大火に遭っていた。図書館は一つでなく、二つあった。学芸の女神ミューズの神殿を意味する「ムーゼイオン」のなかに紀元前三世紀に建てられた立派な図書館と、やや小規模の〝姉妹〟館である。後者は紀元前二世紀に、神学上の問題解決のうまいプトレマイオス朝が考え出した神セラピス〔エジプトの神オシリスとギリシアの神ゼウスの性格を兼ね備えている」の神殿のなかに設置された。セラピスはギリシア化されたエジプトの神で、折衷主義のアレクサンドリアの守護神でもあった。双方の蔵書は「ブルケイオン」と呼ばれる王家の敷地内に収蔵されていたために、一つのものとして語られることが多い。王家の敷地外にも、市中のいたるところに大量の書物が出回っていたはずである。パピルス製造の本拠地アレクサンドリアは、市ができてから紀元三世紀までずっと、地中海沿岸一帯の書物取引のセンターだったのだ。

紀元前四八年にユリウス・カエサルが若きプトレマイオス八世と戦うクレオパトラの支援にやってきたとき（このときまでに図書館はすでに三百年近く経っている）、海側から攻め寄せる敵を妨害するために、アレクサンドリア港に停泊していた複数の船に火を放った。セネカによれば、これに引き続く大火で、約四万巻の書物が失われたという。だが、別の専門家の言うところでは、未整理のまま倉庫にあったわずかな書物が焼けただけだとされている。これらの書物は実際、カエサルの命令でローマに輸送されるのを待っていたらしい。かりにセネカの推測が正しいとしても、ムーゼイオンにある図書館本館だけでも七十万巻あったとされる蔵書数とくらべれば、大した数ではない。その後の火災についても噂はたくさんあった。だが、カエサルの死後まもなくアレクサンドリアを訪れた人たちは、立派な図書館が存在し続けていたと証言している。

ローマ皇帝アウグストゥス〔紀元前六三－後一四〕の時代に生まれ、キリストの誕生の頃に『地誌』十七巻を書いたギリシアの地理学者ストラボは、実際に機能していたアレクサンドリア図書館のことをよく知っていたように思われる。伝説によれば、マルクス・アントニウスはクレオパトラに、失われた図書館の埋め合わせに、アレクサンドリア図書館に勝るとも劣らないペルガモン図書館〔現在トルコのイズミール州にある〕の書物を提供しようともちかけたと言われる。だが、古代ギリシアの哲学者で伝記作家のプルタークはこの話の信憑性に疑問を呈している。ローマ皇帝列伝を書いたスエトニウス〔六九－一四〇頃〕は、ローマ皇帝ドミティアヌス〔五一－九六〕がアレクサンドリアの学者たちを雇って、火災で焼失したアウグストゥス帝のパラティーノ図書館に書物を入れ直させたという。この話は、アレクサンドリアの知識人コミュニティーは健在で、貴重な文書を所有しており、それをもとに写本をつくることが可能だったことを示唆しているのではないだろうか。

ブルケイオンは、三世紀に悪名高いパルミラの女王ゼノビアとローマ皇帝アウレリアヌスの戦いの最中に炎上したため、残っていた図書館も完全に焼け落ちてしまった可能性はある。だが、その頃までには、アレクサンドリアの図書館は明らかに衰退しつつあった。多神教徒、ユダヤ教徒、新プラトン主義者〔プラトンの思想と東方の神秘主義を結合させ、キリスト教に影響を与えた〕らに文化的に勝利したキリスト教徒たちは、ここの図書館のギリシア時代の豊かな遺産を敗者のものと見ていたからである。彼らの敵意は四世紀には異常なまでに高まった。アレクサンドリアの大主教テオフィロスはセラピス神殿の場所を何としても教会にしたかったので、キリスト教徒の暴徒を放ち、多神教徒の神殿と、おそらくそこにあった図書館もいっしょに破壊させた。それから三百年後のカリフの蔵書破棄命令の話にいくばくかの真実があったとしても、アレクサンドリアの薄っぺらなパピルスはすでに一度ならず焼失の憂き目に遭っていたのは確かなようだ。

## 人類初の図書館

アレクサンドリアにあったパピルスの巻子本のコレクションとはちがい、人類初の図書館は、粘土に書かれた文書ばかりだったから、完全焼失は免れたはずだ。メソポタミアの文書は紀元前三千年頃からあり、詩集から祈禱書、書簡から帳簿までそろっている。書かれている文字は、音節文字の形が似ていることから、楔形文字と呼ばれていて、粘土板に先のとがった筆記用具で小さなV字型に切り込んだ記号を並べたものである。粘土はそのまま乾燥させるか、窯《かま》に入れて焼くので、結果としてできた〝書物〟は、気候がとりわけ乾燥した「豊かな三日月地帯」〔イスラエルからチグリス・ユーフラテス川流域を経てペルシア湾北岸にいたる弧状の農耕地帯〕では驚くほど耐久性がある。これほど耐久性のある粘土板の書物は、必然的に図書館建設の意欲をかきたてる。すでに紀元前三千年頃に、今日のイラク南東部の町ニップールにあった神殿には、粘土板でいっぱいの文書保存庫がいくつもあった。

メソポタミアの図書館が最盛期を迎えたのはそれから約二千年後の紀元前七世紀、アッシリア王国の支配者アッシュールバニパル二世の統治時代だった。彼はその頃すでに古代都市になっていた自国の首都ニネヴェに立派な図書館をつくり、やがて二万五千個の粘土板を収蔵するまでになった。はじめは公文書保存庫だった図書館に、もっと広範囲の文書を集めたいという抱負をいだいたアッシュールバニパルは、予言、魔術、賛歌などからアッシリア語、シュメール語、アッカド語、ウガリット語、アラム語その他のメソポタミアの諸言語による古代文書まで収集するように命じた。この図書館は非常によく整理されていたように見受けられる。文物はさまざまな粘土板ごとにしっかり束ねられ、内容を示すラベルが付けられている。表題やそれを構成する粘土板の数を記録した目録まである。メソポタミア全土のほかの文書保存庫や図書館も、同様によく整理されていた。いくつかの収納庫には、ラベルを付けた籠に粘土板が保存され、見分けやすくするために粘土の端に見出しが刻まれていた。それらが書かれた年代の古さから考えると、今なお残っている数の多さに驚かされる。

現在、大英博物館に保管されているアッシュールバニパルの図書館のものだけでも約二万個もある。アッシュールバニパルの後継者たちは、彼が征服した広範囲の領土を統治しきれなかった。アッシュールバニパルの死後急速にしぼみ、ニネヴェはしだいに人も住まなくなり、忘れられた。さらに多くのメソポタミアの図書館が、現在のイラクになっているアッシリア王国の風景のなかに点在する大きな遺跡丘や、崩壊した都市の瓦礫の山の下に埋もれているにちがいない。照準爆弾が今、われわれが存在することすら知らない図書館を破壊しつつあるかもしれないのである。

## アレクサンドロス大王の残したもの

ニネヴェの図書館が崩れ落ちてから四百年後、アレクサンドロス大王が中東を制覇した。紀元前三三一年、征服の記念にエジプトの地中海沿岸部に大都市を建設する決意をしたとき、殻粉《からこ》で未来のアレクサンドリアの都市計画線を引いたと言われる。ある資料によれば、巡行中の彼のあとを近くのマレオティス湖畔から飛び立った水鳥が群れをなしてついてきて、境界線の目印に撒いた殻粉を貪《むさぼ》り食ってしまったという。最初、大王はこれを凶兆と見たが、やがて顧問官から、アレクサンドリアが繁栄し、その住民に果てしない生命の糧と富を与える徴《しるし》だと聞いて納得した。アレクサンドロス大王がこの町を選び、都市建設を計画した理由が何であれ、立地条件は申し分なかった。エジプトの地中海沿岸では最高の港だったし、デルタ地帯の穀倉とナイル川沿いの奥地への唯一の進入路だった。アレクサンドロス大王は、この都市への自分の抱負が成就するのを見ずに死んだ。この若き征服者の死後、生前、大王の部下だった将軍ソーテール（プトレマイオス一世）がこの市をプトレマイオス王朝の首都にした。ギリシア文化圏の学問の成果をここの図書館に集中的に集め、後継者に統治させることを想定したのはソーテールだった。

当時のギリシアの学院《リセウム》がみなそうであったように、アレクサンドリアの図書館もアリストテレスの逍遥《ペリパトス》学派を時代に合った考えとして受けとめた。アリストテレスはアレクサンドロス大王の教師であり、彼の学派の名はやがて合理主義哲学の信奉者を指すようになる。だが、「ペリパトス」という言葉は本来、「歩き回りながら」という意味で、アリストテレスの教え方にちなんだ呼び名である。彼はこの教授法をプラトンから習った。そのプラトン自身の教師であるソクラテスは、歩きながら、道路であろうと、裕福な若い信奉者の家であろうと、アテネの市場《アゴラ》であろうと、どこでも教えた。十分読み書きのできるギリシア人たちのあいだでさえ、徹底した口述教授法が普通だったのである。

古い資料のなかには、アリストテレス自身の収集図書がアレクサンドリアに送られて、そのコレクションをもとに、あの壮大な図書館が発展したと断言しているものもある。だが、アレクサンドリア図書館をよく知っていたように思われる偉大なギリシアの地理学者ストラボによれば、アテネの支配者だったアッタリド王家の歴代の王たちから、彼らが建てたペルガモンの図書館に所望されないように、アリストテレスの蔵書はアテネで穴を掘って埋められたという。のちにその書物は掘り返され、湿気と虫喰いで劣化していたものの、書籍コレクターのアペリコンに売却された。彼は傷んだ巻子本を点検、修復する過程で正確さを欠いた。アペリコンの蔵書は、紀元前八八年に小アジアのポントゥスの王ミトリダテス六世からアテネを奪いとったローマの将軍スーラ〔紀元前二―一世紀のローマの政治家・軍人。独裁者になって冷酷な恐怖政治を行なった〕が没収したと思われる。スーラはこの蔵書を梱包し、ローマに運んだ。ここで書物はばらばらにされ、不正確に写しとられ、消滅したのも同然になった。

それはともかく、このアリストテレス学派の息がかかっていたにもかかわらず、アレクサンドリアの図書館は際立った特徴をもつ典型的な逍遥学派とは程遠いものになっていった。図書館は学者や思想家を惹きつけはしたが、正式の教育プログラムは何も採用されなかった。これは学者にとっては大きな利点の一つだった。昔も今も、知識人は教育を天職ではあるが負担だと思うものだ。王室から年金が与えられていたので、学者は歩きながら弟子たちに自己宣伝をしなくてよかったし、山のような巻子本を前に、する仕事はいくらでもあったのである。

アレクサンドリア図書館の利用者たちが面前にした光景を、ストラボはこう書いている。「屋内の書架の周囲には、片側の開いた、風通しのよい屋根つき柱廊がはりめぐらされており、学者たちは日陰で研究や討論の疲れを癒すことができる」。たぶん、プラトンの木蔭の小道を思い起こさせるにちがいないそのような柱廊は、古代図書館になくてはならない設備だった。現代の図書館と同様、椅子テーブル付きの閲覧室のあるローマの図書館でさえ、それは重要な役目を果たしていた。

もちろん、学者たちは、私たちが知っているような風には本を読んではいなかった。冊子本《コデックス》〔綴じられている本〕が利用されるようになるのは、ローマではキリスト教が公認された四世紀になってからだったであろう。アレクサンドリアの図書館にあったのは、古代の書庫はみなそうであったように、ナイル川の岸辺に自生する葦《あし》の一種パピルス製の巻子本である。粘土板にくらべると、パピルスはもろくて、保存しにくい。その代わり、ふんだんにあって、手早く簡単に文字を書きつけられる便利な記録用材に加工できる。茎を槌で叩くと、出てきた植物の樹液が一種の接着剤の役目をして、植物の繊維を繋ぎ合わせて固定する。初期の記録用材製造者は、この茎を切り開いて、少しずつおたがいに重なるように並べ、どんな長さのシートにでもすることをおぼえた。乾いたシートは「ウンブリクス」と呼ばれる軸のまわりに巻きつける。アレクサンドリアの図書館の物理的な証拠も、他のところの考古学的証拠も残っていないので、後世の図書館では、よくわからないまま巻子本用の棚を再構築し、いろいろ懸念しながら利用者の便に応えるしかなかった。だが、同時代人の記述から、いくつかの結論を引き出すことができる。まず、図書館に収蔵された巻子本にはその著者と見出しを記したタグが軸《ウンブリクス》からぶら下がっている。冊子本とちがって巻子本は棚に縦置きにすることができず、成り行きまかせに積み上げておくしかないので、これはどうしても必要だ。一本の巻子本を取り出すには、読者あるいは図書館の係員が棚の上のほかの巻子本を動かさなくてはならなかったであろう。すると、維持管理にはだれにでもわかるような、一定の整理の仕方をする必要があったのではないだろうか。

## 学者の天国ムーゼイオン

ムーゼイオンでは、学者たちはヨーロッパの初期の大学における中世の学者たちと同様、食堂でいっしょに食事をし、金銭を共有していた。どの資料を見ても、彼らは並々ならない学問的自由を謳歌している。歴代のプトレマイオス朝の王たちは、もっとも役に立つ仕事をしてもらうには、自由を与えるしかないということがわかっていたようだ。こうした特権は王家との付き合いにまで及んでいたことは明らかで、プトレマイオス一世が自分の数学の学習がはかどらないことに苛立って、ユークリッドに早道はないかと訊ねたところ、この幾何学者は、「幾何学に王道なし」とつっけんどんに答えている。

アレクサンドリアでの地位の余得にあずかれなかった学者たちは憤懣をあらわにした。フィリウスのティモン〔ソクラテスと同時代の懐疑主義哲学者〕は、「閉じ込められた本の虫ども」はアレクサンドリアの「ミューズの鳥かご」で餌をもらって養われていると嘲笑的に書いている（ティモンがアレクサンドリアでの終身在職権の候補者からはずされたのは、この嫌味混じりの隠喩のせいだったと私は思いたい）。プトレマイオス王朝はアレクサンドリアに学者たちを招聘し、王家が費用を負担して、膨大な蔵書のなかで生活させ、仕事ができるように仕向けて、図書館を王家の管理下にあるシンクタンクのようなものにした。プトレマイオス王朝には、とりわけ医学、科学技術、神学の知識・情報の独占をはかろうとする戦略的意図が見られる。王家は市の訪問者から書物を没収し、図書館用に書写させ（オリジナルが保管され、コピーが返されることもあった）、それらに「輸入版」というタグを付けておいた。おまけに、アレクサンドリアの卓越性を脅かすロードス島やペルガモンの図書館の発展を阻止するために、市の支配者たちはパピルスの輸出を禁止した。だが、この措置はかえって逆効果で、ペルガモン人に羊皮紙（カルタ・ペルガメヌム）の発明を促した。羊皮紙は丈夫で、再利用も可能だったため、その後一千年以上もヨーロッパでよりすぐれた記録用材として利用されることになる。

ロードス島、アテネ、ペルガモンその他のギリシア文化のセンターとの競争があったにもかかわらず、アレクサンドリアの図書館はプトレマイオス王朝のもとで繁栄した。七十万巻の巻子本に惹かれてアレクサンドリアにやってきた学者たちは、今日までその名をとどろかせている。『幾何学原論』を書いたユークリッドは、アレクサンドロス大王がこの市を建設する前にこの場所にあった埃っぽいエジプトの村で生まれたらしい。アルキメデスは学生として一時滞在したあと、シチリア島のシラクーザに住み着いた。エラトステネス〔ギリシアの数学者で地球の全周を算定した〕、ストラボ、ガレノス〔ギリシアの医学者〕らはみな、アレクサンドリアの豊かさにすがった。伝説によれば、プトレマイオス二世の強い要望で、「トーラー」〔旧約聖書のモーセ五書〕をギリシア語に訳すために、七十人のユダヤ人学者が図書館に集められたという。『聖書七十人訳《セプトゥアギンタ》』はその驚異的な成果だった。アレクサンドリアは洗練された国際人、種々の技法を取り入れたギリシアの叙情詩人たちにも居心地のよいところだった。その代表的人物としてよく知られているカリマコスもまた、ムーゼイオンの司書を勤めていた。彼の百二十巻に及ぶ重要な文献目録『ピナケス』は、この図書館に所蔵されていた膨大なギリシア文学コレクションを分類したものである。この目録は図書館と運命をともにし、労作の断片すら残っていない。

紀元後数百年間のアレクサンドリアは、多神教徒、ユダヤ教徒、キリスト教徒、新プラトン主義者たちのあいだで激しい文化論争が展開していたのではないだろうか。今日、ユダヤ・キリスト教伝統として知られているものの起源は、アレクサンドリアの折衷主義から始まっている。だが、ここの図書館はもっと壮大な使命感をもっていて、外国語で書かれた主要作品はもとより、ギリシア文学のすべてを集め、保管しようとしていた。このように、総合図書館への抱負を抱き、学者のコミュニティーを目指してスタートしたアレクサンドリアの最初の図書館は、現代の総合大学の原型になったのである。

アレクサンドリアに大量に集められた書物は、当時の人が知識の価値を絶え間なく貪欲に追求していたことをはっきり示している。目的はありったけの書物を所蔵することだった。そこで『イリアス』の権威ある写本やヘシオドス〔紀元前八世紀頃のギリシアの詩人〕の『労働と日々』から、ホメロスについてのあまり重要でない、論理的にも正しくない注釈本のだれも注目しないようなリスト、間違ってホメロスのものだとされている作品、その間違いを指摘する著述、それに反駁する本にいたるまで集めた。体制一貫となってその目的達成に邁進するプトレマイオス王朝では、知識を、蓄積するべき資産、商品、資本の一種であると考えるアレクサンドリア人ならではの直観が功を奏したわけだ。図書館機能の集中化、整理統合は学者たちにも、王家の人々にも同じように好都合だった。

だが、大図書館は戦争、災害、体制の衰退期には問題をはらむ。蔵書はその図書館と運命をともにするからである。古いもので現存しているものの大半は、王侯ばかりでなく急進派の注目も浴びないような、古代世界の人里離れた、目立たない場所に建てられた小さな私立図書館に保存されていたものだ。

するど、どんな本が後世に残るかを決めるのは、個人の読者やコレクターの好みと必要度だったと言える。大火、盗難、検閲以前に、書物はその利用過程で言葉の入れ替え、変形を免れえない。アレクサンドリアの図書館は総合図書館を目指してはいたものの、厳しい取捨選択を余儀なくされた。手書きの巻子本は高価で、制作に時間がかかることもあって、書写人の貴重な労働力をあまり重要でない文書にまで惜しみなく使うことはめったにない。古代図書館の一番の役割は原本を保管しておくことで、読者は自分が読むためにそれを書き写すのが普通だったから、自然に重要作品だけが大量にコピーされることになった。それ以外のあまり重要でない、正本以外、もしくは出典の不確かな文書などは顧みられなくなっていく。

アレクサンドリアで、プトレマイオス王朝が個人の読者から書物を没収したり、書写するために他の書庫から借りた巻子本を返さなかったりなど、強引な書物獲得政策を押し進めていなかったら、失われた作品の大半は後世まで残ったであろう。だが、プトレマイオス王朝はこの図書館を、われわれが思い浮かべる創立神話からついそう

アステカ書籍を焼く司祭（右端の聖職者が焼く本を抱えている）トラスカラ・コデックス13（グラスゴー大学図書館ハンテリアン・コレクション242. グラスゴー大学図書館蔵）

信じたくなるような、自由な学問の維持に貢献する総合的な書庫としては見ていなかった。図書館は、真理を発見するのと同じくらい——王侯や、大統領や、王位を狙う者など内なる野蛮人の欲望を満たすために——真理を失うことも多いのである。図書館は、一見、その受益者、保護者である人たちの不安や無知、意地汚さが原因で滅びることも実に多い。杓子定規の官僚制度の愚かな行為も同じような役割を果たしていることが歴史を見るとわかる。そうしたなかでは、野蛮人侵入の恐ろしいイメージなど、一時しのぎの膏薬程度の効果しかなく、大災害でもなければ、現世の頽廃や衰退の恐ろしさの特効薬にはならないのではなかろうか。

アレクサンドリアの図書館はおそらく、数百年のあいだにじわじわと、人々の関心を失ったり、蔵書の内容がキリスト教徒にとって好ましくないと思われたりして、ひっそりと衰退してゆく運命にあった。いずれにせよ、古代ギリシア語はどんな時代でも、どこででも通じる一枚岩的言語ではなかったから、コプト語、アラム語、ヘブライ語、ラテン語、コイネー〔古代ギリシア語方言から発達した、ローマ帝国支配期の地中海東岸各国の共通語〕などが入り混じるようになったキリスト教徒時代のアレクサンドリア人には理解できなくなっていた。解読不可能なまま数世代にわたって無視されてきた巻子本は、湿期と乾期が交互に訪れるせいで傷んだり、とりわけ図書館内で発生しやすい厄介な虫やカビに侵されたり、盗難にあったり、紛失したり、さらに焼却もされた。代わりにキリスト教初期の教父や教会博士たちの著者や、衰退しつつあるローマ世界のしだいに頁数も少なくなった文書が入ってきた。回顧というレンズで数千年を圧縮して見れば、テオドシウス帝（四世紀）がクレオパトラやアルキメデスがいた同じ土地の上にいる。アレクサンドリアの書物はどうなったのか？　書物の実際の運命は司書にはよくわかる。何百年も、そのまた何倍もの歳月が経ったのだ――だれがパピルスを独占し、だれが暴徒を街頭に繰り出させ、どの皇帝が火を放ったかなど問題ではない。これだけ長い歳月のあいだには、散逸は避けられず、紛失を防ぎきれるものではない。

## 焚書坑儒と石碑の森

アレクサンドロス大王が穀粉《からこ》で市の境界線を引いてから百年後、秦の始皇帝は広範囲に点在する砦を銃眼付きの石の胸壁でつないで万里の長城とした。年代記によれば、始皇帝が次に行なったのは、おそらく世界で知られているもののうちでももっとも大々的な焚書であった。その目的は、秦王朝樹立以前に書かれたすべての中国文学、歴史書、哲学書を破棄することだったとどの年代記にもある。彼が死ぬと、今日では近代的な都市になっている中国中部の西安近郊の広大な陵墓に、六千体の等身大のテラコッタ製兵馬俑《へいばよう》とともに埋葬された。だが、皇帝は伝統を重んじる儒学者たちを記念する影像を気前よく制作するどころか、彼らを生き埋めにし、その著作を焼き払った。

始皇帝（この称号は彼自身が選んだ）は、まだ中国が統一されていない「戦国時代」の末期の紀元前三世紀に頭角をあらわした。彼の父は、中国北西部のはずれにある山岳国家秦の王であった。始皇帝がやがて城壁をめぐらして領地とする〝野蛮人〟の地と、地形も文化もほとんど変わらない一帯である。未来の始皇帝、趙政《ちょうせい》は、父が趙国の人質になっていたときに生まれた。おそらくそのことがのちに、趙国ばかりでなく他の五つの独立した国々を平定しようという執念を息子に植え付けたのかもしれない。これらの国々のエリートたちは時代遅れの伝統主義者で、個人のモラルと伝統の尊重を社会と王家の権威の基盤にしていた。秦の指導者層と学者たちはこれと反対に、人間というものは利己的で、生来、支配者の権力に反抗するものであるから、支配者はできるだけ厳しく、強引に権力を行使するべきであると考えた。十三歳で父の王位を引き継いだ政《せい》は、それから二十六年間、「黔首《けんしゅ》（黒い頭の意）」と呼ぶ民を戦争状態に引き込み、ついに六人の王を打倒してその国々を自分の確固とした支配下に置いた。

始皇帝の偉業について、年代記編纂者の説明は少々神話じみているが、彼の誇大妄想ぶりを活写していることは間違いない。始皇帝は自分の権力が森羅万象ばかりでなく、天国にまで及ぶと信じていたという。彼が従者らを連れて泰山に登ったとき、嵐になった。廷臣が一本の木の下に隠れ場を見つけると、皇帝は感謝のしるしにその木を「五大夫《ごたいふ》」に封じた。別のあるとき、船で川を下っていると大風に遭った。ちょうどそのとき、一行がある王侯の妃を祀った祠《ほこら》を通り過ぎたところだったことを知ると、彼女の霊が自然に異変を起こさせたのだと考え、報復措置としてその祠のある山の木を全部伐採させて禿山にし、真っ赤なペイントを塗らせた。

　この常軌を逸した新権力者に引き寄せられて、宮廷に群がるように集まってきた伝統主義の学者たちは、古代の王たちの定めた手本に従わないと、とんでもないことになると皇帝に警告した。だが、彼らは大きな誤算をしていた。そうすることによって、皇帝を怒らせてしまったのだ。秦王朝は、前例のない権力と要求を行使する新時代の幕開けだったのである。始皇帝の丞相《じょうしょう》（宰相）、李斯《りし》は――彼の「法家」の学問は、儒学者たちから鼻であしらわれていた――この機会に自分のライバルを叩きのめそうと、「いま陛下が大業をはじめ、万世の功を立てられましたのは、もとより愚儒などのわかることではありません！」と言ってのけた。宰相は皇帝の懐刀になった。紀元前一世紀に最初の中国の王朝史『史記』を書いた司馬遷によれば、李斯は自分の主張を断固貫いたという。

　古は天下が散乱して統一がなく、諸侯が並び興ったため、学者のことばはみな古をたたえて今をそしり、虚言を飾って真実を乱し、おのおの自己の学んだところを最善として、上の建てた制度をそしったのです……わたくしは史官の取り扱う秦の記録以外は、みなこれを焼き払うようにいたしたい〔『史記』I、小竹文夫・小竹武夫訳、筑摩書房、一九六六〕。

皇帝は全面的に賛成し、「勅令により裁可した」と司馬遷は淡々と述べて、読者になるほどと思わせる。

昔の文物はさぞかしよく燃えたであろう。中国で紙が発明されたのは、ずっとあとの紀元二世紀になってからである。記録用材としては絹布《けんぷ》がよく使われていたが、古代中国の書物で典型的なのは竹簡《ちくかん》あるいは木牘《もくとく》と呼ばれる、竹（あるいは木）を細長い板状に切りそろえたものを絹糸でヴェネチアン・ブラインドのように綴り合わせたものだった。それぞれの竹簡には縦書きで一行ずつ文字が書かれていた。このような初期の書物が細い縦型であったために、のちの紙の時代になっても、漢字は流れるような書体で書かれるようになったのだと思われる（歴史的には漢字はさまざまな書体をもってはいるが）。書物は固く巻いて保存した。紀元前一世紀（焚書から約二百年後）の王室の記録によると、宮殿の管轄区内には十分なスペースのある書庫があり、管仲《かんちゅう》〔春秋時代、斉の恒公に仕えた宰相〕の著作だけでも、複写した四百八十四巻の巻物があったという。

焚書の噂が広がってまもなく、二人組の方士《ほうし》〔神仙の方術を行なう者〕が、宮廷外で行なわれる魔術や学問の禁止令を皇帝が出したことに不満を募らせ、不老不死の薬草を探しに行くと言って逃げ出した。激怒した皇帝は、そのような言うことを聞かない〝諸生《がくしゃ》〟の一斉検挙を命じた。中国研究者のマーティン・カーンによれば、この〝諸生〟という言葉は、古典学者ばかりでなく、医師、易者、夢占い師も指したという。司馬遷は、四百六十余人が穴埋めにされたと書いている。彼の使っている〝坑〟という言葉は、通常〝処刑〟と訳されるが、文字通りには〝穴に埋めて殺す〟ことを意味する。司馬遷がこの事件を簡潔直截に表現した「焚書坑儒」という言葉は、のちのちまで儒学者たちに使われるようになる。

ホルへ・ルイス・ボルヘスはこの話に心を惹かれ、「城壁と書物」というエッセイを書いている。焚書と城壁の建設を彼独特の奇異な発想法で対比させていて面白い。

この二つの大事業——野蛮人を防ぐための三千キロメートル近い石の壁の建設と、過去を物語る歴史書の徹底破棄——が、同じ人物の、ある意味では、いかにもその人らしい行為であることは、なぜか納得できるが、同時に不穏な感じを抱かせられる……たぶん、城壁は（彼の性癖の）何かを象徴しているのだろう。始皇帝はおそらく、過去を愛する人間を、過去と同じように茫漠とした、ばかばかしく、役に立たない著作同様、破棄処分したかったのではないか。

この物語はまた、文化大革命のたとえ話の一種としても用いられ、中華人民共和国政府を支持する学者たちはこの話を、反体制エリートたちに応分の措置をとる政府の有益な手本だとして大げさに宣伝した。始皇帝の焚書の話は、アレクサンドリアの図書館の話と同様、かなり神話化されたものだ。

書物の破棄と学者の処刑はいくらか行なわれたが、司馬遷はその規模を大げさに言い過ぎているように思われる。いずれにしても、秦王朝の書物への対応は全般的に、この年代記編纂者の「焚書坑儒」の話ほど単純ではなかったようだ。一九七五年、秦時代の埋葬地の一つが発掘されたとき、ある棺のなかから一千百枚ほどの竹簡が遺骨に混じって出土した。竹簡に記されていたのは法文書の一部で、死者は法家の学者であったらしい。もう一人の学者は巻物にした自分の日記を頭の下に枕のように置いて横たわっていた。書物は秦時代のエリートにとって大事なもので、始皇帝の統治時代もずっと、読み書きは続けられていた。そうでなかったら、学者が当人と書物との関係をあらわにするような葬られ方はしなかったであろう。

始皇帝の統治時代にも、学者たちは活躍していたばかりでなく、彼の支配を褒め称えるために自分たちの学識を利用することをためらわなかった。紀元前二一九年から二一〇年のあいだに、始皇帝は新たに征服した東部の国々を視察した。その途中、彼は重臣らを伴っていくつかの山頂に登って祭礼を行ない、そこに彼の統治の功績を激賞する文を彫った石碑を建てさせた。現存している七つの石碑は儒学者の伝統を色濃く偲ばせる形式ばったものである。石碑の英訳の権威マーティン・カーンは、碑文の簡潔な四語一行の一つ一つを原義に遡って美しく訳している。琅邪山《ろうやさん》の刻文はこうだ。「皇帝の功、本事（農業）を勤労し、農をたっとび、末を除く……」〔小竹文夫・小竹武夫訳〕。カーンは、これはたぶん、始皇帝の学者弾圧に言及しているのではないかという。石碑で見るかぎり、始皇帝は歴史やその文書がもたらす権威を完全に破棄しようとはしていなかった。それどころか、始皇帝の統治構想は彼が焼却させたとされる文書そのものから引き出されたものだ。

カーンによれば、こうした石碑の刻文に見られる儒教からの引用、秦王朝の詩や賛歌は、鐘、壺、その他の青銅の容器にも見られ、始皇帝統治時代もずっと、古い学問が存続していたことを示している。焚書令は、思想的に新王朝の権威に屈服したがらない存野の学者たちの所有していた書物に対して適用された可能性が高い。たくさんの兵馬俑さながらに生き埋めにされたのも、そうした学者たちや易者、組織に属さない知識人などだった。皇帝は古典的な学識ばかりでなく、すべての知識人の著作を統制しようとしていたようだ。統制の及ばないところで活動する博士や易者らの著作は、新皇帝の権威に対する大きな脅威のように思われたのだろう。始皇帝はエジプトのプトレマイオス王朝が発見した「知的資産の独占は、米や絹の生産に対する王家の統制と同じくらい重要である」ということを身にしみて実感していたように思われる。儒教的な規範の実践は秦王朝になってからのほうが、儒教の黎明期よりも厳しく、しかも首尾一貫して行なわれるようになった。そうだとすると、われわれは皇帝の古典の取捨選択法のあら探しをするほうが理にかなっているのかもしれない。

秦王朝の命運は尻すぼみだった。始皇帝は農民蜂起征伐からの帰途、死亡した。ちょうどその三年後、息子とその後継者が相次いで殺され、やがて帝国は崩壊して、農民リーダーと封建領主とのあいだの闘争が始まった。結局、農民リーダーたちが次の漢王朝を築くのだが、彼らの残忍さは、秦王朝に劣らなかった。未来の漢皇帝、劉氏(劉邦《りゅうほう》)の父が敵軍に捕らえられ、「生きたまま煮る」と脅されたとき、このリーダーは荒削りな気性をあらわにして「では、その羹《あつもの》を一椀分けてほしい」と言ったと『史記』にある。

いよいよ漢王朝が樹立されて、そのライバルが一掃されると、諸侯や大臣らは学問や思想の正統性を追求しはじめた。儒学者たちは待っていましたとばかり、始皇帝とその宰相李斯がそろって弾圧し、食い物にした古典の学識に、漢王朝は王朝を守るために依拠しなければならないと主張した。儒学者たちは儀式で唱える言葉や、御前会議に口を出すばかりでなく、王位簒奪者にまでその適法性を認めるようになる。秦の始皇帝が成し遂げた権威の確立、諸国の平定、度量衡、貨幣、斧の大きさにいたるまで統一するなどの功績はしだいに忘れられ、他の王たちの似たり寄ったりの悪徳のほうが、これまでになく再評価された。新しい漢の皇帝の重臣、陸賈《りくか》は、そのような悪徳が秦王朝を滅ぼしたゆえ、漢王朝が末永い統治を望むなら、儒学の賢人たちの薦め――折に触れて父祖代々の煮込み料理の食事をともにするのはたぶん含まれていないだろうが――を採用するほかないと上奏した。だが、陸賈は、後年の始皇帝の支配を特徴づけている「焚書坑儒」の話には何も触れていない。

皇帝に仕えて頭角をあらわそうと懸命になった儒学者たちは、戦国時代と秦王朝が台頭した大変動期もずっと、孔子自身の書いたものに近い、原典に基づいた伝統を確立しようとしていた。その経緯を最終的に書き残すことになったのが、始皇帝の所業をことごとく疑う漢王朝時代の儒学者、司馬遷〔紀元前一四四頃－八五頃〕だった。中国のヘロドトスである司馬遷は、広い視野から見た中国王朝史の傑作『史記』を書き上げた。これは中国最大の書物ではないが――十五世紀に永楽帝の勅命により編纂された中国最大の百科事典『永楽大典』は一万一千冊以上ある――ほとんどこれに近い大著である。これが書きつけられた細い竹簡の量は、膨大なものだった。中国研究者グラント・ハーディーによれば、『史記』原本は、「到底人間の手でもてるような分量ではなく、荷馬車が必要だったにちがいない」と言う。そのなかで、司馬遷は宰相李斯の禁令の話に触れ、四百六十余人の穴埋めについて語っている。こうして事実と、いかにもありそうな話とが入り混じった、波瀾万丈の物語が誕生した。秦時代の書物破棄、「焚書坑儒」の話を通して、司馬遷は古典的な学識をもう一度、皇帝に認められた権威あるものにし、権威と、それがなければ得られない自由を謳歌することができた。焚書の話がなかったならば、さらにたくさんの書物が書かれることはなかったかもしれない。

司馬遷の用いた薄っぺらな竹簡と墨は、始皇帝の石碑や青銅の鐘にはできなかったものを残した。一つの帝国の黎明期を物語るとともに、その話を不動のものにしたのである。ある意味では、中世中国の思想史は、束の間のものと永続性のあるもの――国家による石や青銅の刻文と、学者や僧による絹布や竹簡にしたためられた墨書との せめぎ合いの物語である。後者のほうに説得力があるのは、史官がつねに出来事を書き留めていたからであろう。公文書を管理していたのは彼らであり、さまざまな話を一番よく知っていたので、いくらでも語ることがあったのだ。

司馬遷は、始皇帝を褒め上げておいて巧妙にけなしてみせる。歴代秦の支配者と、古代の皇帝たちを比較しながらそれを行なうのである。賞賛の仕方は古典学者風だが、始皇帝は古典派と相反する態度を表明していたのだから、そのような伝統的な賞賛の仕方自体に皮肉がこめられている。だが、彼は自分が生きていた漢王朝の権威を手放しで褒めなかったので、最後には見放された。司馬遷は、匈奴の大軍と不利な条件で戦った敗将を弁護したことで皇帝の怒りに触れ、獄に下された。死刑か宮刑（男根切除）を迫られた彼は悩みぬいた末、宦官になった。彼は自著（それ自体が一種の図書館であった）をお上の目から守るために地下に埋めておかねばならなかった。

古典の学識を高く評価していた漢王朝の時代でさえ、書物も学者たちも相変わらず上からの脅威にさらされていた。学者たちはそうした脅威に対抗するため、通常の記録用材である竹簡や絹布よりも耐久性のあるものを探し求めた。秦王朝の台頭から紙の発明までの数百年間に、学者や僧たちは中国のあちこちに、火災にも埋没にも強い、新しい形の図書館を造っていった。

一例を挙げると、七世紀はじめに北京近郊で着手された中國房山石經碑刻題記集成は、巨大な図書館と言える。四百二十万語からなるこの経典は、中国にあるもっとも完全で、権威ある仏教経典コレクションの一つである。ただし、房山の図書館には一冊の本もなければ、絹布の巻物一つ、紙の切れ端もない。その代わり、最高の書家によって、二・五センチ四方の文字がびっしりと石碑や洞窟の壁に彫り込まれている。石に文字を刻むのはもちろん、何も新奇なことではなく、始皇帝自身の刻ませた山頂の石碑も残っている。しかし、古典文書を系統だてて集め、石に刻んで保存するのはユニークなやり方だった。仏教の教えを広める人たちが台頭するのは、一世紀の漢王朝の後期で、石に刻んだ経典は、そのまま拓本になり、すぐにコピーをつくって信者に分けることができるのを彼らは知っていた。こうした石の図書館、〝石碑の森〟は今日でも中国のいたるところに見られる。何百年ものあいだに黒インクを塗って拓本をとられた石は、間違いなく何百万冊も、もしかすると何十億冊もの安価な書物が刷り出されたことを示している。老荘哲学者や儒学者もこれを実践したが、経典を石に刻むことがとりわけ重要だったのは仏教徒で、のちには信者獲得運動が印刷術の発明を促した（印刷技術の草分けは十一世紀以前の中国である）。これがいかに重要で、やがてどれほどの意味をもっていたかは、十五世紀のドイツでこの技術が見直され、やがてそれが宗教改革や、ヨーロッパ文化を発展させたことが如実に物語っている。

## 消えたアステカの絵文書

神話であろうと現実に起こったことであろうと、書物破棄にはそれぞれ理由がある。たいていはカエサルがアレクサンドリアの港に停泊させていた自分の船に火を放ったときのように偶発的であるが、意図的な焚書には二種類ある。始皇帝のように人々の思想の改変を意図した場合と、イスラームの台頭によって『コーラン』の信奉者が、他の宗教書は権威がないとみなして焼き捨てるような場合である。後者は、一種の神聖な儀式のようなもので、間違いのある頁のなかに真実の言葉が隠されていると困るから、信者は書物を炎のなかに恭《うやうや》しく葬る。あるいは、書物の著者も読者もいっしょに歴史から抹殺するために焚書令が出されることもあるようだ。メキシコ征服にその例が見られる。

アステカ王国の首都テノチティトラン〔現在のメキシコシティー〕は一五二一年、スペイン人エルナン・コルテスによって陥落した。これに続くメキシコの征服は、メキシコの歴史書対キリスト教徒の聖書の書物合戦になった。メソアメリカ〔メキシコ中部から、ホンデュラス、ニカラグアにいたる地域〕では、書物をつくる技術はコロンブス到着より少なくとも一千年も前からあり、その頃までには非常に精妙な、洗練されたレヴェルに達していた。

マヤ語の表記法――たぶん、メソアメリカの表記法のなかではもっとも複雑なもの――では、一つの絵文字が暦法、名前、音節を表わす表音記号の役割までもっている。記録用材も石から動物の革、その他の素材までいろいろあった。アステカ族は特別に加工した鹿の革や、地元産のリュウゼツランの繊維からつくった天然のシートで本をつくった。文字は細い筆で、鮮やかな色を使って描かれ、表紙にはアメリカヒョウの革がよく使われた。

征服から数百年、学者たちはメソアメリカの絵文字を、エジプトのヒエログリフほど「進化していない」と言って、しばしばけなしてきた。ところが、古絵文書《コディセ》や碑文を解読しているうちに、当初のヨーロッパの批評家たちの言葉は正しくないということがしだいに明らかになってきた。たとえば、ナワトル語で「トラキュイロッリ」として知られる図象による表記法は、ゴードン・ブラザーストンによれば、「われわれにとって文字、絵、数字などの異なった概念を一つの視覚的表現にまとめている」という。メソアメリカの表記はまた、外見は単純だが、概念的には奥深さを秘めている。一例を挙げると、アステカの自然界の現象の系統だった記述の大部分は、メソアメリカ全域で使用されていた暦の示す基本図表にしたがって作成された。だが、こうした暦を用いた編年史的な記録には、歴史、予言、伝記、神話も含まれ、メソアメリカの宗教的世界やその歴史の詳細まで反映されていた。ほかにも、役に立つ薬草の名前を記したすばらしい薬用植物誌や、アステカ王国税法などの文書が征服以前の数少ない記録物として残されている。だが、アステカの図書館にあったのは主として暦を用いた編年史的な記録物で、それらには宗教的な伝承や予見性があるとして尊ばれてきた。

こうした書物がメキシコの神官や貴族階級にとって大事なものであることを知った征服者たちは、アステカの絵文書を徹底的に探し出し、見つかったものはすべて焼き払った。メキシコの書写人は自分たちの歴史が危機に瀕しているのを知っても、古絵文書をこっそり作成し続けた。スペイン人たちはそれから百年も、メキシコ南部の山岳地オアハカにある最後の書写人養成学校の存在を知らずにいた。それでも、メソアメリカ人を改宗させる任務をもったスペイン人神父たちは執念深かった。アステカ族の書物の歴史的価値と、それがもつ宗教的脅威とを分けて考えることのできなかった彼らは、書物を見つけしだい焼き捨てた。

それがたいへんな愚行であることに気づいたのは、わずか数年後のことだった。失われたアステカ族の書物には、メキシコ文化のキリスト教化に欠かせないメソアメリカの歴史、民族誌、言語に関する情報が含まれていたのである。メキシコの歴史家の草分けミゲル・レオン＝ポルティーリャによれば、征服からわずか数年のうちに宣教師たちはアステカの貴族たちにローマ字のアルファベットを使ってナワトル語を書くことを教え始めた。彼らが養成した数人の書写人は、ヨーロッパ人と協力して、コロンブス以前の絵文字にヨーロッパ風の表音文字をつけた書物をつくった。そうした著作のなかで最高の文献は、フランシスコ会士ベルナルディーノ・デ・サアグン〔一五〇〇－九〇〕の『ヌエヴァ・エスパーニャ概史』であろう。これはアステカ族の歴史、民族植物学、宗教、医学などを取り扱ったメソアメリカ文明の膨大な百科全書になっている。このメソアメリカとヨーロッパ双方の写本の伝統を取り入れたユニークな書物の一番美しいコピーがイタリアのフィレンツェにある。コジモ・デ・メディチが建設し、のちに孫のロレンツォの代になってからミケランジェロが内部を設計したラウレンティアーナ図書館に保存されていることから、この書物は『フィレンツェの絵文書』として知られている。

だが、メキシコ盆地の書物を焼き捨てたのはスペイン人が最初ではなかった。アステカ族は独自の書物の綴り合わせ方や破棄の仕方を知っていた。テノチティトランのアステカ族支配者たちの祖先はメヒカ族という遊牧民で、スペイン人が征服するわずか百年前に北部から大挙して移住してきた。メヒカ族が支配権を確立し、その影響力を周辺一帯に拡大しはじめるにつれて、神官たちは放浪や残酷な行為の連続である古い年代記は好ましくないと感じるようになった。まもなくメヒカ族は自分たちはアステカ族であると名乗り、新たに貴族制度を設け、新税を取り立て、メキシコ盆地に新たな神権政治体制を整えた。この破竹の勢いの大変身を支えるには新しい歴史が必要だった。そこで古い文書が集められ、焼却された。決断を下したのはアステカ王国の初代皇帝イツコアトルで、アステカの過去を改変して新たな物語をつくり、それを讃美した。新しい書物は、アステカ族が権力を掌握する以前の部族の起源については除外してしまったことは間違いない。アステカ族の年代記編纂者が自分たちの歴史を改変せざるをえなくなったのはこれが最後ではなかった。失われた帝国の年代記を書き換えるために、彼らがベルナルディーノ神父のような修道士に協力しはじめたとき、スペイン征服者たちの襲来を〝予言する〟お告げが昔あったと、神話めいた言葉を自分たちの歴史に挿入した。要するに、新しい支配者たちの虚栄心を満足させるような格好で、自分たちが捨てざるをえなかった複雑かつ残酷な宗教の正当性を立証しようとしたのだ。

## 「クーマの巫女《シビッラ》」の予言書

書物破棄は偶然に起こったり、人々の価値観を変えたり、過去のすべてを消去する必要があったりして起こる。ローマはその三つとも知っていた。ローマ神話は、焚書に文明の誕生の源がある可能性すら示唆している。ローマの起源物語の一つに、ローマの栄光を予言した神のお告げを書きとめておいた「クーマの巫女」が、自分の手でそれを燃やしてしまった話がある。

若い娘に言い寄って一蹴された神アポロは復讐心に駆られ、彼女が切望していた永遠の命を、〝不変の若さは伴わずに〟という条件付きで与えた。途方もなく長い歳月のあいだに彼女は年をとり、イボだらけになって背中も曲がり、村八分にされた。だが、アポロはそれを憐れに思ったのか、彼女に予言の才能を与えた。彼女はクーマの丘の洞窟に座り、神がかり的な予見をシュロの葉に書いて歳月を過ごした。

ローマの詩人ウェルギリウス〔紀元前七〇－一九〕の作品には、アイネイアス〔ギリシア神話のトロイの勇士で、古代ローマの建国の祖と言われる〕がシビッラを訪ねてクーマの海岸にやってくると、彼女がローマの未来について、畏れ多く、ぞっとするような予言を聞かせる場面がある。ミケランジェロは、ヴァチカン宮殿のシスティーナ礼拝堂のなかに、幾人かの予言者の一人として、頭にはターバン、顔には深い皺が刻まれ、石工のように太くてしなやかな腕に自分の予言書を抱えた彼女の姿を描いている。

私の好きな「クーマの巫女」の姿は、このヴァチカン宮殿のミケランジェロの傑作の下手《しもて》にあるシクストゥスの大広間にある。燦然《さんぜん》と輝くこの広間は、かつてはヴァチカン図書館の中心だった。現在の見学者が実際にシスティーナ礼拝堂を出てから通り過ぎるいくつもの広間は、昔、図書館だったところで、壁側にはずらりと、かつては書物が入っていた木製の彩色を施した戸棚が並んでいる（「あれは僧服を入れておくところかな？」と同行の旅行者が妻に訊いているのが聞こえた）。シクストゥスの大広間のフレスコ画には、一連の立派な図書館と、古代の焚書の話が描かれている。シビッラは自分の予見を集めて、シュロの葉に書き込んだ九冊の予言書を、初期のローマ王タルクイニウス〔紀元前六世紀頃〕に買わないかともちかける。タルクイニウスが値段を聞いて断ると、彼女は目の前でそのうちの三冊を火のなかに投げ込み、残りの六冊をはじめの値段で買わないかと差し出す。王は再度拒否する。「クーマの巫女」がさらに三冊を投げ込むと、頭の働きの鈍い王はどきりとして、残りの三冊を言い値で買う。ヴァチカンのフレスコ画は、火鉢のなかに積み重なる書物を見ていまいましそうな表情のタルクイニウスと、彼の前に平然と立っている妙に若いシビッラの姿を描いている。残りの予言書はフォロ・ロマーナに保管され、紀元四世紀まで、ローマの皇帝たちは深刻な事態に陥るたびに紐解いたと、この神話は結んでいる。だが、それらの予言書もいつしか消え失せた。ただ単に紛失したのかもしれないし、何も知らない陽気な異邦人か、ローマの将軍のだれかが面白半分に、最後の三冊をすでにない六冊と同じ運命に遭わせたのかもしれない。今日では、シビッラの予言書の正確な内容は謎のままである。他の資料に引用されているいくつかの断片から推測すると、その中身はギリシア語で書かれた意味の曖昧な警句集であったようで、疫病、暗殺、異邦人の侵入などに直面した皇帝にとって大した慰めにはならなかったであろう。

シビッラ自身は神話上の人物だが、その予言書は十分存在感がある。最初はフォロ・ロマーノに保管されていたが、その後、アウグストゥス帝の建てた壮麗なパラティーノ図書館のアポロ像の下にあるくぼみに納められた。実際、それはローマの図書館の始まりを象徴するものだった。

だが、ユリウス・カエサル〔紀元前一〇二－四四〕の時代までは、ローマの書物の大半は個人の所有で、キケロのようないくつもの立派な図書館の持ち主は、友人やエリート仲間にしか、出入りをさせなかった。今日の私たちがもっているような公共図書館のアイディアは、暗殺されるほんの少し前に市内に建設を計画していたカエサルの発案である。カエサルの死後、彼の支持者だったアシニウス・ポリオと学者で著述家のヴァロ（彼の図書館管理に関する論文 *De bibliothecis* は現存していない）が遺志を継ぎ、紀元前三九年頃、フォロ・ロマーノに最初の公共図書館を設立した。二人はカエサルの要望に従い、二つの閲覧室――ラテン語用とギリシア語用――を設け、それにふさわしい詩人や雄弁家の像で飾った図書館を建てた。この基本設計はその後のローマの図書館すべてに、アウグストゥス帝やトラヤヌス帝の立派な帝国博物館から、ずっと規模の小さい公共図書館、地方都市のささやかなコレクションにいたるまで踏襲された。これはアレクサンドリア図書館を典型とする、閲覧室のないギリシア型の図書館とはっきりしたちがいを見せている。ローマの図書館が本来、二カ国語用になっていたことは、ローマの自称する〝地中海の伝統の継承者〟を表わしていたし、読者の便宜を重視するところは共和国の起源のまぎれもない証左である。

図書館ばかりでなく、他のことすべてに関して、ローマ初の真の皇帝アウグストゥスは、カエサルの継承者であるとともに、彼の上手《うわて》を行きたいと懸命だった。ライバルたちが無事に死んだあと、アウグストゥスはローマを帝都にすることに着手した。のちに彼は、ローマをレンガの街から大理石の街に変えたと豪語する。彼が建立した大理石の建造物のなかに、アポロ神殿に隣接するパラティーノ図書館と、のちに姉妹のオクタヴィアを記念して近くの柱廊に沿って建てた図書館がある。後者は何も残っていないが、パラティーノ図書館の遺構からは、巻子本を入れておく扉のついた書架《アルマリア》用の壁龕《へきがん》のある二つの閲覧室が隣り合った、いかにも皇帝の図書館らしい想定図が浮かび上がる。もっと奥行きのあるくぼみには像が設置されていたのだろう。のちにローマ皇帝列伝を書いたスエトニウスは、シビッラの予言書がこの神殿にもってこられて、そこにある気まぐれなパトロンであるアポロの像の下に収納されたという点では、ウェルギリウスに同意している。

アウグストゥスと同様、その後の皇帝たちもそれぞれ、帝国の建設計画のなかに図書館を一つか二つ入れた。そのなかで、一番立派なのはおそらくトラヤヌス帝〔五三頃−一一七〕のものだろう。この図書館は他の建造物に隣接する形で設計された。二つの閲覧室は柱廊の仕切りをはさんで往き来できるようになっていた。中庭にはトラヤヌス帝の有名な記念柱が立っている。今でなら信じられないだろうが、戦争と陰謀に明け暮れたこの男が、図書館の真ん中に生涯の活動の最高の記念碑を置いているのである。

皇帝たちは個人の宮殿や神殿に図書館を設けただけでなく、ローマの庶民用にも図書館をつくった。アウグストゥスの統治時代、公衆浴場――帝都の庶民を満足させるための〝パンとサーカス〟的気前よさの一環――には、快適な付帯設備の一つとして図書館が併設された。そうした図書館は皇帝の図書館に倣って二カ国語の閲覧室が対置する形に設計されていたが、蔵書の中身は王室のコレクションとは異なり、通俗的な読み物や古典文学が多く、あまり聞いたことのない法律や科学、医学論文などは少なかったであろう。アレクサンドリア図書館の書物が公衆浴場の焚き付けにされて消えたと言われる一方で、公共図書館はどうやら公衆浴場から生まれてきたようだ。

ローマ人の知的生活が地方分散型で、形式ばらないものであったとしても、ローマ世界全土に図書館が普及・発達するとは、まことに驚くべきことである。公的領域においては、富や権力の追求と同じように、知識の追求も人々の個人的な付き合いや縁故を通じて行なわれていた。プトレマイオス王朝、秦王朝、アステカ族の貴族階級などとはちがって、ローマの皇帝たちは人々の精神生活を直接コントロールしようと考えることはめったになかった。古典文学者エリザベス・ローソンによれば、ローマには学校も大学もなかったという（多くのローマのエリートはギリシアに勉強に行った）。ギリシアのように作家や芸術家同士のおおっぴらな競争もなかった。ローマでは技術者、医師、教師、その他の専門職従事者に国家が給与を払うこともなかった。彼らは元老院議員や王家に召し抱えられて暮らしを立てていたのである。そうしたなかでのローマの図書館の繁栄はユニークなものだ。今日のわれわれが知っているような公的文化施設をもっとも身近なところに導入したのだから。

同様に、個人にとって文学が職業であることは決してなかった。それは単なる趣味で、歴史やドラマ、叙情詩を書くことは公人の余暇の愉しみと考えられていた。だが、マルクス・トゥリウス・キケロの生涯が示すように、ローマの公的生活で文学や図書館の重要性が軽視されていたわけではない。キケロはローマの文人の鑑《かがみ》のような人だった。内戦でローマの共和政が崩壊し、帝国へと移行してゆく動乱期に、元老院議員、弁護士、共和政権の役人を務めた彼の書簡集は、ローマの内紛の記録として、歴史家のそれと同じくらい重要なものである。だが、彼を元老院のエリートの地位にまで押し上げたのは、弁護士としての才能だった。キケロにとって、公的生活と手紙を書くことは不可分であった。共和政ローマの歴史と、共和政ローマを樹立した人たちは、余暇に読む精神を昂揚させる物語を彼に提供したばかりでなく、重要な政治的武器をも与えた。庶民の出であるが裕福な市民の息子だった彼は、ローマの名門貴族の子弟たちが自国の歴史に少しも耳を貸さないことにしばしば衝撃を受けた。彼の友人や貴族の保護下にあった平民に宛てたキケロの手紙には、これと対照的に、元老院の公文書保存庫から資料を取り寄せてほしいと頼む丁寧で思慮深い要望がしばしば見られる。

ローマの著述家たちがみなそうであったように、キケロも書物の購入や書写、自分の図書館の建設には多大な費用がかかった。これにはローマ一番の教師で学者でもあったティラニウスの援助が役立った。ティラニウス自身の図書館には約三万巻の巻子本があったことが知られている。現存している四百十六通のキケロの手紙の受取人テイトゥス・ポンポニウス・アッティクスをはじめとする友人たち、大勢の教育のあるギリシア人奴隷らも協力した。ローマでは、学問に関する仕事、つまり教育から書写、編集、司書の業務まで、大半を教育のある奴隷たちが担っていた。その大半がギリシア人で、彼らはエリート一族のなかでももっとも優秀な人たちのもとで働いていたのである。

こうした書写が文化の中心であった時代に、奴隷を所有できた文人は、著述家、批評家、一読者であったばかりでなく、必然的に自著や、他人の著作の出版人でもあった。ローマ政府は盛んになりつつあった書物取引を奨励していたが、目利きの読者は露天の古本商が提供するテキストがどうしようもなく汚れていることが多いのを知っていた。キケロとその友人たちは、おたがいに自著を丁寧に書写したものや、それぞれの蔵書を提供し合った。キケロはアカデメイァ（プラトン）学派の哲学のすぐれたアンソロジーである『アカデメイア』を編集したときも、著述家ヴァロのためにそうしてやった。キケロはその制作プロセスを友人のアッティクスに紀元前四五年六月二十四日付けの手紙で詳しく述べている。

かなりの名門貴族の方々から『アカデメイア』全冊を入手しました……二冊の本を四冊に分けました。それらは古いものより大冊になっていますが、それでもかなりの部分を省いたのです……出来栄えについては、私の自負《アミユールプロプル》が身分不相応でないとすれば、たとえギリシアのものであっても、現存するこのジャンルのいずれのものよりもよくできています。すでにおもちのアカデメイア学派の学説に関する論文に関しては、そちらの書写人の労力は無駄であったと達観なさると信じます。こちらのほうがはるかに洗練されていて、簡潔で、すぐれていることでしょう。

元老院での彼のスピーチも、彼の書物と同様、同僚たちとくらべて〝はるかに洗練されていて、簡潔で、すぐれていた〟。複雑で多彩な引用を織り交ぜた雄弁術はキケロ独特のものだった。彼は雄弁家としての類稀な才能を駆使して、ユリウス・カエサルとそのライバルたちの進出によって脅されつつあった共和政ローマの擁護に乗り出した。カエサルの暗殺には関与しなかったものの、彼の共和政志向はよく知られており、カエサルの後継者オクタヴィアヌス――のちにアウグストゥスと呼ばれるようになる――と衝突したため、追跡され、殺害されて、手首と頭は切断され、彼のもっとも輝かしい勝利の場だった、元老院会議場の演壇の上にさらしものにされた。

だが、共和国が帝国になると、キケロが手塩にかけた図書館は繁栄した。たびたびの大火がローマを襲ったにもかかわらず、それらは四世紀まで維持された。紀元六四年のローマ市の大火（皇帝ネロは市が燃えるにまかせて手をこまねいていたらしい）では、パラティーノ図書館も焼け落ちた。ドミティアヌス帝が、これを再建した。彼はアウグストゥス帝のオクタヴィア図書館が焼けたときも、同様に建て直した。ドミティアヌス帝は学問に関心がなかったことを考えると、これは驚嘆すべきことである。ドミ皇帝列伝の著者スエトニウスによれば、ドミティアヌス帝は、「彼の帝国統治時代の初期にはあらゆる一般教養的な研究は顧みられなかったにもかかわらず、火事で焼けた図書館の修復を命じ、たいへんな費用を負担して失われた書物のコピーをあらゆるところから探し出させ、アレクサンドリアにまで人を送って、書物を書いたり修正させたりした」という。

ローマ帝国が衰退するまで栄華は長いあいだ続いた。五世紀頃のキリスト教徒ローマ人たちでさえ、たがいの屋敷を訪問し合い、過ぎし日の華やぎを味わいなおしていた。たくさんの手紙を残している五世紀のローマの詩人シドニウス・アポリナリスは、四三〇年に友人のドニディウスに宛てた手紙のなかで、野原でスポーツに興じる若者たちの叫び声、サイコロ遊びをする人たちのおしゃべり、隔離された部屋から漏れる笑い声など、当時の情景を描写している。だが、彼の一番の愉しみは屋敷のなかの図書館にあった。

手にとろうと思えば、いくらでも本があります。まるで専門学者の書棚か、アテナイウム〔ハドリアヌス帝がローマに建てた学術・文化施設〕の階段席か、書物商の山のような出版物を見つめている姿を想像していただいてよいでしょう。品揃えを見ると、ご婦人席の近くには手書きの信仰修養書、殿方用のベンチのあたりには、達人たちの高尚なラテン語作品がずらりと並んでいます。後者のほうには、主義主張はちがうが、ある種の似たような文体の作家の作品が含まれています。なぜなら、同じような芸術的才能をもった人たち——ここにはアウグスティヌス、あちらにはヴァロ、そこのホラティウス、向こうのプルデンティウスらの作品を読むのは、だれでもよくやることだからです。

シドニウスの手紙には、〝達人たちの高尚なラテン語作品〟を高く評価し続けるなかで、書物の利用法に明らかな変化が出てきていることが示されている。第一に、この頃には、ギボンが〝ガリレオ理論信奉者〟と呼んでいるような、かつては異端派だった人たちの著書を置くスペースができている。シドニウスは当時のエリート仲間たちの大半がそうであったように、敬虔なキリスト教徒だった。だが、ヴァロやホラティウスのような異教徒作家の明快な文章表現を高く評価することを止めていない。四世紀にはまだ、聖ヒエロニムス〔三四二頃－四二〇〕は、異教徒の古典〔ヘブライ語の聖書』のラテン語訳に専心すれば偶像崇拝だと非難されかねないと思ったかもしれないが、その数十年後にはもう、異教徒の破門は、シドニウスやその友人たちをためらわせるほど大きな影響をもっていなかった。

〝信仰修養書〟が婦人席の近くに置いてあったという事実は、ローマ帝国後期の読書傾向にもう一つの社会学的観点を与えてくれる。多神教時代には、女性に教育の道が開かれることはあまりなかった。キケロの娘タリアは例外だった。家庭教師について学んだ彼女のことを、キケロは娘の死を悼んで書いた感動的なエッセイ「慰め」のなかで、〝最高の識者《ドクティッシマ》〟と呼んでいる。自学自習によるものであれ、両親による系統だっていない教育によるものであれ、教育を受けた女性は文学よりも哲学や数学を好む傾向があった。なぜなら後者のほうが男性的で、元老院で公開討論の必要があるときにも、実際に役立つ学科だったからだ。こうしたきわめて抽象的で、神秘的な読み物は、ローマの女性たちにキリスト教的思想を受け入れやすくし、詩人や歴史家の流麗な語り口よりも瞑想的な作品のほうを高く評価させたのではないかと思われる。

さらに、シドニウスが訪れた図書館には、たくさんの巻子本に混じって、われわれが今日知っているような形の書物もかなりあったと想像してよいであろう。初代キリスト教会のあったパレスチナやエジプト、ギリシアの故郷から、ローマに冊子本《コデックス》をもってきたのはキリスト教徒たちだった。教養あるローマ人が一種のノートブックとして長いあいだ携帯していた、表面に蠟を塗った象牙や木製の紙バサミをもとに、キリスト教が公認された四世紀頃には似たような方法でパピルスや羊皮紙がはじめてまとめて綴じられるようになったのである。シドニウスの時代のものであるラヴェンナのモザイクを見ると、伝統的なローマの書棚には、表紙を上にして、タイトルがはっきり読みとれるように平積みにした冊子本がぎっしり入っている。それらは福音書で、冊子本はまだ、明らかにキリスト教の伝道用だった。

冊子本は巻子本よりも読みやすいだけでなく保存もしやすい。素材的には、一枚一枚は巻物に使われているパピルスと同じくらい劣化しやすいが、図書館の棚に安定した形で保存できるので、修復もあまり要らず長持ちする。図書館ではいつか巻子本の複雑な管理が昔よりはるかにうまくなるであろうが、冊子本のほうがずっと整理は楽である。だが冊子本もシドニウスが描いているような私立図書館が姿を消すのを救うことはできなかった。数百年にもわたるローマの衰退に伴う貧困や無秩序のなかで、書物も他のすべてのものと同様に難儀をするのである。

皇帝、異教徒、怒り狂った暴徒らの破壊や掠奪ばかりでなく、自然災害に耐えた書物もある。イタリア南部の古代都市ヘルクラネウムは、七九年のヴェズヴィオ山の噴火で流出した火山灰で埋まった（同じ噴火でポンペイも破壊されたが、おかげで保存されたものもある）。十八世紀の発掘で、有名な「パピルスの館《やかた》」の一室が出土し、噴火による火災で黒焦げになった巻子本の断片が残骸に混じって発見された。ひどく焼けていて中身が読めないものも多かったが、部屋自体の造りはローマ時代の図書館の完璧な見本のようなもので、壁のくぼみには書架がきちんとはめ込まれていた。

この図書館は、約二千巻の巻子本を所蔵する非常に大きなものだった。ヘルクラネウムはナポリの郊外で、初期のギリシアの植民地時代からギリシア文明の影響を強く受けて発達したコスモポリタン都市だった。「パピルスの館」にあった書物は、さまざまな作品をとりそろえ、洗練された雰囲気を髣髴させる。その図書の大部分はギリシア語で、エピクロス学派〔最高善は心の平静を得ること、すなわち快楽であるとする説〕の哲学書が多かった。残っていたのはわずかで、ほとんどが巻子本と識別できないほど炭化していた。二百年以上も前の発掘者は、そうしたたくさんの小片を単なる炭化した残骸と思って捨ててしまった。

十八世紀のイタリアの修道僧アントーニオ・ピアッジョは焼けた巻子本を広げるめずらしい機械を発明した。パピルスの巻子本の一番端に縫い込まれた絹糸を、ずらりと並んだスクリューのまわりに巻きつけて、少しずつネジを締めてゆくと、焼けたパピルスが皮を剝くようにはがれてゆく。もろい書写本の断片をちぎりとりながら、細長い接着用材に貼り付けて強化し、保存する。このプロセスで、たくさんの巻子本が注意深く巻き戻され、読みとられ、出版された。だが、その大部分はつい最近まで読めないと思われていた。現在では、アメリカのユタ州にあるブリガム・ヤング大学とイタリアのナポリ中央図書館がチームを組んで、デジタル映像技術を使って残りの断片を解読しつつある。インクは炭化したパピルスとは異なった光を反射することがわかったので、分光写真撮影により、この二つのちがいを明らかにし、書かれた文字の明瞭なイメージを浮かび上がらせることができる。一万個ほど残っている断片のすべてを、このチームのメンバーたちは解読できると信じている。

ローマが衰亡するはるか前に、プラトンもアリストテレスも、衰亡の憂き目に遭わない政治制度はないと断言していた。この法則から容易に引き出せる看過しがたい結論として、どんな図書館もいずれ消滅し、のちの世代の人々がその欠落の謎解きに耽るものであると言える。「パピルスの館」の悲劇は、長い歴史のなかで繰り返されてきた図書館の悲劇である。書物を一カ所に集めるという文化活動、それを行なわせる王たちが、それらを過ぎ行く歳月の犠牲にしてしまうのである。現在のトルコからスペイン、アレクサンドリアからペルガモンにいたるまで、古代の図書館のほぼすべてが、同じ運命をたどっている。ヘルクラネウムの巻子本の断片の研究者たちは、そのなかから古代のたくさんの失われた著作の一部を発見できるかもしれないという興味津々の可能性を示してくれる。だが、たとえ炭化した最後の数文字から何も新しいものが発見できなくても、一つだけ確かなことがある。今日われわれがアクセスできるもっとも完璧な古代図書館は、焼けてしまったがゆえに、今も生き続けているのである。

# 第3章　知恵の館《やかた》

## 東西文明のひそかな融合

ローマの明かりが、ギボンの言う「地球上のもっともすばらしい一角」から消えると、その図書館もまた、さびれはじめ、やがて消滅した。全般的に見て、それは学問、書物、図書館にとっての暗黒時代だった。ローマのキリスト教徒たちは、文化的には古代の多神教時代の文学や芸術とは対立する立場にあると自認していた。ローマ帝国が商業的にも、社会的にもじわじわ衰退してゆくにつれて、教育はままならなくなり、羊皮紙やパピルスの購入や備蓄、書写人を常駐させるのに必要な現金も枯渇し、かつては効率よく郵便物を運んだローマの早馬――文壇《レスプブリカ・リテラウム》の生活には非常に重要な役割を果たしていた――が通る道路も修理されなくなった。ローマ時代後期の手紙類が明らかにしているように、貴族たちが書写を再び自分自身でやるようになったことは、かつてのように教育のある奴隷を絶え間なく補給しておくことがしだいにむずかしくなってきたまぎれもない証拠である。

それでも、初期のキリスト教徒修道院のコミュニティーにはまだ、消えかかった不安定な炎が瞬いていた。物質的には貧しく、宗教的な義務にがんじがらめにされていたにもかかわらず、古代の文字文化は修道僧のあいだで維持され続けた。六〇〇年頃、エジプトで隠遁生活をしている修道士たちのあいだでは、パピルスの代用品である陶片《オストラカ》に書かれた聖書ばかりか、『イリアス』やメナンドロス〔紀元前四世紀頃のギリシアの喜劇作家〕の『判決』の一節などをこすり消していたという。パピルスの原産地の修道院で、適当な記録用材の予備がないということは、コミュニティーの貧しさを物語っているのではないだろうか。それでも修道士たちは読んだり学んだりする習慣をやめなかった。

だが、このことは読み書きの効用に変化が生じていたことも示唆している。ローマ帝国崩壊後、文字言語の命は朽ちやすくなった。文字の利用が一時的、その場限りのものになりつつあったのだ。石碑を建てたがる帝国もなければ、羊皮紙やパピルスに記すべき勅令や演説もなく、永久記録として書かれるものはほとんどなかった。修道士たちが書くのは、読んだり書き写したりしながら聖書を学ぶためと、精神的にやりがいのある労働に精を出したいためだった。陶片以外の当時の記録用材として一番よく使われたのは蠟板で、これもその性質上、長持ちはしなかった。

こうした蠟板を使って、今日の私たちが知っているような冊子本《コデックス》という本の形態を最初に発明したか、あるいは少なくとも改良して今のような形にしたのは、エジプトのコプト教徒の修道僧たちだったようだ。蠟板はメソポタミア時代から中世に入るまで、重要な記録用材だった。英語の「ブック」という言葉は、アングロ・サクソン語の「ビーチ」（ブナノキ、「ボク」とも言う）と同根ではないかと思われているが、この木からつくられた書字板《タブレット》はその素材として好まれていた。その書字板の表面をほんの少し液体が貯められる程度にくりぬいて、そこへ蜜蠟を流し込んで冷やす。蜜蠟がやわらかく固まると、表面に先のとがった鉄筆で文字を彫ることができる。ごしごしこすれば簡単にその文字を消すことも可能なので、書く人には便利だが、歴史家用には適さなかった。蠟板に書かれた文書はまったく残っていない。たいていは二枚の薄板を紐で繋ぎ合わせてあるが、数枚の書字板を蝶番《ちょうつがい》式に繋ぎ合わせたものを好む人もいた。おそらくエジプトの書写人は、古代の代物であるパピルスの巻子本《かんすぼん》に代わって、蜜蠟を塗った書字板を繋ぎ合わせた形態のほうをよく使うようになったと思われる。

エジプト中東部ナイル川西岸のナグハマディの町の近くに、四世紀に建てられたチェノボスキオン修道院がある。一九四五年、ここで四世紀後半の日付のある十三冊の簡素な冊子本が素焼きの壺に入れられて封印されたままで発見された。これらの冊子本に含まれていたテキストから、学者たちは、接触も摩擦もあった初期キリスト教徒とグノーシス派〔秘教的知恵によって救いを得るとした思想〕の知的、精神的世界の全子本の格好の見本である。背綴じはしっかりしたまま残っていて、コプト教起源の冊子本の格好の見本である。この本はパピルスのシートを簡単に折りたたんだものを集めて、革製の表紙にゆるやかに綴じ込んだものである。表紙を折り込んでテキストを包み込むような形のナグハマディ冊子本は、今日の水準から見ても洒落た装丁である。ナグハマディ図書館の冊子本とそっくりにつくられたおしゃれな日記帳は、今ではどこの文具店でも見かける。

残っていたのは書物ばかりではなかった。少なくとも一カ所、小さいながらいくつかに分かれた修道院図書館の一つに蔵書がそっくりそのまま保存されていたケースがある。トルコ南東部のシリアに近いニシビス（ヌサイビン）のモーセを院長とする修道院には、約二百五十冊の写本が保管されていた。その大半は、ネストリウス派〔キリストにおける神性と人性の合体を否定し、明確に区別できる二つの位格があると主張するキリスト教の一派〕のコミュニティーが話すアラム語に近い、セム語系のシリア語で書かれていた。中世にはシリア語は広く使われていた言語で、初期キリスト教徒にとっては非常に重要視されていた（何と言ってもキリストはアラム語を話していたのだから）。だが、シリア語の重要性はキリスト教神学にのみ限定されていたわけではない。八世紀の中国語とシリア語の二カ国語の石碑が、現在の中国の西安に残っている。四世紀の詩人エフラエムのように、メソポタミアの楔形文字で書かれた文学をルーツとする形式を継承した偉大な詩人もいる。モーセ院長は十世紀に、これらの作家の書物を、攻め寄せてきたトルコ人がシリア語も、それを話す人たちもほとんど絶滅させる寸前に、タイミングよく集めた。おかげでシリア語は今日でも生きており、シリア、イラク、イラン、トルコから西ヨーロッパへと離散しながらも、生き残った話し手の子孫たちに受け継がれている。だが、シリア文学として残っているものの大半は、モーセ院長のコレクションとして保存されたものだ。

中世の司書の地位ばかりでなく修道院生活全般のありように大きな影響を与えたのは、六世紀に活躍したローマの貴族でキリスト教徒のカッシオドルスだった。カッシオドルスは、東ローマ皇帝ユスティニアヌスがローマを攻囲攻撃〔五五四年〕し、やがてイタリアをコンスタンティノープルの支配下に入れるまで、イタリア半島に東ゴート王国を建てたテオドリクスに仕えていた。このローマ攻撃の最中に、彼はローマの壮麗な図書館の最後を飾るパラティーノ図書館とウルピノ図書館が破壊されるのを自分の目で見た。

ローマの陥落後、教皇アガペトゥスは大きな図書館と彼自身の学院《アカデメイア》を建てたが、既成教会がこれまで演じてきた政治的役割に強い不安感をもっていたカッシオドルスは、世俗的権威をめぐる教会の権力闘争の圏外に出て「観想的生活《ヴィタ・コンテンプラテーヴァ》」を求め、カラーブリアの自分の土地に僧院を建てて、のちの中世の宗教的儀式のパターンを設定した。南イタリアは当時ローマを襲った戦争の苦しみをおおむね免れていた。カッシオドルスの安息の地は、近くの養魚池（初期キリスト教では魚を伝道のたとえ話に使った）にちなんで「ウィアリウム」と呼ばれ、図書館建設計画や、非常に手間のかかる重要な書写本づくりをひっそり支援した。ウィアリウム修道院に集められた福音書の初期の版は、それらの福音書が中世にキリスト教の聖書へと移行してゆくうえで重要なものとなる。だが、宗教書はもちろん、扱える人は限られている。カッシオドルスはギリシアとローマの文学の伝統を保持することにもたいへん苦心した。彼の図書館の九つの書架は神学関連書、残りの一つの書棚にはギリシアの古典が収められていた。カッシオドルスは修道僧たちにこれらの作品の翻訳、書写の仕事をこつこつとやらせた。彼自身の大著『聖俗学問指南』は、中世ヨーロッパの認識論の整理に役立っている。これは一種の百科事典のようなもので、ウィアリウム修道院の修道僧たちの役に立つように、聖俗の思想を網羅して、整理、説明したものである。

カッシオドルスは、文化のそれぞれの側面は他を反映する鏡であると考えた。たとえば、一方に聖書は教会の聖職者たちが書いたものからのちの注釈書まであり、他方に雄弁家、劇作家、古代史家の描くホメロスを頂点とする一連の作品がある。聖なる物と俗なる物が見開き頁の両側に並んでいる折り本のような文献のイメージが、中世の図書館形成を助け、やがてそれがヴァチカン図書館のような、壮大なルネッサンス期の図書館へと発展してゆく。

カッシオドルス自身の図書館が、その後どうなったかはわかっていない。だが、七世紀としては最大級のものだったとしても、蔵書数はおそらく数百冊程度だったであろう。ウィアリウム修道院をモデルにしてつくったらしい北イタリアのボッビオにある大きなアイルランド人の修道院の図書館は、十世紀の段階で六百六十六冊を所蔵していた。こうしたところから流出した書物が形や彩飾面で芸術的なものに刷新されていったにもかかわらず、ヨーロッパの中世の図書館はまだ保守的な場所で、関心はもっぱら少数の由緒ある宗教書に向けられていた。

## バヌ・ムーサ三兄弟と知恵の館

総合図書館建設の意欲は西欧で萌芽したのに、花開いたのは中東だった。アレクサンドロス大王の死からイスラームの台頭までの一千年間に、ローマとペルシアの支配者のあいだには絶え間なく抗争があったにもかかわらず、シリアはギリシアの学問にとって一番の安住地だった。五二九年に東ローマ皇帝ユスティニアヌスがアテネの学校を閉鎖し、学問をキリスト教会の管轄下におくと、アテネの亡命教師たちはこともあろうにギリシアの旧敵ペルシアに保護を求めた。避難先としてはそう意外な選択ではなかった。紛争というものがよくそうであるように、ペルシアとギリシアが長いあいだ敵対関係にあったことが、かえって二つの文化を強く接近させていた。他方、アレクサンドロス大王とその後継者たちは――エジプトのプトレマイオス朝ばかりでなく、アレクサンドロス大王の部下の将軍によってシリアに樹立されたセレウコス朝も――ギリシアの学問を中東の支配文化に取り入れた。シリアのネストリウス派キリスト教徒の書写人たちは、ペルシアの詩の伝統のほうを高く買って、ギリシア文学を軽蔑していたのに、科学書はしっかり保存していた。そういうわけで、ペルシアのノシルワン宮廷にはアテネの亡命教師たちを受け入れる余地があったのである。

図書館の最盛期はイスラームの台頭とともにやってきた。たぶん、皮肉を込めてのことだろうが、預言者ムハンマドは自分の無学をありがたく思っていたことを、信頼できる証人が明らかにしている。彼は文字が読めなかったので、他の聖典の影響を受けなかった。神《アッラー》の言葉〔アラビア語〕を自分の手で書くこともできなかった。シナイ山で神《ヤハウェ》〔旧約聖書中の呼び方で同じ一神教の神〕がモーセに与えた十戒のような、奇跡の石板でさえ、懐疑的なアラブ人の信仰のひらめきを触発することはできなかっただろう。『コーラン』の六章七節で、アッラーはムハンマドにこう言って戒める。

たとい我らが立派に文書にしたためた聖典をお前（マホメット）に下して、彼らに手で触らせてやったところで（『コーラン』は当時まだ書き物になっていなかったので、立派な書き物の形の聖書をもっていたユダヤ人がそれを嘲笑したのであろう）、どうせ信仰なき彼らのこと、「これは明らかに妖術だ」などと言うだけであろう〔『コーラン』上、井筒俊彦訳、岩波文庫、（　）内は井筒氏の註〕。

代わりにアッラーはムハンマドに対して、信奉者に『コーラン』の書写を命じれば、彼らは自分からそれを信じるようになるだろうと教えている。ムハンマドがアッラーから受けた言葉を書きとめよという命令で、信奉者たちは熱心に読み書きをするようになった。実際、アラブ帝国が拡大するにつれて、彼らはなにごとにも熱心に取り組み、征服した人たちからも一生懸命に学んだ。ムハンマドの軍隊はアラビア半島を出て北部を席巻し、壮麗な古い文化を保持していたペルシアも征服した。ペルシアの図書館の貴重な書物——ギリシアとの数百年にわたる闘争で、ペルシアの文書ばかりでなく、ギリシア文明世界の科学書や哲学書もいっぱいあった——を翻訳者たちは自由に閲覧できた。そしてすぐに書家の手で、ギリシアの科学書がペルシアの詩に続いてアラビア文字で表わされるようになった。こうしてムスリムの図書館建設新時代がはじまり、これが一千年近く続いて、ギリシア文化の遺産の一部は成り上がり者のヨーロッパ人の手元に送り届けられることになる。

ムスリムの文化とその図書館は、驚くべき速さで発展した。八世紀の終わりには、アッバース朝がバグダードを学問の世界的なセンターにした。アッバース朝の先達であるウマイヤ朝の歴代カリフはすでに、書物や学問を特別扱いしていた。彼らは首都のダマスカスとエルサレムのアル・アクサ・モスクに立派な宗教関連書の図書館を建てた。ウマイヤ朝第一代カリフ、ムアーウィア一世〔六〇二頃－八〇〕は、図書館長《サーヒブ・アル・マサーヒフ》を任命して王立図書館の管理にあたらせ、宗教書だけでなく、一般教養書や科学書も収蔵させた。これはやがてアレクサンドリア図書館の流れを引く総合図書館として花開いてゆく。だが、アッバース朝が七五〇年にウマイヤ朝を打倒すると、書物は新しい首都バグダードへと流出しはじめた。

　アラブ文明の急速な台頭を如実に示すのが、アッバース朝宮廷に数学者、天文学者として仕えたバヌ・ムーサ三兄弟の話である。三兄弟の生涯についてはあまり知られていないが、アラビア数学の基本的な教科書の一つである『平面・球体計測法《キタブ・マリファアト・マサカット・アル・アシュカル》』という共著がある。だが、彼らの伝記の細部にはある一家の興味をそそる光景が描かれている。彼らの父親ムーサ・イブン・シャキルは、アッバース朝最初の王子が権力の座についた頃にはまだ幼児だった（バヌ・ムーサという名前は単純に「ムーサの息子たち」の意）。成人して間もない頃の彼は追いはぎをやって暮らしを立てていたが、新興カリフ国は、もっと安全な仕事で生計を立てるように彼を説得した。もしかすると彼は強盗が成功するかどうかを星占いで判断していたのかもしれない。なぜなら、その後まもなく彼はもっと平和的な占星術師になったからである。新しい仕事で成功した彼に目をつけたのが、八一三年に兄の跡を継いでカリフの座をしとめた王子アル・マムーンだった。この老強盗が死ぬと、カリフは年の割には賢い三人の息子たちの後見役を引き受け、やがて彼らを王室の「知恵の館」の学者に任命した。「知恵の館」は図書館、学校、研究センターを兼ねたようなもので、この知的才能に恵まれた青年たちに必要な知識をすべて与えてくれた。こうして一代のうちにムーサ・イブン・シャキル一族は、しがないお尋ね者から学問的権威者にまで登りつめたのである。

アッバース朝時代のバグダードは、バヌ・ムーサ兄弟のような才能をもった未成年にとってすばらしい場所だった。「知恵の館」は、インドからイベリア半島にいたるムスリム支配下の人々の知の結晶を翻訳、編集、比較研究するセンターだった。ユークリッドのアラビア語翻訳者アル・ハッジャージュはここで、代数の発明者アル・フワーリズミーと肩を並べて仕事をしていた。「アルゴリズム〔アラビア式記数法、十進法〕」という言葉は後者の名前にちなんだものである。「知恵の館」の図書館でヒンドゥー語の数学論文を読んでいたアル・フワーリズミーが、ヒンドゥー式の記数法を自分の目的に合わせて取り入れているうちに、われわれが今日使っているようなアラビア数字が生まれたのである。

バグダードで働くアラブ人、キリスト教徒ネストリウス派、ユダヤ教徒らは若い三兄弟に当時としては最高の教育を与えた。数学、天文学に抜群の才能を示した彼らは、「知恵の館」に加わって、その後、四代のカリフに仕えた。彼らは共同して、「知恵の館」につくられたような総合図書館でなければ到底できなかったような業績をあげた。その仕事のなかで、彼らはアルキメデスやエウドクソス〔紀元前四〇〇－三五〇、ギリシアの天文学者・数学者〕の手法を発展させ、持ち前のすばらしく鋭い数学的センスをギリシアの幾何学に適用して、面積や容積をはじめて数字で表現することを考え、代数と幾何学を合体させて、のちの西欧の科学の基礎を築いた。この有名な論文に加えて、三兄弟は惑星が太陽を一周する公転周期を前例のない正確さで計測したり、灌漑用水路を設計したり、自宅の屋上の観測所から斬新な天文学的発見をしたりした。彼らは今日の大学と同じように、妍《けん》を競う娼妓の置屋にも似たムスリムの知識人世界で最高の地位にあった。

三兄弟が仕えた第四代カリフ、アル・ムタワッキルは、先代カリフたちにくらべて学者間の反目に寛大ではなかった。彼は橋梁の建設、運河の掘削にあたって、競争相手よりもバヌ・ムーサを好意的に取り立てた。三兄弟がイスラーム世界初の哲学者アル・キンディーと激しく対立すると、カリフは自分のお気に入りの科学者たちに肩入れし、哲学者のもっていた図書館を没収させた。

だが、そのようなえこひいきによる対立があったにもかかわらず、書物、図書館、芸術はアッバース朝のもとでそれから約五百年間、モンゴル人の来襲によって帝国が崩壊するまで繁栄が続くのである。

## 芸術品になった書物

西欧の書物文化はイスラームの遺産に負うところが大きい。征服者たちは新しい臣民からいろいろなことを学び、書物の形態や製本技術を取り入れ、それをいっそう進歩させた。ムスリムは中国人の捕虜から八世紀はじめに製紙技術を学んだ。エチオピアでは、アムハラ語の書写人の冊子本《コデックス》の作り方を真似て、本を革表紙に綴じつけるだけでなく非常に洗練された芸術品にまで高めた。ギリシア人やローマ人にとっては、書物は単なる道具、知識の実用的な集積物だった。彼らがつくった巻子本は質素で飾り気がなく、見てほっとするような美しさは書かれている文字だけにしかなかった。これと対照的に、イスラームの書家と挿絵画家は、書物自体を美しいものにした。蒐集家のほうも豪華な外観を高く評価し、書物の中身ばかりでなく、本としての感触も大事にするようになった。中世キリスト教のヨーロッパでは、彩色本を鑑定するのは社会の最上級層の人たちに限られていた。貴族や最上級の聖職者しか、すばらしく美しい彩色の福音書やミサ典礼書、祈禱書を制作する多大な費用を負担できなかったのだ。これに対し、もっと商人気質の強いムスリム世界では、書物の目利きであることは商人の前提条件だった。十世紀のある学者は、コルドヴァでの書物オークションで貴重な一冊を、その本の実際の価値よりもはるかに高い値段で他の競り手に奪われてしまったと不満を述べている。あとでその競り落とした相手に近づいて聞いてみると、相手はそれがどんな本であるかまったく知らないことを白状したという。彼は書物を集めて立派な図書館をつくり、ビジネス相手を感嘆させようとしていた。さらに、ちょうど書棚の一角にその本がぴったり入る隙間があり、そこに置くのにふさわしい、これほど美しい本はなかったからだと付け加えた。

ムスリム・エリートは個人の蔵書だけでなく図書館をまるごと、競って手に入れたがった。アラブ人支配時代のスペインでは、一時期、七十の図書館があった。そのなかで最大のものは九七六年にコルドヴァでカリフ・ハーキムが設立したものである。コルドヴァは当時、ヨーロッパのなかでもコンスタンティノープルに次ぐ大きな都市だった。配管工事によって二十万世帯に水が供給され、九百軒の公衆浴場があり、夜には街灯が明々《あかあか》と灯っていた。歴史家イブン・アル・アバルによれば、アル・ハーキム図書館の蔵書目録は四十四巻あり、書物自体は四十万から六十万冊あったという。これは市の一世帯あたり二－三冊に相当し、当時のヨーロッパ最大の図書館でもせいぜい数百冊止まりだったことを考えると、驚くべき偉業である。一〇八五年にキリスト教徒に征服されたコルドヴァとトレドでは、ギリシア人、ペルシア人が引き継いだアラビア語の科学書がラテン語に翻訳された。アラビア語は、トルコ人、モンゴル人、十字軍らによってアラブの知的文化が破壊されたあとまで存続することになる。

イスラームの勢力圏内ではどこでも立派な図書館が次々と出現した。ペルシア宮廷図書館は、まさにそうした貴重な館《やかた》の一つだったと、イラン人哲学者で医師でもあったアヴィケンナ〔九八〇－一〇三七〕が証言している。バヌ・ムーサ兄弟と同様、アヴィケンナは記憶力と学習力に秀でた神童と言われ、十歳のときには『コーラン』ばかりでなく、たくさんの詩も暗誦していた。十八歳のとき、ペルシアのサーマーン朝の宮廷医として招聘され、皇子ヌーフ・イブン・マンスールの治療で成果をあげたことで王室の信頼を得た。宮廷医の役得がいろいろあるなかで、彼にとって一番ありがたかったのは、王室の驚くほど立派な図書館に自由に出入りできるようになったことだった。「本でいっぱいの部屋がたくさんあった」と彼は書いている。

（書物は）外箱に入って何列にも並んでいた。ある部屋はアラビア言語学と詩、別の部屋には法律書、といった具合に書物はそれぞれの学問分野別の部屋に収められていた。私は古代ギリシアの著者の目録を調べ、必要としていた書物を探した。このコレクションのなかには、ほとんどの人が名前さえ聞いたことのないような書物や、私自身が、以前もこれからも決して見ることのないような本もあった。

アヴィケンナの図書館への心酔はよく知られていたにちがいない。なぜなら、彼が訪ねてからまもなくこの王立図書館が火災で焼けたとき、この青年哲学者が自分を〝唯一の知識の宝庫〟にするために放火したのだと非難されたからである。

カリフ・ウマル時代のアレクサンドリアの書物の運命についてはいろいろな話が伝わってはいるが、図書館の蔵書の相当数が残っていたことは確かのようで、それらの本は彼の後継者ウマル二世の時代にアンティオキアに移されている。ウマイヤ朝のあと、エジプトを拠点に樹立されたファーティマ朝はカイロを首都にし、そこにカリフ・アル・アジズが自分の〝学問所〟の一部として図書館をつくった。そこには二千四百冊の『コーラン』の彩色本を含む六十万冊の書物があったようだ。残りの書物は大きな書棚に保存され、それぞれに収蔵書物のリストが表示され、コレクションに補充する必要のある書物のタイトルについて注記が添えられていた。一〇〇四年、カリフ・アル・ハーキムはそれらの図書を自分自身の「知恵の館」のコレクションに加え、総計百五十万冊を所蔵していたと言われる。だが、一〇六八年にトルコ軍が攻め寄せてくるのを知った宰相アブー・アル・ファラジは、自軍の戦費を捻出するためにラクダ二十五頭に積載した書物を売り払い、十万ディナールを手に入れた。数カ月後に彼を打倒したトルコ軍は残りのコレクションを自分たちなりに処分した。きれいな革表紙は剝がして靴にし、ちぎりとった頁はカイロの郊外に埋めたため、その後、数世代の人たちから「本の丘」として知られるようになった。

だが、こうした書物、学問、図書館のすばらしい繁栄は、突然、終わった。歴史家S・K・パドヴァーによれば、十三世紀半ばにヨーロッパがアラブの学識を取得したのは、「ちょうどいいタイミングだった」という。なぜなら、「イスラーム教徒の中東はモンゴル人の襲来で破壊される寸前だったからである」。ハプスブルク皇帝カール五世は一五三六年、チュニジアを奪取すると、すべてのアラビア語の書物を焼却させた。一四九二年にスペインからムーア人が追放されたあと、「アラビア語の写本を徹底的に排除してしまったために、フェリペ二世がエスコリアル宮を建てたときにはスペイン王国内ではアラビア語の写本は一冊も発見できそうになかった」。そこで本を積載したあるモロッコの船舶を拿捕して、王室図書館が必要としていたアラビア語のタイトルの本を没収せざるをえなかった。だが、一六七四年のエスコリアル宮の火事で、約八千冊のアラビア語の書物が失われた。十三世紀から十五世紀にかけて、ムスリム世界の数々のすばらしい図書館は姿を消すことになる――モンゴル軍、トルコ軍、十字軍の征服者たちは、イスラーム教徒がギリシア＝ペルシアの先駆者から受け継いだ学問愛好精神をもち合わせていなかった。

## 図書館のルネッサンス

中世時代もずっと、イスラーム教徒とキリスト教徒ヨーロッパのあいだの書物文化のつながりは途絶えなかった。ヨーロッパの学者たちはトレドやコルドヴァの大きな書物市に出かけていたし、十字軍時代とその後も、書物は戦利品としてヨーロッパへ流入した。他方、南イタリアではギリシアの影響が色濃く残っていた。たとえば、モンテ・カッシーノの由緒ある修道院では、ギリシア語・アラビア語対訳の医学書が長いあいだ書写され、保存され、研究されていた。だが、スペインからギリシアにいたるローマ帝国全土に広がる公共図書館の広大で密接な組織網のなかでは、何一つ後世に残らなかった。

大半の古典文化と同様、公共図書館が再生したのはフィレンツェだった。〝公共〟と呼べる最初の近代的な図書館は、一四四四年にコジモ・デ・メディチのつくったサン・マルコの図書館であるとよく言われる。もっとも、十五世紀のフィレンツェで〝公共〟という言葉は、庶民ではなく、教会、貴族、有力商人一族など、社会でそれなりの役割を果たし、権限を行使する立場にある人たちを指していた。サン・マルコの図書館はそういう意味での公共図書館だった。ここを利用する学者たちは新しい、重要な分野で社会に貢献していただろう。メディチ家が、図書館の寄贈や図書館にふさわしい蔵書の選択を通して、鑑定家、後援者、知識人、王侯など、多彩な公的役割を果たしたという意味でも公共図書館と言ってよいであろう。オランダの歴史家ヨハン・ホイジンガ〔一八七二－一九四五〕は中世の特徴について、「人生におけるすべては、誇るに足ることで注目を浴びるか、残酷な好奇心の餌食になるかどちらかである」と言っている。これはルネッサンス初期にもそのまま当てはまる。今日の公共図書館は、知識人の個性とプライヴァシーの一番の保護者である。サン・マルコの図書館の〝公共性〟とは、実際には名声をとどろかすという意味だったであろう。もちろん、メディチ家にはもっと無慈悲な好奇心から注目を浴びたことがいろいろあったが、それとくらべれば、図書館の建造はおだやかで有益なものだった。だが、そうした有益性は、メディチ家の権力に威厳を添える役割を果たした。

歴史家リサ・ジャーディンは、メディチ家が商人から王侯貴族へと台頭する過程での図書館の役割を明快に分析している。「この移行を実現する顕著な手段の一つは、個人の利益をめったに見られないすばらしい仕上がりの書物（古典も近代も含めて）に費やし、市民のために有益なことをしたという名声を得ることだった……」。ジャーディンはメディチ家が取得した書物を四つのタイプに分けている。その第一は、「難解な人文書」のパトロンとして一族の名声を高める書物で、それらはメディチ家が学者であり洗練された人たちであるという評判を確立した。第二は、「高潔で、〝立派なことを実践する〟一族という雰囲気をゆるぎないものにするような書物」――言い換えれば、一族の優雅さを実証するような倫理論文や道徳、マナーについての本の上流階級にふさわしい文献目録。第三は、メディチ家が人文主義者の祖先のパトロンであることを立証するような「〝希少価値の高い〟古典的名著」。最後は「取得経路のはっきりわかる書物」――すなわち前の所有者が著名人、有力者で、メディチ家がそのつながりにあることを光栄に思うような人の署名入り、もしくは蔵書票の付いたものである。「それらに加えて、一族の名が自己宣伝や公的賞賛を受けたことがわかるような、昔からよくある見栄のための配り物的な本があった」とジャーディンは言う。

メディチ家は図書館を通じて、知的高潔さ、館長としての慧眼、ルネッサンス的価値観の踏襲を公にできた。有力者一族が個人で重要な書物を取得することによって、彼らの知的権威を際立たせた。こうしたコレクションをもとに図書館を建てることは、一族のドラマを中世風公演で披露して公共の場の発展を助長し、影響力を大きくしたかったのだと解釈できる。

中世時代には、よほどの「知る必要」に迫られなければ、人々は本を手にすることはおろか、読み書きの能力そのものすらもち合わせなかった。だが、人文主義は読書の政治経済学をひっくり返し、新しい本（はっきり言えば、再発見された古い本）ばかりでなくそれらの新しい読み方にまで手を差し伸べる。王侯はもはや、主として聖職者から指示を受けることはなくなり、古代の文学は支配者や軍の指揮官に数えきれないほど多くの教訓を与えるようになった。トスカーナの書物商ヴェスパシアーノ・ダ・ビスティッキは、ウルビーノ公フェデリーゴの回想録のなかで、「過去を現在の鏡として学ぶことができる学のある指導者でなければ、武力で勝ることはむずかしい。ラテン語を知っている軍事指導者は知らないものよりもはるかに有利である」と好戦的な人文主義用語で、理想的な王侯の姿を描いている。だが、十五世紀後半には、フェデリーゴ以外にも古典を読んだり、それらを所蔵して大切にする図書館を建てたりする支配者たちはいたであろう。人文主義の初期のエネルギーと権威は、王侯たちの虚栄から生まれたものである。

## 書物商ヴェスパシアーノの回想録

ヴェスパシアーノ自身がその証拠をたっぷり提供している。彼の『十五世紀の傑出した人物の生涯』は、ひとことで言えば有力者と彼らが建設した図書館の話である。もちろん、ヴェスパシアーノ自身の職業もここで考慮に入れる必要がある。トスカーナの州都フィレンツェの書物商だった彼は、ヴァチカン図書館、ラウレンティアーナ図書館、ウルビーノ公フェデリーゴの図書館の蔵書蒐集を手伝った。したがって、彼が紹介している傑出した人々とは、彼を通して書物や書写本を買ったことによって知り合った人に限られる。だが、ここで大事なのは、書物商であれば、立派な人物の回想録を書けるほど、ルネッサンス期イタリアのもっとも秀でた人たちのところに出入りできたという点である。

数少ない重要な本を集め、整理して図書館に納めるという行為が、これらの人々の生涯を通してずっと行なわれていくのを見ると、この時代の書物や読書の性質に何かしら実際に、基本的な変化が起こっていたことがわかる——その何かこそが図書館の建設を促していたのだ。急にたくさんの本を一カ所に集め、友人や家族、パトロンをもつ芸術家や作家——つまり個人の家の常連客——ばかりでなく、一般の人々にも公開して閲覧しやすくすることが重要になった。読書という個人的な行為にまつわるすべての行動が公共活動と解釈されるようになったからである。ルネッサンス期に個人の熱心な読書が学者たちのあいだで見直されるにつれて、それが公的な色合いを帯びてきた。それは数年後に印刷本が出現して図書館に山積みになったからではなく、印刷本が出現するまでにはすでに大量の書物への読書欲がかきたてられていたのである。ヴェスパシアーノはこの転機について、ウルビーノ公フェデリーゴを回想してこう書いている。

一千年以上もだれ一人やらなかったことをする気持ちになったのは［ウルビーノ公］一人だけだった。つまり、古代以来の立派な図書館をつくろうというのである。彼は費用も労力も惜しまなかった。すばらしい本があると聞くと、イタリアであろうとなかろうと、人をとりに行かせた。図書館をはじめてからすでに十四年以上になるが、彼はウルビーノにも、フィレンツェその他のところにも、つねに三十人から四十人の書写人を雇って働かせていた。彼が立派な図書館をつくる方法は唯一つ、次のようなものだ。まずローマ時代の詩人のもの、およびそれらについての注目に値する注釈書、次に雄弁家のもの、タリ（キケロのこと）をはじめ、注目すべきローマ時代の著述家、文法学者のものすべてを求めた。これでこの分野の一流著述家を網羅しているはずだ。彼はまた、知られているかぎりのラテン語の歴史書すべてを求めた。ラテン語ばかりでなく、ギリシア人の著書でラテン語に訳された歴史書、雄弁家についても同様のものを集めさせた。ウルビーノ公はまた、ラテン語、およびギリシア語からラテン語に訳された道徳哲学、自然哲学の著作もすべてほしがった。

ヴェスパシアーノがつくったフェデリーゴの図書館の蔵書リストは数頁に及ぶ。教会博士、古代の博士たちの著書をギリシア語からラテン語に訳したもの、古代ローマの哲学、神学博士のもの、天文学、幾何学、代数学、建築、絵画、彫刻、教会法、アヴィケンナ、ヒポクラテス、ガレノスを含む医学書、アヴェロエス、ボエティウス、ダンテ、ペトラルカ、ボッカチオらの近代作家、アリストテレスとプラトンの全集（フエデリーゴの聖書と同様、「最上等の山羊の革に書かれたもの」）、ギリシアの詩人たちの作品、プトレマイオスの『天文学大全』、ヘロドトス、トゥキュディデス、デモステネス、「ヘブライ語の書物は何でも」などなど。ヴェスパシアーノはこう続ける。

（ウルビーノ公は）三万デュカートという大金をかけて、この立派な仕事をやり遂げた……どの作家のものもそれにふさわしい深紅と銀色の背表紙に仕上げた。聖書を筆頭に、ギリシアと古代ローマの博士や哲学者の本、歴史書、医学や近代の博士たちの著書は金色のブロケードの背表紙が燦然と輝いていた。この図書館ではすべての本がとびきり上等で、ペンで書かれている。印刷されたものが一冊でもあったなら、いっしょに並べられるのは恥ずかしかったであろう。

大きな図書館は、経済の発展や効率のいい印刷機のせいで急に増えたと、後世の人間なら憂慮しそうだが、実はそうではなく、ルネッサンス寸前の王侯、商人、教皇らのあいだに生じた新たな学習意欲と密接な関係がある。なぜなら、政府の統制を受けない自由な出版物が台頭する一方で、集約化された知識の統制は新たな権力基盤を提供したからである。

ヴェスパシアーノはコジモ・デ・メディチについてそのことを書いている。

（コジモは）仕事に没頭している第一線で活躍しているような市民にはめったに必要とされないようなラテン語の知識をもっていた。彼は気質的には真面目一方で、バカ騒ぎなどは嫌いな身分の高い人たちと付き合う傾向があり、おどけ者や役者、時間を無為に使うような連中をひどく嫌った。彼は文人をたいそう好み、そういう人たちと付き合いたがった。親交を結んだ人のなかにはフラ・アンブローグリオ・デグリ・アグノーリ、リオナルド・ダレッツォ、ニコラオ・ニコラウス、カルロ・ダレッツォ、ポッジョらがいた。

コジモがヴェスパシアーノをサン・ロレンツォにつくる図書館の整備にも雇ったとき、ヴェスパシアーノは「ニコラウス教皇の図書館をモデルにして、四十五人の書写人をそろえ、二十二カ月間で二百冊を仕上げさせた」。このことから、図書館建設によって、これまでとはちがう新たな名声を得たいと願っていたコジモに、ヴェスパシアーノは相当な発言権をもっていたことがうかがわれる。コジモの膨大な投資、大勢の書写人の雇い入れ、テキストの厳選などすべてが、学問に新たに取り組む姿勢を示している。新たな学識はさらなる影響力を培い、人の輪が形成されてゆく様子がありありとわかる。

コジモがサン・マルコ図書館を計画するにあたっては――収蔵する書物については言うまでもなく――さまざまな筋からインスピレーションを得た。今回もまた、明確なモデルは教皇ニコラウス五世の新しいヴァチカン図書館だった。だが、彼にとっては、友人でライバル関係にあった蒐集家で人文主義者のニッコロ・ニッコーリから得た情報のほうがずっと重要だった。ニッコーリはコジモ・デ・メディチの親友であったばかりでなく、彼に借金があった。ニッコーリの遺書には、自分の蔵書を基盤にして建設される図書館は、「学びたい市民すべてに《オムネス・シヴス・ストゥディオシ》」開放されるべきであり、図書館の館長も兼ねる管財人の指導方針のもとに、管理・貸出を行なうものとすると明記されていた。コジモはその管財人の一人だった。ニッコーリは一四三七年に死去する前から財政破綻していて、自分の蔵書の収蔵施設を建て、それを管理するのに必要な金を捻出することができなかった。そこでコジモが介入した。彼は他の管財人を丸め込んで、必要な資金を提供する見返りに図書館の実質的な管理権を掌中にした。こうして彼は図書館を、当時建設中だったサン・マルコ修道院内に移し、その入り口に自分がニッコーリの図書館の救済者であることを刻んだ大理石の銘板をはめ込み、公共図書館に対する自分自身の壮大な理想像を世に示した。

ヴェスパシアーノの回想録は、書物や図書館がいかに〝つくられた物〟であるか、そして物というものは、だれか指揮管理する人がいてはじめてできるものであるか物語っている。物づくりを命じるパトロン、教皇、王侯たちにとって、著作という仕事は、どれもこれも似たり寄ったりの書写人の仕事にすぎない。古典が書写されるのと同じように、パトロンの好みで新しい作品も制作される。だが、パトロンの夢のなかでは、作品を〝生み出している〟のは自分自身なのである。ある意味で、作品はすでに彼のなかに潜在している。われわれはパトロンが著者の献辞を真に受けていると想定しなければならない。ルネッサンス期の図書館は、まさに悲願の集積によって建てられたのだ。

ルネッサンス期の図書館建設基準の設定は、世俗の王侯ではなく、神の代理人である教皇の悲願でもあった。教皇ニコラウス五世はヴァチカン図書館の完成を見ずに死んだが、「教皇と教皇座教会の威厳にふさわしい、ラテン語とギリシア語両方のすべての書物を収蔵する図書館をもてれば、有識者のだれにとっても便利である」と考えていた。ニコラウスの願う共通の便宜と、共通でない威厳との組み合わせは、人文主義の背後にある政治的衝動をみごとに目録にして見せてくれる。

教皇の図書館は何も新しいものではない。すでに六世紀のカッシオドルスの頃から、教皇は自分自身の図書館に書物を集めていた。一二九五年以前の教皇の蔵書目録は存在していないが、おそらく中世の修道院図書館程度の規模と関心を反映していたのではないかと想像できる。だが、教皇ニコラウスの図書館の概念はもっと大規模なものだった。彼は現存する修道院図書館のいずれよりも大きな、総体的に見て新しい形の図書館をほしがっていた。

十二世紀からルネッサンス期にかけての図書館は小規模のままだった。当時の図書館について、二十世紀のある集計がそれを実証している。九世紀のライヘナウ（ドイツのボーデン湖に浮かぶ島にある修道院）の図書館の蔵書は四百十五冊、十世紀のイタリアのボッビオには六百六十六冊。この数字はその頃のヨーロッパ最大のコレクションの部類に入り、そうした図書館の大きさはそれから数百年間、ほとんど変わらなかった。英国のダーラム大寺院の図書館には五百四十六冊、有名なフランスのクリュニー僧院には五百冊ちょっとであった。

ルネッサンス以前の典型的なヨーロッパの図書館がどのくらいの大きさだったかを述べるのはむずかしい。残存している蔵書目録は少ないうえに、あまり役に立たないからだ。前記の蔵書数を記している歴史家ジェイムズ・スチュアート・ベディーが指摘しているように、中世の目録の大半は省略された蔵書リストにすぎず、しかも一冊ずつ別々に製本されているわけでもないことが多いうえ、集めた書物の表紙の内側や余白に走り書きしただけのものもある。目録をつくるにはどうしても貴重な資源を使わざるをえない。表に見えるところに文字を書き入れるのにたいへんな労働力を必要とし、費用がかかった時代には、あまり重要でないことに労力をつぎ込む可能性は少ない。典型的な目録に並んでいるのは、その図書館の製本された図書だけで、一つ一つの綴じ込みには二つから八つくらいの作品が入れられていた可能性がある。「一冊の写本にいくつかの作品が入っている場合には、最初の作品以外は目録に載っておらず、たとえば〝ウェルギリウス本〟あるいは〝その他複数の著者の著作集〟など、簡単な、時には曖昧なタイトルがつけられていた」とベディーは書いている。「たくさんの蔵書がある場合には、複製については省略されていたにちがいない。大きな図書館では目録だけでもかなりの数になったであろうから。たとえば、クリュニー僧院にはボエティウスの『哲学の慰め』が十数冊あった」。アウグスティヌスの著作も、典型的な中世の図書館には聖書に次いでたくさんあったことは言うまでもない。実際、「中世の目録作成者がアウグスティヌスに敬意を表していたことは、聖書に続いて目録の最初の部分にその名が記されていたことからも明らかである」。アウグスティヌスの本が中世の図書館でこれほど幅を利かせていたとは――『神の国』が一番人気があった――今の読者なら、自分が非常識のようで衝撃を受けるだろう。ベディーの記述によれば、「十世紀のドイツのロルスク僧院には、全部で五百九十冊の蔵書のうち、アウグスティヌスのものが九十八冊、十二世紀のノルマンディーのベク修道院には三十六冊、同じ頃のドイツのナウムブルクにある聖モウリッツ修道院図書館には、百八十四冊のうち九十八冊がアウグスティヌスの写本だった」という。こうした数字は、大きな図書館が原本を保持していて、小さな図書館に書写のために貸し出していたことをうかがわせる。おそらく修道僧たちもまた、図書館の蔵書を増やすためばかりでなく、自分自身の勉強のために書写の仕事が割り当てられていたのであろう。聖書に次いで、ボエティウスとアウグスティヌスは中世の必読書だったのだ。

## 大学図書館の台頭

だが、ルネッサンスにいたるまでのこうした数百年のあいだにすら、図書館は変化しつつあった。ヨーロッパの都市には、ムスリム世界で樹立された「知恵の館」をモデルに大学が出現していた。大学は教皇ニコラウスにとって大きな知的刺激であるとともに、競争相手でもあった。大学の図書館は教授たちの好奇心が高まるにつれて、急速に大きくなりつつあった。十二世紀に驚くほど発展したパリのソルボンヌ大学図書館は、大学がヨーロッパの図書館世界にもたらした変化を如実に表わしている。

リチャードとメアリー・ルースの学者夫妻は、この図書館の目録を丹念に研究し、冊子本《コデックス》の数が急速に増えたことが、量的にも質的にも図書館の性格に変化をもたらしたことを確認している。実際、十三世紀半ば頃まで、大学の図書は本来の図書館のように整理されてさえいなかった。書物は大学の先生方のあいだで分配されて、それぞれ自分の研究用に使われていたのである。先生が旅行に出るときだけ、書物は共有の書棚に保管されるのが普通だった。だが、十三世紀後半には四冊から三百冊にいたる遺贈もあって、大学の図書の数はほぼ二倍になった。図書館の規模も二倍近くになれば整理が必要になる。ソルボンヌで最初の総合目録がつくられたのは一二九〇年だった。

書物を整理するにあたって、ソルボンヌ大学図書館の管理者たちはアルファベットという新しい道具を使うことにした。ルース夫妻によれば、「中世時代には、〃合理的整理法〃が一番と思われていたので、アルファベット順の整理法にはあまり関心がもたれなかった」。中世の人たちにとって、「宇宙は調和のとれた一つの有機体であり、一つの部分は他の部分と連携している。ピラミッド型の序列、年代記、類似性と相違性などの合理的な関係を認識して、それを著述に反映させるのが著者や学者の責任だった」。書き言葉に対するこのような分析的なアプローチは、アラビア記数法というもう一つの道具をヨーロッパに出現させた。十三世紀半ば、オクスフォードの学者たちは写本の行数を数えるために、はじめてアラビア数字を使った。ルース夫妻はこう書いている。「科学史の著者たちのなかには、ゼロという画期的な概念をもった〃斬新で新しい［アラビア］整数論〃を、西欧がなかなか取り入れないのを残念がる人が増えている一方で、索引作成者はこれと対照的に、整数法の波及効果には無関心ではあるが、自分の地位を守る手段はこれしかないという実際的な理由から、アラビア数字を熱心に取り入れている」。そういうわけで、八世紀のバグダードのムスリム図書館で考案され、採用されたアラビア数字は、ヨーロッパではオクスフォードのような大学図書館ではじめて居場所を見つけたのである。

ヴァラ〔一四〇七－五七〕やペトラルカ〔一三〇四－七四〕のようなのちの人文主義者たちは、非常に貴重な写本が中世のコレクションのなかに埋もれたまま、読まれもせず、朽ち果ててゆくことにしばしば不満を漏らし、それを図書館のせいにする傾向があった。おそらくルネッサンス期には、中世の読者が抱いていたテキストへの崇敬の念とは、書物の出所や、労作であるかどうかをいぶかしむような、人文主義者の懐疑主義へと変化しつつあったのではないだろうか。アンソニー・グラフトン〔プリンストン大学歴史学教授〕は『ローマ再生』のなかで、「ルネッサンス期の知識人にとっては、個々の書物――とくに写本――は、しばしば文献的資料であるとともに歴史的資料である」と指摘している。

中世後期の学者たちが集めていたのは、残存テキストのなかでも、とりわけ大学のカリキュラムとして講義や討論に取り上げられるようなものだった……ルネッサンス期の蒐集家や学者たちは教会正典の改訂と拡大に着手した。彼らはヨーロッパじゅうの私立図書館、施設に付属する図書館をくまなく探した。貴重なテキストが古代や中世初期に書写されたり研究されたりしていたが、スコラ哲学の時代になって流行遅れになっていたような修道院も探した……ヴァチカンはこうした新しいスタイルの学問研究のセンターになった。数人の教皇、とりわけニコラウス五世は十五世紀はじめの海賊もどきの書物ハンターを支援し、もとの場所で書写できないものは何でもかんでも盗ませた……。

新しいタイプの図書館をつくろうというこうした向こう見ずなもくろみのなかで、モデルの一つとされたのが、十三世紀から十四世紀にかけて学者たちが熱心に拡大・組織化を図っていた大学の図書館だった。

## 『聖俗学問指南』とヴァチカン図書館

ヴェスパシアーノが耳元でささやくと、教皇ニコラウスは、それがあれば教皇の権威が改めて高く評価されるようなコレクションの取得に賛成する署名をした。彼は自分が実施した蒐集計画があまり進展を見ないうちに死んだ。だが、後継者のシクストゥス四世〔一四一四－八四〕がヴァチカン図書館の設立・拡充計画を引き継ぎ、最初の建物を完成させた。彼はまた、最初の三人の文書官《スクリプトーレ》を任命した。各自が最高の文学、歴史、教会関連の重要文書がしたためられてきた古代からの三つの言語であるギリシア語、ラテン語、ヘブライ語のうちのどれか一つの専門家でなくてはならなかった。「スクリプトーレ」という職は今日でも存在している。この職にある者は、ヴァチカン図書館の蔵書の目録作成者であり、主たる管理職員でもある。

こうした「スクリプトーレ」が編纂した目録は、新しい学問研究の重要な道具になった。彼らはそれぞれ担当する言語の書物の詳細なリストをつくり、それを全体のアルファベット順目録と連動させた。この方法はなかなか面倒だった。蔵書の追加があれば、余白に書き込むか、別のリストにして分類の最後に載せるかする必要があった。だが、その詳細目録は人文主義者たちにとって非常に貴重なものであることがわかった。

ヴァチカン図書館の〝管理人〟であるパルメニオとマッマチーノが一四七五年に編纂した目録は今日でもとりわけよく知られている。それは図書館がどんな本を所蔵しているかだけでなく、どのように系統的に整理されているかがわかるからである。それを歴然と示すのが、図書館の第一室の両側にずらりと並んだ書見台であろう。書物はそれらの書見台に項目別に鎖でつながれて置かれている。目録はそれぞれの書見台にある。左側の最初の書見台には聖書が、次の書見台は教会の聖職者用、その次は教会博士たちのものから聖人たちの著作、教会法、同時代の神学関係の著述といった按配である。そこにはこの部屋の蔵書配列を反映した厳然たる序列がある。目録で見ると、聖書関連書の向かいにある書見台には哲学書がある。アリストテレスの著作とそれに対するアヴェロエス、アヴィケンナ、プラトン、ヘルメス・トリスメギストゥスらの註解書、次の書見台のヒエロニムスとアウグスティヌスの宗教書の向かいには、天文学、数学の書物がある。教会博士たちは、世俗の片割れであるオヴィディウスやウェルギリウスを含む詩人たちの作品に気づくであろう。さらに教会法の向かい側には修辞学や雄弁術といった具合に、図書館の第一室は終わるのである。

次の部屋には、目録に従えば、同じような流儀で整理されたギリシア語の著作が並んだ書見台がある。この仕組みは細部にちがいはあるものの、聖と俗の世界がたがいに反映し合い補完し合うさまを描いた、カッシオドルスの『聖俗学問指南』の相対的認識論を偲ばせる。人文主義が一方で古代ローマのすばらしさを再現し、他方で聖書に権威を与え——ひいては教会の権力強化を追求するにつれて、図書館は古代世界との調和美を取り戻した。目録には書物のタイトルが主題別にアルファベット順に並べられているが、実際の書物が書見台にどう置かれていたかはよくわからない。そういうわけで、十五世紀の図書館とそこにある目録とは、知識の合理的な秩序と、アルファベットというそれとはまったく無関係な秩序が、不安定な休戦協定を結ばされていた。だが、蔵書が増え続けた十八世紀には、古い目録は役に立たなくなり、新しい目録では、内容に無関係な秩序が勝利した。新目録は完全にアルファベット順を採用し、合理的虚構である主題別分類は姿を消した。

このような聖俗の対峙を可能にした学識は、つねに教会に利益をもたらしたとは限らない。前述の十五世紀の人文学者ロレンツォ・ヴァラは図書館によって育成された学識を利用して、コンスタンティヌス帝の寄進状――コンスタンティヌス帝がローマを教会に捧げた最初のキリスト教徒皇帝であることを証明すると言われる文書――はでっち上げの偽造書であることを証明した。だが、コンスタンティヌス帝の寄進状は教皇のローマに対する権威を宣言する拠りどころだった。十六世紀の図書館長ジロラモ・シルレットなら、ヴァラのコンスタンティヌス帝に対する攻撃文書を教皇庁の禁書リストに入れただろう。五世紀のギリシアの歴史家ゾシモス――アンソニー・グラフトンのきわどい表現によれば、「ローマの崩壊をキリスト教徒のせいにする悪趣味の持ち主である不信心者」――の『新史』のような著作を、シルレットは「ヴァチカン図書館の最奥のもっとも人目につかないようなところに」隠したと、不満げなあるフランス人読者が言っている。反宗教改革運動のさなか、シルレットは、司書なら昔から知っていた、本を隠すのに最適の場所は、しばしば図書館であることを発見した。彼だが、シルレットは望ましくない書物を隠しておくことだけでは満足しなかった。

はローマの教会を非難するビザンツ帝国のいくつかのテキストに火をつけて、焼き払った。

シルレットの時代にこの図書館を訪れたミシェル・ド・モンテーニュ〔一五三三－九二〕は、政治問題は避けて通ることができた。「図書館には問題はないように見えた」と彼は書いている。

そういうわけでだれでも図書館を見ることができ、ほしいものを引っ張り出すことができる。図書館はほとんど毎日午前中は開いている。私はなかをくまなく案内してもらい、ほしいものは何でも利用してよいと言われた。当時、図書館を見ないでローマを去ったわが国の大使は、ここの図書館長だったシルレット枢機卿を表敬訪問して［図書館を見学する］許可をもらえと言われたとこぼしている。彼はぜひとも見たかったセネカの直筆をとうとう見ることができなかった。大使の証言から、私は事態を悲観的に考えていたが、たぶん運がよかったのだろう。好機・幸運というものはそれなりの特権をもつもので、王者には拒否したことを庶民には授けることがよくある。好奇心は、偉大さや権力と同様、自分で行く道を拓くものだ。

　ヴァチカン図書館をとり巻くそのようなはかりごとは遠い昔のことだ。今日では、ここは学者にとっては世界でもっとも魅力的な図書館の一つである。利用者は、ニッカーズ姿のいろいろな言語に通じた若いスイス人護衛官のいる門を入って登録をすませ、ローマの交通機関が引き起こす騒音をあとにしながら、どっしりした壁やアーチの陰になった石畳の道を、ヴァチカン市《シッタ・ヴァチカーナ》の奥深くへと長い道を歩かなくてはならない。広々した、陽あたりのよい閲覧室には、満足げな学者たちの発散するざわめきやつぶやきが満ちており、快活なスタッフが質問に答え、要求に応じ、いろいろな言語を話す利用者が何とかわかるようなイタリア語で要望を伝えてくれるのを辛抱強く待っている。そちこちに法衣姿の僧や、僧服の尼僧の顔がラップトップ・コンピュータの画面の光に照らし出されている。中庭の向こうの、どっしりしたルネッサンス期の噴水の廃墟のあとに立てられた小さなカフェが、閲覧者たちにおいしいエスプレッソや焼き菓子、午後には無料のイタリア風サンドイッチ《パニーニ》を出していて、彼らはそれを立ち食いしながら図書館員や学生らとおしゃべりをしている。図書館のなかには、あまりにもたくさんの稀少本や写本のなかでほとんどいつも抑制されているエネルギーと喜びが充溢している。だが、シルレットが書物を隠しそこなった薄暗い書棚もそこにある。

# 第4章 書物合戦

## 英国国教会対ピューリタン

十五世紀から十六世紀にかけて書物の数が驚くほど増え、それがよい意味の刺激ばかりでなく、不安も巻き起こしたのは、ヴァチカン図書館だけではなかった。人文主義者の古典への陶酔は、学者たちのひそかな夢想というレベルから権威者の大きな道具にまで発展していた。神学を政治に利用することに対して、科学が脅威を与えるようになるにつれて、支配者たちは古典的な理念のなかに権力の温存場所を探し出そうとした。その意味で、書物の数や種類の増加による激動期の苦痛を味わっていた図書館は、相対立するイデオロギーの戦場になりつつあった。図書館は支配者としての重責を担う者の啓発のために、時代を超えた理念を保持しておく知恵の倉庫なのか？それとも、情報の急増とともに、限りなく多彩な色や形の花が咲く書物の花園になってゆくのか？

ハーヴァード大学は、まさにそうした論議の真っ最中に事実上、図書館として発足した。この学校に基金を寄付したジョン・ハーヴァードは、マサチューセッツ州に移る前の一六三五年、ケンブリッジ大学のエマニュエル・カレッジで修士号をとったピューリタンで、チャールズタウンの教会の牧師を務めていた。彼はそれからわずか三年後、ニュータウンの村の道路わきにある自分の地所内に伝道者養成のための新しい学校を残して他界した。

遺贈の主なものは蔵書で、タイトル数二百六十、全部で約四百冊あった。ハーヴァードのコレクションは、彼のピューリタンとしての信仰を反映していて、寄贈図書の約四分の三が神学関連書、その大半が聖書の註解書とピューリタン牧師の説教集である。古典としてはキケロ、セネカ、ホメロスが選ばれているが、これらを除けば文学作品はまったくない。苦労は多い割に収入の少ない、新世界の植民地の現職ピューリタン牧師らしいコレクションだ。しかしこの蔵書のおかげでささやかな学校が正式に認可され、大学に必要な確固とした知的基盤を提供した。学校側はこれに感謝して、寄贈者である故人の名前を学校名とし、ニュータウンは故人の母校にちなんでケンブリッジと改名された。

ハーヴァード大学は、英国の教育が宗教路線に沿って分かれていた――名誉革命〔一六八八－八九〕以前の数年間の英国社会がみなそうであったように――時代に生まれたピューリタン系の学校だった。エリザベス一世の統治〔一五五八－一六〇三〕時代の英国知識階級は、何かにつけてルネッサンス期の好奇心の影響を受けていた。英国人のものの考え方にこうした変化をもたらすきっかけをつくったのはフランシス・ベーコン〔一五六一－一六二六〕だった。彼はテューダー王朝時代の思想家たちに、言葉でなく、事実に注目せよと呼びかけた。つまり、中世風の重箱の隅をつつくようなあら探しをたくらむのはやめて、観察や経験を重視せよと唱えたのである。彼は人間の知的能力を、記憶、知性、想像力の三つのカテゴリーに分け、それをもとに経験主義思想を体系化した。この体系化にあたって、ベーコンは聖と俗を分けるのをやめ、精神の諸分野の関連性を重視する古典的な認識論に戻れと示唆した。彼の分類法は、後世にまで大きな影響を与えている。フランスの哲学者・文学者のディドロは一七五一年版の自著『百科全書』の第一巻にこの分類法を採用し、近代図書館分類法の先駆者と言われるようになった。ベーコンは同時代人の大半がそうであったように、人間がものを考えるということは、他の人間のすべての労苦と同様、アダムとイヴの堕落の産物であると解釈した。ベーコンがそれまでのたいていの思想家たちとちがうのは、この堕落は原状に復せると信じていたことである。原状に復すには、すなわち「神の遺言によって［人類に］与えられた本能を克服する権利」を取り戻すには、思索とその結果生まれる行為のみが必要である。「そこから人間の役に立つもの、人類の貧困やみじめさを少しでも緩和し、克服できるような発明が次々と生まれてくることを期待しよう」とベーコンは言う。

だが、クロムウェルの死と王政復古〔一六六〇年〕後、英国の知識階級の様相は変化し、ベーコンの影響を受けた人たちは二派に分かれた。一六六四年、英国国教会の高慢な振る舞いと権威を疑問視する非国教徒、すなわちプロテスタントは大学から追い出され、権力の座や昇進への道を閉ざされた。これに対抗して、非国教徒の聖職者たちは、ピューリタン神学やベーコン派の学問からケンブリッジとオクスフォードの古典カリキュラムまでを網羅する自分たち独自の学院をつくった。こうした混合は、聖と俗、聖書に書かれているような万物創造説と進化論が対立する現代では考えられないことのように思われる。だが、十七世紀のものの考え方からすれば、聖書的な人文主義も科学的な経験主義も根は一つで、目の前にある証拠を重視するベーコンを模範としている。これとまったく対照的なのが世俗の古典カリキュラムで、こちらのほうは伝統を絶対視し、模倣や追随は健全なものであるという価値観がまかり通っていたと言ってよい。

非国教徒の聖書と科学カリキュラムのパイオニアの一人チャールズ・モートンは、一六六二年頃（非国教徒が大学を追い出された時期）から一六八五年まで学院の運営にあたった。その間、この学院は、名を馳せ、高く評価され、誇るに足る如才ない卒業生ダニエル・デフォー〔ジャーナリスト、小説家〕を輩出している。それでもしまいには、モートンのような信条の持ち主にとって英国での生活は危険が大きすぎるようになり、彼はアメリカに移住してハーヴァード大学の副学長になった。厳密に言えば、ハーヴァードは非国教徒の学院ではなかった――そしてそこがモートンに魅力を感じさせたことは間違いない。ハーヴァードはそれ以上の存在で、植民地政府から全面的に支援された本格的な大学だった。英国でもまた、ピューリタン主義者は既成の教育界に影響を及ぼし始めていた。ジョン・ハーヴァード自身の母校ケンブリッジ大学エマニュエル・カレッジは、古いケンブリッジの敷地のなかに非国教徒の主張を刻むべくピューリタンから寄贈されたものだった。だがピューリタン校が実力相応の評価を受けるようになったのは、マサチューセッツ州という宗教面での理想郷《ユートピア》に移ってからである。ハーヴァード大学は、青年を一人前の男性にするパワーの源泉として、人間の判断力にも神の啓示にも調和するピューリタン社会にとってのケンブリッジとオクスフォードになると思われた。

十七世紀のあいだはずっと、ハーヴァード大学図書館の発展は行き当たりばったりで、寛大な寄贈者を頼りにしていたため、成果ははかばかしくなかった（寄贈者の数や、寄贈図書の量が変わっただけで、寄贈者への依存性は今も変わっていない）。発展と言っても、マサチューセッツ湾植民地〔一六二九年設立〕の牧師を養成するのが目的の大学だったから、図書館の蔵書も主に神学関連書が中心だった。英国のピューリタン牧師セオフィロス・ゲールの贈書が図書館に入れられたのは一六七六年で、ハーヴァード大学の他の蔵書と同様、ほとんど宗教書だった。蔵書はときどき思い出したように増えるが、図書館内部の状況はお粗末なままで、寄贈者の一人であるロンドンのトーマス・ホリスは、図書館の現状を看過できず、一七二五年に大学宛てにこう書いている。

貴校のこの図書館は管理不行き届きと思われる……読書に適した椅子もないし、貴重な書物を繋いでおく鎖もない……蔵書を娯楽室から男性寄宿舎にもって行かせているので、紛失することが多い。学生はそれを自室にもって行き、写真や地図を破りとって部屋の壁に張ったりしている。そういうことはよくないことだ。近代派の書物用のスペースがほしいなら、あまり利用されていないものをもっと奥のほうに片付けてしまってよいが、書物は寄贈されたものだから、決して売ってはいけない。

ホリスは後継の寛大な寄贈者に配慮してあまり手厳しい批判はしなかった。一七六四年一月の寒い夜、図書館が火事で焼失したときには、寄贈書はさらに増えて約五千冊をもつ英領北アメリカ最大の図書館になっていた。その頃までには、蔵書はベーコンの言う記憶、知性、想像力のすべてを代表する、学問領域ほぼ全般にわたって網羅していた。だが、規模においても抱負においても総合的と言ってよいこれらの蔵書でさえ、ハーヴァード・ホールの上階の大きな部屋の二十三の書棚――スペースを節約するために大きさ別に収納する――にびっしり入れれば収まってしまうほどのものだった。

ハーヴァード大学図書館の焼失時には英国の知識階級の様相は再び変化していた。非国教徒が自分たちの学校に喜んで取り入れた科学書があちこちの大学で幅を利かすようになり、拡大しつつある大英帝国の開拓地にある牧師養成学校のようなところでさえ、常時、書物の供給を必要とした。ハーヴァードの図書館ではもう一人のホリス、トーマス・ホリス五世の五百ポンドの寄付をもとに図書購入基金が設置され、図書館の再建は着実に進んで、規模も大きくなった。今日、大学のオンライン目録――ハーヴァード・オンライン・ライブラリー・インフォメーション・システムの頭文字をとってＨＯＬＬＩＳ――には、一千万冊以上の蔵書が登録されている。そのなかの一部は今日まで、ホリスの基金からの収入で購入され続けている。

ハーヴァードの火事の百年ほど前、図書館は全般的にまだ、規模も、品揃えも、抱負もつつましいものだった。図書館をもっていた非国教徒の数少ない学院の蔵書は、ピルグリム・ファーザーズの説教集や著作、終末論的な小冊子、半可通の歴史書や最新の科学的発見が載っている〝自然科学〟雑誌などで、ハーヴァードと似たり寄ったりだったであろう。それでも批判は率直に受け、進歩的な精神をもつ寄贈者の寄付も指図も素直に受けとめたハーヴァードは、非国教徒の学院と同様、近代作家の作品も図書館に加えることをためらわなかった。他方、オクスフォードやケンブリッジの図書館長らはそのようなばかげた書物にはほとんど関心を払わなかった。大学の図書館が、主として大学の特別研究員たちが次々に発表する最先端の科学書を集めたり、交換したりしなかったわけではない。だが、たとえ大学で科学を学んだり、幅広く読書をしたりすることは可能であっても、〝近代的な〟教育への垣根はオクスフォードやケンブリッジのいたるところに立ちはだかっていた。大学自体が新進の科学者、エンジニア、芸術家を生み出すことよりも、青年紳士を政治家や英国国教会の指導者にすることのほうに関心があったのである。アイザック・ニュートンやロバート・ボイルのような話題の多い偉大な科学者たちでさえ、在学生のカリキュラムにほとんど影響を与えなかった。聖職者あるいは俗人として大物になるように育てられている大学生たちは、正規の授業でも個人指導でも、〝自然科学〟に系統的に接する機会はなかった。図書館にある科学書を紹介する授業もなかったため、大半の学生はそれらがあることすらまったく知らなかった。

## 古代派対近代派

特権階級の青年たちを有力者に仕立て上げるために必要だと思われていたのは、宗教書や科学書ではなく、古典だった。こうして育てられた最高の人物の一人が准男爵ウィリアム・テンプル卿〔一六二八―九九〕だった。政治家で著名な外交官であったが、古典学者になりそこねたテンプルは、一六九〇年代にサリー州ムーア・パークの自邸に隠居した。そこで遠縁の従兄弟にあたる若いジョナサン・スウィフトを秘書にして、ヨーロッパで職業外交官として論争、陰謀、各国訪問などに奪いとられていた時間を知的問題に専心することに費やした。十七世紀末のその頃、英国の知識階級エリートのあいだには、ピューリタンと英国国教会との宗派間論争で、国教会に従うか、論破するかをめぐって対立が激化していた。それは進歩の是非を問うことから始まった。人間は古代人の知恵に頼ることが可能か、あるいはそのほうがよいと断言できるのか?

テンプルは最初からこの論争を見守ってきた。彼は一六八七年にフランスの作家シャルル・ペローが、ルイ十四世の病気回復を祝うアカデミー・フランセーズの聴衆の前で、国王が象徴するこの時代を、古代ローマの栄光をしのぐ黄金時代と称揚した詩を朗読したのを知っていた。ペローの詩の朗読から議論が百出し、それがパリの印刷所から小冊子となって印刷されてどっと巷に広まった。

英国では、ニュートンの理論が、政治・社会問題についてリベラルな発言をする中・

上流階級に大きな影響を与えつつあった。議論の中心は、天体が規則正しく運行するという客観的事実と、万物を創造した人格をもつ神とをどう調和させるかにあった。テンプルはこうした古代と近代の比較論争の最新情報をつねに入手し、熟考すればするほど深く悩んだ。近代の作家がホメロスやピンダロスに匹敵する作品を生み出したいと願うとは、何と不遜なことか。テンプル自身は、古典こそが人類の地球上でなしえた最高の業績であって、近代作家は古代の詩人、歴史家、劇作家の卓越したパターンをつつましやかに模倣するのが精一杯と信じる、いわゆる古代文明人の確固不動の味方だった。国内でも外国でも、古典作品を最高とする思想が危機にさらされているのを見たテンプルは、ついに議論の場にしゃしゃり出て、論争の拠点を英国に移した。一六九〇年、彼は持論を述べた小冊子『古代と近代の学問に関する省察』を出版した。

この論文でテンプルは、近代の学問の大きな問題の一つは、書物への依存だと述べている。われわれに必要なのはさらにたくさんの書物ではない。古代人はすでに知識を披露するばかりでなく、味わいのある作品をたくさん書いている。単に書物が増えただけでは知識や味わいのある作品が増えたことにはならない。近代の学問はあまりにも浮世離れしている。本物の学識とは、ローマ人にとってのそれのように、個人にも国家にも影響をもたらす活力の源泉であるべきだ。「近代の学者は自分の案内役に人間ではなく書物を求めすぎる。人間は生きているのにくらべて、書物は死んだ教師である。それは手の形をした道路標識に似ていて、まっすぐ道を指差してはいるが、次の曲がり角はどこかを教えてはくれず、疑問を解決してもくれず、質問にも答えてくれない……」。本は選んで読まなくてはならないと彼は主張する。読むならホメロスの黄金時代に近い頃に書かれた、最古のものに限る。それらの書物を、重箱の隅をつつくような学者もどきの酷評をしたり、科学的に検証したりするのではなく、この世に影響力をもつ者にとっての聖典として、敬意をもって読むべきである。その典型書として、テンプルは、最初の古典書と長いあいだ考えられてきた二つの作品、紀元前六世紀のギリシア人専制君主ファラリス〔シチリアのアグラガス（アグリジェント）にあったギリシア人植民地の僭主〕の『書簡集』とイソップの『寓話集』を挙げた。

テンプルの典型書の選択には不適切な点が一つならずあった。ファラリスは敵の捕虜を真鍮製の牡牛のなかに入れて生きたまま焼いたことで専制君主と呼ばれるようになった、あまり評判の芳しくない人物である。だが、テンプルはそれが本物の学識者として失格とは考えなかった。ところが問題は、この『書簡集』が贋作だったことである。確かに古代ギリシア・ローマ時代の作品ではあるが、ファラリス自身の時代よりもずっとあとに書かれたものだった。これを見抜いたのは古典学者で言語学者でもあるリチャード・ベントリー〔一六六二－一七四二〕だった。ファラリス時代に話されていたギリシア語方言と、『書簡集』を構成している古代ギリシア語のアッティカ方言とは大幅にちがうことを彼は知っていた。ベントリーはテンプルに反駁して、『ファラリス書簡集に関する一論』で、この元外交官に対して、賢明とは言えない選択と皮相的な古典主義をやんわり非難した。

ベントリーがテンプルの古典主義の硬直性を攻撃すると、ベントリーの弟子である若い学者ウィリアム・ウォットンも、古代ギリシア・ローマ人の芸術・科学における著作は人類最高のもので、近代の思想家の作品など色褪せて見えるというテンプルの議論の中核をなす概念や彼の考え方を非難した。ウォットンに言わせれば、古代ギリシア・ローマ世界へのより深い洞察力を与えてくれたのは、古代芸術に対する近代の科学的手法だった。ウォットンはそういう認識がテンプル型の有閑紳士学者たちをひどく当惑させていることを認めている。

昔の写本をさまざまな異本とくらべながら丁寧に読み、用語解説辞典や古代歴史家、雄弁家、詩人らについて昔の評釈書の頁を繰り、実際に使われていた時代から五十年か百年後には、ほとんどだれも覚えていないような古代ギリシア・ローマ人のあらゆるこまごました社会慣習の細部に難癖をつけることは、ある人間の勤勉さや努力家ぶりを雄弁に物語りはするが、その人が偉大な天才であるとか、自分で相当なことをやれる人物であるとは言えないのではないだろうか。

テンプルは印刷機による書物の大量生産を公然と非難した。ウォットンもまた、大量の本が出回ることによって学問に変化が起こりはじめていることを認めている――だが、それはよいほうに向かう変化だと彼は言う。「印刷機によって書物の複写がどんどん行なわれるようになると、原典研究が始まった。その第一歩は、古代の書物の修正版を作成することだった」。ウォットンは、そのような知的作業は以来、〝時流に合った学問〟になったと見ている。「もし進歩が遅くなっているように見えるとしたら、人間の才能が枯渇しているのではなくて、ある意味で、取り組むべき対象が尽きているのである」。ウォットンはさらに、文献学が「衒学趣味」と非難されていることも自覚している。「なぜなら、それは、ギリシア語やラテン語の引用を自慢そうにふんだんに使い、多読をいたずらにひけらかし、それを書いた自著を推薦するだけの人間がやっているように見えるからだ」。それでも、そのような厄介な仕事はつねに、手間がかかるばかりで実りがなく、獲物は屑ばかりであるにもかかわらず、文献学者は、古代とくらべて「のちの時代の偉大な知恵ばかりでなく勤勉さも賞賛するために」学問的な宝探しに余念がなかったとウォットンは言う。

テンプルは新たな印刷本の氾濫を見て、そこには〝勤勉〟どころか、書物がただばら撒かれてやがて朽ち果て、くだらぬ口論が広がるだけだと考えた。ところが、ウォットンには、「一つの共通な利益が広大な国家組織の指針となる」一枚岩の中央集権的なローマ帝国とくらべて、近代派の論争、そこから生まれる書物は、結局は近代性のもつ活力と進歩への可能性を証明しているとしか思えない。郵便物をはじめ何もかも、運ぶ道はかつて、すべてローマに通じていたものだった――そんな状態は結局、ばかげたものであったことが今ではわかっている。ウォットンの見解によれば、「現在の各王国はその国自体の基盤の上に立っているゆえ、たがいに相手国の繁栄を妬み合う。学問の問題にしても同じだ」。テンプルが軽蔑した口論について――テンプルはそれに参加することを恥じてはいなかったが――ウォットンは近代的な学問研究の初歩は論争だと言っている。

論争がひどく杓子定規に進められることが多かったり、学識ある人らしからぬ感情的なやりとりもあったりするが、それでも効果はあった。一部にはすでに発見されている新しい文化を自国のゆるぎない栄誉にしようと熱烈に思う人もいる一方、だれも挑戦できないような新しい発明の才によってもっと議論の余地のないほどの名誉を得ることを同じように熱心に求める人たちもいた。

古代人は進歩への飽くことのない熱意と、有りあまるエネルギーで書物を生み出していたとウォットンは解釈した。本を書き、それをめぐって議論することは、その古代人たちの向こうを張ることに他ならない。だが、テンプルの見解では、そうした論争は古典のテキストに山のような用語解説や脚注、索引など、余計なものを付加するにすぎないという。古代の立派な作品を文献学者の顕微鏡の下での逐語的問題に引き下げるのは、近代人が古代のテキストから卓越したユニークさ、批評の余地のないすばらしさを奪うことになるという。だが、ウォットンにとって、その先生であるリチャード・ベントリーも同じく、こうした新しいアプローチはまさに、斬新で鋭敏な感受性の発露を予告するものだった。学問研究には欠かせない照合、論述、充実した図書館などが提供する一連の資料も、この二人から見れば同じように畏敬の対象となるものであった。

ウォットンとベントリーはそれぞれ小冊子を通じて、英国でもっとも著名な貴族の一人であるテンプル卿に痛撃を与えた。公的な論争の場に登場した二人は、知的装備はすぐれていたが、政治的装備は劣っていた。ウォットンはフランスの偉大な随筆家モンテーニュと同様、ラテン語を第一言語として育てられた。彼の父は、ウォットンが十歳のとき、頭のいいモーツァルトよろしく英国のサロンを連れまわし、ラテン語で詩文を暗誦するように無理やり勧めたり、啞然とする聴衆を前にギリシア語やヘブライ語で即席の演説のようなものをさせたりした。ウォットンののちの先生であるべントリーも高貴な家柄の生まれではない。キケロと同様、裕福ではあったが庶民の出で、英国の知識階級の頂点に登りつめた人である。アイザック・ニュートン、サミュエル・ピープス、ジョン・イーヴリンらの友人だったベントリーは、英国のもっとも尊敬された古典学者だった。彼の関心は古典の文献学にとどまらず、聖職者、神学者、知識階級の代表として、無神論やニュートンの万有引力の神学的解釈についても書いたり、講演したりした。一六九四年、彼は新設の王立協会の会員になり、王室文庫の管理者に任命された。

当時の王室文庫はハーヴァード大学の図書館よりもはるかに質素なもので、ロンドンにあるセント・ジェイムズ宮殿の厨房の上階の一室に収まっていた。書物が棚やテーブルの上に雑然と置かれているこの文庫の状態を嘆かわしく思う人たちは大勢いた。蔵書も部屋と同様、雑然としていて、数人の君主とその写字生たちのさまざまな好みや要望を反映したものだった。ヘンリー七世が集めた書物は二百冊足らずで、その大半は宗教書だったのに対し、ヘンリー八世はもっと愛書家だった。熱心な蒐集家だったばかりでなく、もっている本を活用した。彼が文庫に加えた書物の大半には、余白に彼自身の書き込みがいっぱいある。そのなかでは丁寧にスケッチされた何かを指差す手首の絵がとりわけ目を引く。教会用の著作を要約した頁には、長くてきれいな指がびゅうと上に伸びて、De peccato in spiritum sanctum（聖霊に対する冒瀆について）

という部分を指している。ヘンリー八世は急速に大きくなる文庫の書物のなかに、国家元首としても、個人としても、自分を導いてくれるもの、自分の行為を正当化するものを求めていたように思われる。ヘンリー八世時代の文庫には、彼が基本的役割を果たそうと懸命に努めていた宗教改革運動について論じた文献がとくに充実していた。

王室文庫はその後の君主の時代にも成長を続けた。エリザベス一世が追加したものは驚くほど少なく、しかも、その内容が献辞の写しや寄贈本が主体であるように見えるのはなぜなのだろう。彼女自身が名文家であり、語学の才能のある人だった事実と一致しない。これと対照的に、皇太子ヘンリーは科学書をむさぼり読んだ。ジェイムズ一世は自分の統治に反論する書物を片っ端から集めさせた。十八世紀のジョージ三世は、王室文庫をもっともすぐれた——そして非常に美しい——ものにしたサミュエル・ジョンソンらの助けを借りて、世界中の書物を蒐集した。それは今、新装なった英国図書館〔一九七三年に大英博物館図書館と他のいくつかの図書館を統合してできた〕のコンコース中央にある大きなガラスの塔のなかに収まっている。そこにはたくさんのすばらしい装丁の書物が宝石のように輝いている。だが、十七世紀末のこの文庫は、君主の自己啓発用に入手した古典作品や宗教書、政治に役立つ神学論文などの寄せ集めだった。

ベントリーは王室蔵書の管理責任者の役目を引き受けたとき、その実状を見て仰天した。彼はすぐに行動を起こして文庫のための基金を確保し、文庫を朽ちかけた骨董品棚から高度な学問の国際的施設に変えた。その過程で、彼は当時としては驚くほど斬新な、総合図書館を目指すことを明らかにした。彼は広報用印刷物の形で発行した提案のなかで、読書界にとっての問題点を次のように述べている。「［この図書館は］しだいに荒廃がひどくなっており、これは王室にとってもこの国全体にとってもたいへん不名誉なことである。部屋は修理もできないほど朽ちかけているうえに、非常にせまくて、王室の蔵書を収納できなくなりそうだ……貴重な写本の多くが表紙もとれて、使えなくなっている」。ベントリーの不満は続く。「一千冊以上」の書物が蔵書に加えられるのを待っているが、いまだに「製本されておらず、利用できない」——これは、出版社が著作権を保護するために王立図書館に著作のコピーを納本することを義務づける著作権法に違反する。この法令はエリザベス朝時代にさかのぼるものだが、長いあいだなおざりにされていた。その結果、十七世紀に英国で印刷されたたくさんの本のうち、王室図書館に納本されたものはほとんどない。ベントリーは著作権法の実施を強く議会に働きかけたことだろう。図書館を壮麗で立派なものに発展させてゆくために、準備段階として税金で起債された信託基金で運営してゆくことも提案した。こうした手立てがうまくいけば、図書館は「広々したスペースをもつ、使いやすいものが考案でき、そこにやってくる人はみな、二十万冊にも及びそうな書物をすぐに利用したり、サーヴィスを受けたりできるはずだ」。

ベントリーがここで意図した図書館は、当時の世界には類例のないものだった。ヴァチカン図書館でさえ、そのような施設ではなかった。確かに広々とはしていたが、当時、純粋に学問的な仕事をする人以外はその蔵書を利用できなかったのである。ベントリーの息子はのちにヴァチカン図書館を訪ね、父宛ての手紙にこの図書館はひどく使いにくいうえ、宴会や祝日でしまっていることも多いとこぼしている。ベントリーの王立図書館の未来像は、そのようなモデルとは明らかにちがう。大事なのは、アレクサンドリア図書館を最高の手本とするような、古代の総合図書館を理想としたことである。だが、ベントリーの抱負は前向きでもあった。彼の大計画には十九世紀から二十世紀に登場する学術図書館が想定されていた。たとえば、彼は図書館が知的活動のセンターになり、学会が「学問的問題について会合を開催する」こともあるような場所を思い描いていた。

王立協会は、学問の一分野における格式高い立会人である。そのような集まりが一つの論題にとどまらず、すぐれた学問のすべての分野にわたって開放されれば、国家にとって利益と栄光がもたらされるであろう……。

図書館を囲む壁の内側は大理石で仕上げ、わが王国内もしくはアフリカ海岸かアジアから比較的容易に安く入手できる古代の銘刻、浅浮き彫りで飾ってはどうか……。

もし事情が許せば、国会で承認された基金をもとに、館長は、歳入の二、三年分にあたる金を利子つきで借り、図書館全体をただちに購入してもよい……。

ベントリーの提案の写しは現在、ノースロンドンのユーストン・ロードにある英国図書館の新館に保存されている。建築家コリン・セント・ジョン・ウィルソン卿の設計によるこの新館は威風堂々とした建物に発展している。ベントリーの雄大な、先見性のある構想が幸運にも花開いたわけである。書物は書棚の奥から、独自のシステムによるコンベアとエスカレーターに乗って、広々とした明るい照明の下の閲覧室に出てくる。閲覧室の外側では、一般の人たちが世界でもっとも偉大と呼ぶにふさわしい書物の一部を並べた展示会に見入っている。他方、「さまざまな学会」の会合が「浅浮き彫り」に囲まれた館内で催され、彼らのまわりを飛び交うテキストや知識のやりとりに刺激され、活発な討議が行なわれている。総体的に見て、ベントリーが望んでいた、宮殿の厨房上階のかび臭い小さな部屋に代わる施設に驚くほど近い。

## 書物合戦の始まり

だが、ジョナサン・スウィフトが活写しているような、古代派と近代派の果てしなき反目の最たるものが始まったのは、この古い、荒れ果てた文庫のなかだった。反目が始まった頃のスウィフトはまだ青年で、テンプルの雑用係として暮らしを立てていた。彼はテンプルと同じように、いわゆる進歩に対する不信感をもっていた。著述家として円熟するにつれて、スウィフトは王立協会のメンバーを中心とする近代的な思想の持ち主に対する反感を豊かな栄養にして、諷刺文をせっせと書きはじめた。一七〇四年、スウィフトは『先週金曜日セント・ジェイムズ図書館において古代派と近代派のあいだで戦われた合戦の完全にして真実なる物語』を書いた。今日では短縮された『書物合戦』という題名のほうが通りがよい。そのなかで彼は、ベントリーの管理下にある書物がぎっしり詰まった汚い部屋を広大な戦場と想定した――あるいは彼はヨーロッパの知的論争の場を図書館と想定したのかもしれない。ただし、セント・ジェイムズ図書館の粗末な蔵書とはくらべものにならない立派なものだろうが。それはいろいろな書物が場所やパターンを変えながら混じり合い、棚の上の名誉ある場所を競い合う図書館だが、戦っているのは書物同士であって、その批評家もしくは擁護者ではない。ベントリーと同様、スウィフトも、大量の書物がどっと出回ったときに起こりうる事態を十分想像できたであろう。スウィフトには、師のテンプルと同じように、ベントリーやウォットンの希望に満ちた夢想とは明らかに異なる暗黒郷《ディストピア》がありありと見えた。

スウィフトの描く合戦は、人目につかない図書館の部屋という枠組を越えている。それは実際、神話の世界に登場するパルナッソス山の山腹で始まる。山頂にある先人の住処が妬ましくてたまらなくなった近代人は、場所の交換を求める〔以下『書物合戦』よりの引用は山本和平訳、現代思潮社、一九六八年、一部変更〕。

古代人は彼らの財産と共に低い方の峰に移転してほしい。近代人は寛大なる気持ちでこの峰を古代人に明け渡し、古代人の住んでいる場所に移ろう。あるいは、近代人がシャベルと根掘り鍬を持って行き、上述の峰を適当な高さにまで均《な》らす許可を与えられたい。

セント・ジェイムズ宮殿の王室図書館で繰り広げられる実際の書物同士の物理的戦闘はこの最初の挑戦のあとに続く。スウィフトの関心は、古代派と近代派の争いのもとになっている、急いで書かれた、編集も雑なものが多い文章が載っている小冊子が果たす役割に向けられている。なぜなら、自然の法則に従って図書館に入ってくることうした〝書物〟がとくに、既存の図書との諍いを引き起こしているからである。こう

スウィフト著『書物合戦』(1710年版)の口絵　セント・ジェイムズ宮殿図書館の乱闘を描いたもの。ミツバチとクモが左上部に見える(ホートン図書館EC7.Sw551T.1710. ハーヴァード大学ホートン図書館蔵　©スティーヴン・シルヴェスター、ボブ・ジンクHCL imaging services)

した短命の冊子を彼は、合戦のあとにギリシアの英雄たちが建立した戦勝記念碑になぞらえている。

この記念碑には大抵、主張の理非、戦闘の完全かつ公平なる記録、勝利が明らかにわがものとなった次第が銘刻されている。これは次のような名で呼ばれ、世間周知のところだ。すなわち、論争、論証、答弁、短い考察、返答、回答、批評、笑殺、反論、論駁。

スウィフトはさらに続ける。「一番大きくて主要なもの」が図書館と呼ばれる武器庫に移送され、とくに割り当てられた場所にとどまり、以後、「論争の書」と呼ばれるようになる。これらの書物には、「とくに惑乱した霊がつきまとうものだから、必ず他の本と区別して別の部屋に閉じ込め、頑丈な鎖で縛る」。図書館に長いあいだ平和をもたらしたこの方法は、今ではもう十分ではない。なぜなら、「きわめて悪しき精神に満ちた」新手の論争の書が現われ、「いずれがパルナッソスの高峰を占めるべきかについて学者間の戦争をはじめたからである」。

スウィフトの諷刺文に出てくる「記念碑」には二重の意味がある。一つは論争が行なわれている小冊子、同時にそれは昔のパルナッソス神殿の図書館を混乱させる科学、文献学、大衆に受けのよい神学の書物を表わしてもいる。スウィフトはそのようなものは何も新しいものではないことは認めている。ただし、かつて図書館のなかに場所を占めていた「最高のもの」だけは別である。今では、そうした本が奔流のごとく入ってきて――そのあまりの速さに王室図書館の場合、制限している暇もないほどだ――そのどれもが図書館内に自分のためのユニークな場所を要求するのである。

## コーヒーハウスのご託宣

一番重要な知的論争は新手の小冊子や定期刊行物の誌上で行なわれることがしだいに多くなった。紳士の教育の基礎は古典文学に限定されていて、台頭しつつある科学、政治、経済論議は除外されていたから、そうした話題はますます、『アシーニアン・マーキュリー』〔マーキュリーはローマ神話で商人、盗賊、雄弁家、科学の守護神〕のような刊行物の誌上をにぎわすようになっていた。その中心となったのはコーヒーハウス〔十七－十八世紀の英国で文人・政治家などがたまり場として利用した〕に集まる才人たちで、自分たちのグループを〝学術文化振興協会《アシーニアン・ソサエティ》〟と呼んでいた。『アシーニアン・マーキュリー』の正式名称は、『アシーニアン・ガゼット、あるいは天才から出されたもっともすばらしく、珍奇な質問のすべてに答えるごまかし上手のマーキュリー』である。この長めのタイトルはその奮闘ぶりをよく表わしている。編集者は読者からあらゆる題目について質問を受け、それに対してできる限り独創的な答えを探し出す。そのような十の質問のうち五つが週二回発行されるレター・サイズよりやや大きな一枚の紙にびっしり印刷されている。この刊行物の研究者ギルバート・マクウェンは『コーヒーハウスのご託宣』のなかで、『マーキュリー』は、正規の教育のほとんどない商店主や商人、非国教徒の学院を出た専門職クラスなど、「凡人」用の教育資料だったと書いている。

驚くほど進歩的なこの新聞は、終始一貫して労働者階級や女性の教育を支持した。編集者が取り扱う質問の範囲は非常に広く、専門的知識外としてはずされるものはほとんどなかった。たとえば、ある版では、「どんな政府がベストか？」「フクロウはなぜ昼より夜のほうがよく見えるのか？」「妻を葬ったばかりの男が、その姉妹と結婚することが法的に可能な場合、妻が残した最初の問題とは？」などが取り上げられている。

スウィフトは、近代的な考え方として大目に見られている感のあるこうした低俗な好奇心に嫌悪感を抱きながらも、発行当時の『マーキュリー』のいくつかの号を見て、将来に期待をもった。彼の師のテンプルは、アシーニアン・ソサエテイの有識者たちがじっくり考えなくてはならない問題を提供するほうの一人だった。彼はスウィフトにこの新聞が「アシーニアン」という名称を利用していることを真剣に受けとめるように勧め、この「ソサエティ」が英国の新興読者層に真面目で学究的な方向付けを行なうことを期待したことは確かだった。スウィフトの最初に出版された詩、「アシーニアン・ソサエティに寄せる頌歌」のなかで、週に二回の『マーキュリー』の両面を満たす「偉大にして無名の、もっとも心気高き人々」を絶賛している。のちにスウィフトは、この「協会」が、実際は三人のグラブ・ストリートの三文文士の集まりであることを知った。発行人兼リーダー格の書物商のジョン・ダントンという人物は、ロンドンのコーヒーハウスのいかがわしい連中との書物取引で成功した非国教徒学院の出身者だった。彼はニューイングランドにまで足を伸ばし、そこでピューリタン牧師のコットン・メイザーに会ったり、キリスト教徒になったインディアンにナティック語〔マサチューセッツ語の一方言〕で行なわれた講話を参観したり、ハーヴァードへ本を売りに行ったりした（その一部はここの図書館に納まったのかもしれない）。ダントンが擁護したのは、スウィフトの想定によれば、王室文庫に散乱していたような新しい種類の本であったのは間違いない。実際、彼は本にして出版するにふさわしい人生経験がなかったわけではないようだ。彼はニューイングランド旅行の記念に『ジョン・ダントンの生涯としくじり』と題する自伝を、がんばって三十部ほど発行した。彼は二番目の妻のかなりの額の持参金をあてにしていたが、それが具体化しなかったとき、義母に対して小冊子による攻撃を仕掛けた。

スウィフトは自分が目をかけた〝ソサエテイ〟のお粗末な現状に気づいてがっかりしたにちがいない。実際、彼はのちにダントンや、それよりどう見てもずっと威厳のある――そして信頼できる――王立協会までも、自著『桶物語』のなかでこっぴどく槍玉に挙げた。だが、ダントンの『マーキュリー』は学識をひけらかす悪ふざけから始まったとはいえ、執筆者たちは質問に広範囲にわたって誠実に解答することに精一杯努力した。彼らはすべてにおいて古代の資料に依拠するよりも、実験的な証拠のほうを重視した。もちろん、そのどちらかしか利用できない場合には、選択の余地はないのだが。一部の質問に対して、彼らは最新の実験科学の成果を信頼して答えた。「太陽は何でできているか？」という質問には、同時代の天文学者の観測を引用して答えている。だが、ケンタウロス〔ギリシア神話に出てくる半人半馬の怪物〕やファウヌス〔ローマ神話に出てくる半人半獣の牧神の一人〕は実在するかという質問には、プラトン、タレス、プルタークらの挙げる証拠を自信たっぷりに引き合いに出している。古代派と近代派の論争については、彼らははっきりと一方の肩をもつようなことはしなかった。それでも、知識の進歩への強い関心と労力のつぎ込み方からしても、彼らは徹底した近代派だった。だが、総体的にテンプルとスウィフトの『マーキュリー』への対処の仕方から考えて、この新聞は戦場のパルチザンというより戦場そのものと言えた。『マーキュリー』のような新聞の編集者も読者も、上流階級の教育が懸命な努力をして排除してきた近代化を推進し、やがては古代派の詩的な形をした空っぽの貝殻ではなく、近代派のエネルギーと率先性を見習うべきであるというウィリアム・ウォットンの忠告に従うようになった。要するに彼らは読書に飢えていたのだ——その飢えを彼らはジョン・ダントンのような人たちの提供する書物や小冊子を少しずつ読むことで満たしていったのである。

だが、スウィフトとテンプルはこうした近代派のエネルギーを、芸術における真に美しいものすべてと不可分であると考えた。やがてスウィフトは自分のアイルランド人としての存在基盤《アイデンティティー》を喜んで認めるとともに、出版という近代的な手段を喜んで受け入れ、小冊子や定期刊行物に寄稿したり、発行したりし、諷刺作家としても、愛国者としても名声をゆるぎないものにしていった。彼は自分が軽蔑していたグラブ・ストリートの三文文士が開拓した虚構の構築や諷刺という道具を取り入れ、文学の世界で最大限に利用する方法を考え出したのである。だが、古代派と近代派の論争時代におけるスウィフトは、テンプルと同様、ダントンのような才人の書物商からどっと流れてくる二流の書物を、自分が信じていたものすべてを飲み込む恐れのある奔流のようなものだとみなしていた。歴史家ジョセフ・レヴィンはこう書いている。

書物合戦はルネッサンスの人文主義が……それ自体二分したことのまぎれもない

証拠である……一七〇〇年頃には、模倣か学習か、標準的な古代の修辞学か新しいテクニックによる近代的評論か、洗練された話法か擬古的な編纂物か、どちらの側につくか選ばざるをえなくなりつつあった。

## スウィフト対ベントリー

スウィフトから見れば、リチャード・ベントリーはそのような評論や編纂物の最大の擁護者だったから、さっそく諷刺の最高の標的にされた。『書物合戦』の登場人物としてのベントリーは、パルナッソス山の山頂での最初の戦いで面目を失う。この図書館長は今度は古代派の敵を図書館の「一番よい場所」に収め、古代派とその「擁護者」を片隅の暗がりに生き埋めにし、「少しでも文句を言えば追放する」と脅かした。だが、この書物の管理人は自分の図書館の蔵書を正常な位置に保てない——なぜなら、「図書館内のすべての書物の配置に奇妙な混乱が生じた」からである。混乱の原因はいろいろ取り沙汰されたが、ある人は、「旋風が巻き起こって近代派の棚から学問の塵芥《ちりあくた》を吹き飛ばして、それが館長の目に入ったためである」と言う。また別の人は、ベントリーが「紙魚《しみ》をスコラ哲学者からつまみとった」——中世のアリストテレス学徒の著作を批判したり、校合したりした——ために、紙魚が彼を冒して「脾臓にとりつき、あるいはよじ登って頭に入り込む、ためにその両方が混乱するのだ」と言う。

また別の連中は、この憐れな奴は館内の暗闇ばかり歩きすぎて、「場所の感覚を喪失したため、本を元の場所へ戻すときにとかく間違いをしがちで、アリストテレスの隣りにデカルトをぶっつけてみたり、哀れプラトンがホッブズと七賢人のあいだに挟まれたり、ウェルギリウスがドライデンとウィザーズのあいだに閉じ込められたりしたせいだ」と主張する。

ベントリーを戯画化するなかで、「老いぼれ図書館長」という決まり文句をはじめて使ったのはスウィフトだったかもしれない。実際、近代的な図書館全体の群像がここにはありありと描かれている。紙魚を食ったり、食われたりしながらばかでかい図書館のなかをさまよい歩く気むずかしい埃まみれの衒学者。図書館そのものが暗いのに、その「片隅の暗がり」の光のないところでは、書物も人間も同じように迷子になりそうだ。これは書物にとって一種の煉獄の場だ。そのなかで、種類も質もさまざまなテキストが、それぞれの存在を抹殺されかねない危険にさらされている。一見、混乱を愚かに見せる静止状態もまた、〈模擬〉騒動、知的闘争、学問をひけらかす議論の場である。スウィフトの描く図書館の大まかな全体像、こまごました情景は、いつのまにかホメロスの描くイリウム〔古代のトロイ〕の浜辺や平原になっていく――そこにいたるには諷刺という関門をぜひともくぐり抜けなければならない。死の恐怖から歓喜の絶頂にいたる情熱の高まりは、退屈や憤懣から学者の虚栄心にいたる、ちまちましたものに置き換えられる。スウィフトは自著を通して変幻自在にわき道にそれ、一つの小競り合いから次の小競り合いへと、つねに焦点距離を変えながら、像を結ばせていくのである。

スウィフトの諷刺文に登場する図書館は典型的な総合図書館である。それは蔵書数という条件ばかりではなく――スウィフトは当時の典型的な図書館よりもはるかにたくさんの蔵書をもつ図書館を想定してはいたが――その意図という条件も加味されている。なぜなら、書物同士のせめぎ合いは総合図書館ならではのものだからだ。書物の選択は読者のために行なわれるのではなく、読者がその選択を行なわなくてはならない。この点でスウィフトは、当時実感していた以上に敵役のベントリーの独りよがりな望みにずっと近づいている。

ジョナサン・スウィフトは長い一生のあいだに自分自身のすばらしい文庫をつくった。こういうところは、十七世紀から十八世紀にかけての他の学識のある紳士たちとよく似ている。一例を挙げれば、エドワード・ギボンはスイスのローザンヌに自分用のとてつもなく大きな文庫をもっていた。ギボンの文庫はもちろん、自分の仕事用の文庫である――彼は『ローマ帝国衰亡史』を執筆中の長いあいだ、ほとんど独占的にこの文庫を利用した――ゆえにその収蔵書についてはつねに精通していた。実際、彼はすべての蔵書を迅速に取り出すことができるように、トランプ・カードの裏側を利用した最初のカード目録の一種を考案した。スウィフトの文庫もまた、実際に仕事をする作家、学者、聖職者のためのものである。ハロルド・ウィリアムズの『競売目録原本の複写付、スウィフト長老の文庫、およびその二通の手書き蔵書リストについての考察』は、スウィフトの死亡時の蔵書状態とその処分法についての申し分のない記述である。ウィリアムズのエッセイの中核をなしているのは、スウィフトが自分のもっていた書物の一部を、自著のためにどの程度まで利用したかを調べることだった。彼は、スウィフトが図書館についての本の著者であることにはあまり関心を払っていない。だが、そうした観点から見てくれたなら、図書館というものがどのようにつくられ、利用されたかについて何かわかるのではないかと、私などは思うのだが。

競売目録に載っているのは全部で六百五十七冊で、写本も少しある。そのなかで星印が付けられているのは、スウィフト自身の注釈がつけられている七十三冊である。ウィリアムズはスウィフトの文庫でそれに気がついた。

神学関連書の数は、ラテン語あるいは近代言語のものも含めて、思ったほどたくさんはない。控えめに言っても、スウィフトの選んだ職業に合った趣向のものはほとんどない。聖職者のものも同様だ。教会関連の研究に役立つ書物が全体の六分の一にあたる百冊ちょっとしかないというのは、当時の流行を考慮に入れても、決して多いとは言えない。

するとスウィフト自身の文庫には、彼の諷刺文の皮肉がそのまま反映されているのがわかる。典型的な教会関係の蔵書とちがって――たとえば、ピューリタンのジョン・ハーヴァードのそれともちがって――スウィフトの文庫には近代的学問から生まれた著作がたくさんあった。実際、スウィフトは近代派の侵害に対して悪態をついているにもかかわらず、近代派を生んだ、そうした文化的変化の結実である文庫をつくったのである。ウィリアムズはこう続ける。

初期キリスト教の教父を代表するのは、聖エピファニオス〔四世紀のサラミスの司祭〕とテルトゥリアヌス〔三世紀はじめのカルタゴの神学者〕だけであるということは、長老（スウィフト）は神学研究のこの部分を学ぶときには借りた本ですませていたことを物語る。中世キリスト教徒の書いたものはアクイナスだけしか見当たらない……ヨーロッパ大陸の神学者としては、カルヴィンとメランヒトン、フランス人の書いたものはパスカル、ボシュエ、一六七八年の初版が発禁になったリシャール・シーモンの『旧約聖書史料批判』などである。

同時代の英国の神学関連書は少なくない。だが、スウィフトはそうした本に興味があったからではなく、儀礼的に購入したのかもしれない。なぜなら、ウィリアムズが言うように、「そのなかには、一冊として［競売目録のなかに］……スウィフト自身の注釈のついたものはない」からだ。数冊の教会関係史とともにスウィフトが所有する神学書はこれで全部である。これと比較して、スウィフトの古典の蔵書は、文筆家ならこのくらいと思われるほどずっとたくさんある。なかでも数がたくさんあるのは、アウグストゥス時代の傾向を反映したローマ時代の作品、もしくはギリシア語作品のラテン語訳である。

ウィリアムズは、「書物の蒐集のされ方には偶然という要素があることが多い」ことをちゃんと念頭においている。スウィフトの文庫の書物は寄贈本が多かったであろう。それにもかかわらず、スウィフトは文庫を自分のものらしく、組織だったものにしてゆくことに腐心した。彼は自分の文庫を訪問客に感銘を与えると同時に、そこにある書物を探しやすく、使いやすいように整理していたように思われる。一七二九年に彼がアレクサンダー・ポープに宛てた手紙に書いているところによれば、もっとも目立つところに置かれている書物は――訪問客が「私の私室に入ってきて」まず目をやるのは――古代ギリシア・ローマの遺物についてのグレノヴィウスとグラエヴィウスの三十一冊の二つ折り本である。それらはスウィフトの〝私室〟にあるもっとも高価な、一目見て強い印象を与えるものだった。当然それらは名誉ある場所を占めている。だが、そこには近代派の結実である考古学関連書があることも興味をそそる。つまりスウィフトは、自分の文庫の本を〝読んでもらう〟ことを期待していたのである。たとえ人それぞれ読み方はちがっていたとしても。

スウィフトの遺言執行者は、彼の晩年の長い病床期に蔵書目録をつくりはじめた。それは彼の書斎にあった書物の配置をありありと物語る。その目録によれば、部屋をぐるりと取り巻く書棚の左から右へ、まず二つ折り判（一頁が一枚の紙を最大限に使った、現代のアトラス判〔約660×864m/m〕の大きさ）と四つ折り判（典型的な百科事典の大きさ）から、十二折り判（一枚の紙を十二回折って一頁をつくる一番小型の図書形態）の書棚が二つにいたるまで、すべて大きさ順に並べられている。スウィフトの死後、公宅〔晩年はダブリンの聖パトリック教会の主任司祭を務めていた〕からもち出されてからつくられた蔵書の競売目録も、ほぼ同じようにサイズ別に整理されている。ハーヴァードの図書館、その他の同時代の目録にもその名残が見られる。当時はまだ、最大級の図書館でさえ、図書館長が複雑な目録作成技術を使わなくても、すべての書物を把握できるほどつつましやかなものだった。聖者一覧表的な理想の図書リストはまだ健在だった。個人のものでも、公的機関のものでも、内容豊富な図書館であれば全体として理想的とされる作品のほとんどを網羅していた。スウィフトの文庫でさえ、そうした理想の図書を申し分なくそろえていたが、書棚のなかでは、蔵書の一番目立つところに飾られた考古学の図面や研究書のどっしりした二つ折り判に場所をとられて小さくなっている。

## クモ対ミツバチ

配置の仕方がどうであれ、スウィフトが死んだときの彼の文庫には、彼が『書物合戦』を書いた当時の王室文庫よりもはるかに賞賛せずにはいられない、手入れの行き届いた蔵書があった。ベントリーの当惑（「積もり積もった学問の塵埃」による）についてはじめのほうで説明しているように、スウィフトは王室の蔵書のかび臭い、荒廃した様子を自分の諷刺文のなかに利用している。彼はそれを埃だらけのクモの巣の張った一隅にいるクモのイメージとしてとらえた。スウィフトはその場面をイソップ物語よろしく、古代派と近代派の論争全体を小動物の世界として再現してみせる。

太陽を浴びすぎて分別を失ったミツバチがうっかり開いている窓を通ってこのクモの巣のなかに突入し、その精巧な幾何学的構築物を引き破ると、クモは抵抗する。近代的な感覚の持ち主であるクモは、自分を独立した、自給自足のできる存在と考えている。クモはミツバチに対して、「この広壮なる城館（わが数学の進歩の証だ）は俺自身の手で、わが体内より抽出せる自前の材料で建てたものだぞ」と激怒した。クモはミツバチのことを「家もなければ財産もない浮浪人……生来、自分の財産といえば一組の翅《はね》と一本の低音管だけ」とけなす。スウィフトは議論の詳細に対するテンプルのうかつな行為を、いい気分でクモの巣に突っ込むというへまをやったミツバチに反映させているように思える。テンプルはイソップとファラリスの典拠の正しさをめぐる論争にうかつにも引っかかってしまったのだ。だが、ミツバチは自分なりの雄弁術を研究し、優雅に反駁する準備を整える。

問題はこうなる——両者のうちいずれが高貴な存在であるか。四インチ四方を怠惰に観照しつつ、自惚れが自惚れを呼んでのぼせ上がった傲慢さで、すべてを糞便と毒に変え、所詮蠅殺しの毒とクモの巣しかつくりだせないきみか、それとも、世界狭しととび廻り、長期の探求、莫大な勤勉、正しき判断、事物の弁別をもって、蜜と蠟とをもちかえるこの私か。

スウィフトはクモのなかに読者にはおなじみの学者バカの原型を見ている。フランシス・ベーコン自身も、クモを仮説哲学（経験哲学とは反対の）のトーテム像と呼び、クモの巣の終末論的思考を除去することを求めた。ニュートンを含む十七世紀の思弁的思想家たちは複雑な数学を使ってキリストの再臨の時を計算した。これがスウィフトその他のオーソドックス信仰保持者に大きな恐怖を与えた。『書物合戦』のなかのクモが、振動とクモの巣の脆弱な幾何学的構築物の荒廃を、終末のまぎれもない兆しと勘違いしたのも同じ流れを汲んでいる。他方、クモの巣に引っかかった「無数の蠅」は、千年至福の空論をやすやすと信じさせる『アシーニアン・マーキュリー』のようなコーヒーハウス新聞のだまされやすい読者だ。

クモとミツバチの論争が終わると、この議論にぴったりの批評をするのはイソップ——古代の著者ではなく、図書館につながれた鎖を振りほどいて、仲間の古代派の論争に参加する書物——である。

いかに方法と技倆を発揮して模様を組みあげても、もしその材料が自分の内臓（近代的頭脳という内臓）から紡ぎ出された汚物にすぎないとしたら、出来上がった建物は結局クモの巣である。それが長持ちするとすれば、それは他のクモの巣とおなじこと、忘れられているか、無視されているか、片隅に隠されているか、そのいずれかのお蔭である……一方われら古代人は、蜜蜂と共に、翅と声、すなわち飛翔と言語のほかは何もわがものと主張したりしない……われわれは汚物と毒の代わりに蜜と蠟で巣を満たすことを選び、かくして人類に二つのいと高貴なるもの、優美と明知をもたらすのである。

近代派の汚物と内臓によって広げられたクモの巣は、スウィフトに天空の広がりに対する嫌悪感を催させた。この戦いはパルナッソス山で始まった。天上の巣から書物破壊戦争を観察している現在のオリンポス山はついに介入を決意する。ゼウスは運命の書を読むことから始める——それは「二つ折り判の大刷三巻——留金は銀の二重鍍金、表紙は秀麗なるトルコ革、用紙は地上では犢皮紙《ヴェラム》で通る上質紙」でできている。ゼウスは古代派の書簡のなかから必要な結論を朗読し、さっそく従者をやってその通りにことを起こさせる。近代派の守護神で、あざけりの神であるモーマスはびっくりして、「批評」の女神に助けを求める。彼女は恐ろしい形相の女神で、「眼は内側を向き、まるで自分しか見ないといった有様であった」。彼女は自分の脾臓から突き出した乳房から怪物の大群に乳を飲ませる。この脾臓、驚いたことに、「吸われて小さくなるより早く拡大するのだ」。モーマスが近代派にとってすべてがうまくいくわけではないと報告すると、批評の女神はかんかんに怒ってわめきたてた。

幼児や白痴に智慧を授けるのはこの私だ。私のおかげで、子供も親も賢くなり、洒落者が政治家となり、生徒が哲学の批判者になる。詭弁家が深遠なる知識について論争、論断するのも私のおかげ。珈琲店にたむろする才人どもが、作品の内容も言葉も皆目わからないくせに、作家の文体を矯正し、瑕瑾《かきん》を発《あば》くことができるのも、私の鼓舞による。若僧が、財産同様、判断力をいまだ手にしないうちに蕩尽してしまうのも私のおかげだ。才知と知識から詩の支配権を奪い、私自身をその座につけたのも私の力だ。少数の成り上がり者の古代派が、あえてこの私に逆らおうとするのか。

他方、戦場ではいまや戦いの真っ盛り。最初に攻撃を開始したのは近代派の味方であるパラケルスス〔十六世紀のスイスの医師で錬金術師〕で、相手は紀元前二世紀のギリシアの医師ガレノスである。アリストテレスは大魔神であるフランシス・ベーコンめがけて一矢を放ったが、的をはずれてデカルトに当たり、彼を「死ぬまでとびきり影響力の大きな星のように」ぐるぐる回らせ、「やがて彼独自の渦巻運動（デカルトの支離滅裂な宇宙理論をほのめかしている）」に引き込んでいった。すると突然、ホメロスがりっぱな馬に乗って現われ、近代派のあいだに乗り込んで、数えきれないほど多くのへぼ詩人たちを打ちのめした。次に甲冑を着けたウェルギリウスらしき人物が登場。「連銭葦毛《れんぜんあしげ》の軍馬にまたがり、そのゆるやかな足どりは、最高の気迫と活力のしるしである」。古代派の動きはことごとく仰々しく、見た目も華麗なのに対し、近代派のぴりぴりした反応はどれもこれもグロテスクで不快だった。いまや侮りがたい敵である近代派は隊列をつくって甲冑の触れ合うすさまじい音を立てながら疾駆してきた。敵軍との和平交渉のために面頬《めんぼお》を上げたのは、ほかでもないドライデンである。だが、彼は身体に不釣合いな大きな甲冑を着けていたため、なかにいる彼の姿はほとんど見えなかった。彼はウェルギリウスに和平を求め、甲冑の交換を申し出ると、古代派は同意する。「だが、この金色燦然たる甲冑、近代人には」ドライデン自身の甲冑以上に似合わなかった。「そこで彼らは馬を交換することに意見が一致したが、いざとなると、ドライデンは怖気づいて、とても乗ることができなかった」

スウィフトはついに憎まれもののベントリーを戦場に引っ張りだす。「近代派のなかで容姿もっとも醜怪……甲冑は雑多な断片の継ぎ合わせで」、批評家によれば、実際の彼の学識もそれに似ているという。「片手に殻竿《からさお》、もう一方の手に汚穢《おわい》の桶で武装した」彼は、将軍たちからひどく蔑まれているのを知る。それにもめげず、彼は懐刀である英雄、ウォットン青年を引き連れて出撃する。二人は敵の戦列の背後に忍び込み、傷ついた古代派がいれば、不意打ちを食らわす魂胆だ。ベントリーはファラリスとイソップが眠りこけているのを発見し、両方いっぺんに片付けてしまおうとする。するとと英雄たちが眠りからさめ、彼をぎょっとさせる。彼は英雄たちの甲冑を失敬することで満足する。

ベントリーは次に、ミューズが住み、詩人に霊感を与えたというヘリコーンの泉の水を飲もうとするが、アポロに遮られ、唇を泥んこにしただけだった。だが、ウォットンはこの泉で二人の英雄の様子を密かに探る。一人はだれだかよくわからない（この無名の英雄はスウィフト自身にちがいない）、もう一人は泉の水をごくごく飲んでいるテンプルであることは確かだ。ウォットンは背後から彼に一撃を加えようとするが、母なる「批評」の女神と、守護神であるモーマスの下手くそな介入により、やりそこない、テンプル自身の英雄、ボイル青年に追跡される。アテナの助けを借りた彼は、ベントリーとウォットンの二人を槍で突き刺す。

もちろん、古代派と近代派の論争は『書物合戦』のなかでは決着がつかない。だが、スウィフトの話は、その後数世代にわたって図書館についての意気込みと不安を表現することになる比喩について説明している。書誌学上のアジャンクール〔フランス北部の村、百年戦争時ヘンリー五世が長弓の威力により九千の手勢だけで六万のフランス軍を破った〕で、背中合わせになった兄弟団としての古代派のイメージ、洪水あるいは奔流のような印刷物の到来、本の虫である老いぼれ衒学者、批評家たちのうぬぼれ――こうした言葉のあやは、のちの時代に大いに利用されるようになる。その兆候を示す一例に、約百年後に書かれたワシントン・アーヴィングの『スケッチブック』のなかにある「文芸の無常について」という短い話がある。スウィフト的な不安はまだ生きていて、英国図書館を訪問した語り手の描写によれば、そこにある非常に古い、ひどく怒ったような顔つきの書物は——おそらくスウィフトの描く合戦の退役軍人であろう——惨めな隠退生活を送っていた。

物語は、疲れた旅行者に扮したアーヴィングが、観光客でごったがえすウエストミンスター寺院の見学の最中に落ち着いた静けさがほしくてたまらなくなるところから始まる。彼はここに自由に出入りできる小学生の群れを抜けて、堂守に図書館に入らせてほしいと頼む。暗がりを抜けて行く二人の様子は、さながら地下世界、もしくは母親の子宮へ戻る旅の縮小版のようだ。「彼は古い時代の崩れかけた彫刻がいっぱいある表玄関を通って私を案内してくれた」とアーヴィングは書いている。「薄暗い廊下」、二重に鍵のかかった扉を通り、「真っ暗で狭い階段」を上がって、やっと図書館に到着した。アーヴィングが下と上、煉獄と天国を結合させる方法は一風変わっている。なぜなら、上り階段をものともせずよじ登らなければならないのに、図書館そのものは地下霊廟の深いところに埋葬されているように見えるからである。寺院の壁の奥深くに入り込み、世の中の喧騒から遮断されたアーヴィングは、古代の顧みられなくなった書物が並ぶ、閉ざされた世界へと入ってきたのを感じた。彼は棚から羊皮紙の表紙のついた書物を一冊選び出し、まるで地下墓地のようなここに埋葬され、「しだいに腐食が進んで黒ずみ、埃にまみれて忘れられていた」作品のことをあれこれ考えているうちに夢想の世界に引きずり込まれる。

私が片手で頬づえをつき、つぶやいたり、とりとめのない考えごとに耽りながら、もう一方の手でその四つ折り本を所在なくこつこつと叩いているうちに、ふと手元が緩んだ。すると驚いたことに、その小さな本が深い眠りからさめたかのように二、三度あくびをし、やがて陰気くさく咳払いをして、それからおもむろにしゃべりはじめた。

この小さな本はほれぼれするような一冊だった。アーヴィングはそれを精一杯褒めた。「最初それは、勤勉なクモが張り巡らしたクモの巣」――スウィフトのあまりにも手の込んだクモの姿をカメオ細工にしたような外観だったかもしれない――を「ひどくわずらわしがっているような、耳障りな、嗄《しやが》れ声で語りだした」。やがて咳払いをすると、「驚くほど話し上手で、気の置けない」相手であることがわかる。

アーヴィングとその本は文学の命、言語が受ける変化、文学的名声の移ろいやすさについて論じ合う。この小冊子はあまりにも長いあいだ、すっかり口を封じられていたので、藪から棒にこう毒づく。「連中はいったいどういうつもりでわれわれのような何千冊もの書物を、老監守に見守らせ、ときどき長老から一瞥されるだけのハレムの大勢の美女たちのようにここに閉じ込めておくのでしょうか?」

アーヴィングはこの本を慰めてやろうとする。

きみは同じ世代の数ある書物とくらべてずっと幸せであることがわかっていないない……同時代の書物で、今も生き残っているのはごくわずかしかないではないか。そういう連中はきみと同じように古い図書館に閉じ込められていたおかげで長命を保っている。さらに言わせてもらうなら、きみはここをハレムに喩える代わりに、老いぼれを助ける宗教施設付属の診療所になぞらえるほうが適切で、気分もよいのではないだろうか。

だが、アーヴィングは、図書館でさえ蔵書を茫漠とした時の流れから救うことはできないと嘆く。彼はその小さな本に語りかける。

近代的な図書館がどれもこれも金ぴかの豪奢な背表紙付きの新しい本でいっぱいになることを予想すると、着飾って整列する壮麗な軍隊を閲兵しながら、百年後にはこのなかのだれ一人としてこの世に存在していないだろうとしみじみ思ったあの尊敬すべきクセルクセス王のように、腰をおろして泣きたい気持ちになる。

痛ましいほど壮麗に「着飾った」スウィフトの描く古代派もまさにそうだった。こうなったからには、洪水もやむなし《アプレサ・ルデリュージ》――という哀歌のなかに、理想としての書物の永遠の命を絶えず脅かす物体としての書物の朽ちやすさがにじみ出ている。ここからのアーヴィングは、スウィフトも意気投合しそうな言葉で近代図書館に山積しつつある諸問題に転じる。昔は、書物はめったに手に入らない本当に貴重なもので、それを製作したり、入手したりするのがとてもむずかしかったから、大切に保管された。「ところが今は、紙と印刷機の発明でこうした拘束に終止符が打たれ、その影響には不安を抱かせられる」

印刷物の流れはどっと増えて奔流となり――さらに増加して川となり――いつのまにか海になりつつある。数百年前には写本が五、六冊あれば立派な図書室になったのに、今では図書館に三、四十万冊も本があり、大勢の文筆家はみな忙しく、印刷機は恐ろしいほどの大活躍で、部数は二倍にも四倍にもなる現状をどう思うか？……世界は早晩、良書の在庫過剰にならざるをえない。そのうち良書の名前を覚えるだけで一生の仕事になるだろう。今日、まずまずの情報通と言われる人でも、書評以外ほとんど読まない。やがて、博識の人とは、単なる生きた目録に過ぎなくなるにちがいない。

だが、この小さな本はアーヴィングの大げさな言い分に我慢がならなくなる。「『だんな様』と小さな四つ折り本は、私の目の前で退屈そうにあくびをしながら言った。『差し出がましいことを申しますが、あなた様はどちらかというと大言壮語の才がおありのようですね』」

スウィフトもまた、「大言壮語の才」があった。だが、彼の先見性に富んだイマジネーションのなかに浮かび上がる総合図書館の姿は、まだ未成熟なものだ。というのも、諷刺をするためにまずは諷刺の対象となる虚構の総合図書館をつくらなければならなかったからだ。数十万の成り上がり者の近代軍団はまもなく書棚の上の古代軍のそばに自分の場所を見つけるが、そこには年中忙しい印刷機から吐き出される移民の群れが容赦なく加わる。戦場としての図書館の残骸は、総合図書館という高波で水浸しになる。たいへんユーモアのあるスウィフトは、マシュー・アーノルドが一八八五年の詩「ドーヴァーの岸辺」で表明したような不安を予想していた。われわれはドーヴァーの岸辺の「無知なる兵士が殺し合い、あるはただ戦闘と潰走のどよめきばかりの暮れそむる荒野に」、立ち往生させられている。光輝く「誠実の海」は、アーノルドがこの詩のはじめのほうに書いているような「遠ざかりゆく陰鬱な唸り」とともに、ついにあの荒野から姿を消した。だが、パルナッソス山は、霧のなかで永遠に識別できないアヴァロン島〔アーサー王や英雄たちが死後に赴いたとされる西方海上の極楽島〕や、アトランティス島〔ジブラルタル海峡の西方の大西洋上にあって海底に没したとされる伝説の島〕のように、つねに生まれ変わった島として再現する。

リチャード・ベントリーもまた、彼なりに図書館のもつ諸問題に絶え間なく遭遇した。古代派と近代派の論争が下火になってからずっとあとに、彼は身内の青年トーマス・ベントリーをケンブリッジ大学トリニティー・カレッジ図書館長に就任させた。リチャードにうるさく言われて、青年図書館長は学位をとり、図書館用の新しい本を探しにヨーロッパ大陸に長期旅行に出るなど、専門家としての道を歩みはじめた。ところが大学の役員たちは彼の活動を認めなかった。図書館はエドワード・スタナップ卿から寄贈されたものだが、彼の図書館長の職務に対する考え方は、二人のベントリーよりもずっとつつましいものだった。一七二八年、若いベントリーの長期の留守を理由に、彼を解雇する措置がとられた。ローマその他で勉強したり、書物を入手したりするのは、その地位にふさわしくないというのである。

強気なところがあるリチャード・ベントリーは、青年の弁護に乗り出した。彼は手紙を書いて、「図書館長は」、その役割を厳密に定義した「エドワード・スタナップ卿の遺書に表明されている条件をすべて熟知している［とは限らない］」ことを認めたうえで、エドワード卿の示した条件を列挙した。それを見ると、十八世紀の図書館長の職務は憐れなものであることがよくわかる。図書館長は大学で教えることも、執務室をもつことも認められていない。年間四十日以上勤務地を留守にしてはいけない。修士以上の学位の保持者であってはならない。図書館の個々の閲覧者を監視し、目の届かないところに行かせてはならない（「今日の修士号保持者ならとうてい耐えられないような奴隷的身分だ」とベントリーは書いている）。個人住宅の所有は認められていないのに、学者や学生に宿を提供しなくてはならない。「なにとぞ、これらの規定から、エドワード卿が図書館長についてあまりご理解いただいていないことをお汲み取りくださいますように」とベントリーは結んでいる。

ベントリーは身内の青年を、組織の一員としてではなく、学者であるとともに専門職の役目を果たすように励まし、当時としてはまことに異例の図書館構想を改めて明確に打ち出した。彼は近代的な学問研究にはそれにふさわしい書物を見つけ出し、保管し、使いやすく整理しておくことが肝要で、図書館の管理は知的好奇心が強く、柔軟性のある人物に委ねられるべきであると確信していた。だが、大勢の意見はそうではなかった。エドワード・スタナップ卿はトリニティー・カレッジにすばらしい図書館を寄贈してくれるほど寛大であったのに、自分の書物には番人さえいればいいと思っていたことは明らかだ。彼の規定によれば、管理委員会はベントリーを厳しく非難し、身内の青年トーマスを解雇せざるをえなかった。ベントリーの図書館構想が、十分にとは言えないまでも、認められるのはさらに何年か先のことになる。

# 第5章　みんなに本を

## 悪魔に魂を売った詩人

イノック・ソウムズにとって、一八九一年は得意の絶頂の年になるはずだったのに、いつになく気の滅入る年になりそうだった。新しい作品は出版されず、処女作も絶版になったイノックは、アブサンに酔って朦朧《もうろう》としながら、人の揚げ足をとる卑怯者、言語感覚の鈍い御仁や間抜けどもといっしょになって浮き足立つロンドンをじっと見つめていた。自分の著書ばかりか、自分自身まで友だちから忘れられていることに気づいた彼は、目の前に広がる世界は自分にとってもはや魅力がないと結論せずにはいられない。

そこで彼は未来に希望を託す。そこではきっと、自分の名は十九世紀の詩的才能に恵まれた予言者の一人として大きく浮かび上がり、正々堂々と同時代の気取り屋たちのそこそこの輝きの影を薄くしてやれるだろう。こうした未来を待ちきれなくなった彼は、とうとう悪魔と取引をして、百年後の英国図書館の円形閲覧室を訪れ、蔵書のなかに月桂樹で飾られた自分の名前の入った著書を見つけ出すことができるなら、永遠の地獄に入ってもよいという絶望的な契約を結ぶ。この契約に調印するため、彼は悪魔をロンドンのあるカフェでのランチに招き、最後の友人である新聞記者でエッセイストのマックスという男を証人に連れてゆく。

このジャーナリストはさっそく友人の弁護に乗り出す。ところが、当の悪魔（角のある小悪魔というよりお世辞はうまいが退屈きわまりないのらくら者）とこの一件を論じ合う前に、友人のソウムズは硫黄の匂い一つ立てずに姿を消してしまった。ジャーナリストは未来を探検に行った友人のことをひどく心配しながら、戻ってくるのを待った。やがて意気阻喪し、がっくり肩を落としたソウムズが再び姿を現わすと、ジャーナリストは話を聞く前に真相がわかった。

ソウムズは一九九一年版『英国図書館目録』の著者欄に自分の名前が載っていないことを知った。さらに悪いことに、絶望的になったソウムズは、十九世紀の英文学についてよい本があったら見せてほしいと図書館の司書補に訊ねた。索引のなかにようやく自分の名前を見つけたものの――それも束の間の喜びだった――頁を繰ってみると、なんとこの友人のジャーナリストが彼のことをあまり重要でない短編小説作家の一人として挙げているにすぎないことを知ったのだ！　ジャーナリストは残念そうに友人を慰めるが、それも束の間――カフェのテーブルにさっとしのび寄った悪魔が、ソウムズの魂をもらいますぞと言う。

マックス・ビアボームの短編集『七人の男』に登場するイノック・ソウムズの気の毒な話はこんな具合に進行する。ビアボームがこの物語を書いたのは二十世紀はじめだが、彼が想像した未来の英国図書館は、彼自身が知っていたものとほとんど変わっていない。もちろん、登場するのはみな、同一人物だ——それもそのはず、これは時制が未来になっただけなのだから。彼らの頭は禿げていて、一様に品のよいグレイのサージのスーツ姿で、発音通りに簡略化したひどい英語を書く——だが、図書館自体はまだ、十九世紀の円形閲覧室のままだ。たくさんの印刷された目録が、部屋の中心部の大きな机をぐるりと囲むように順序よく並び、見張り番を務めている。ビアボームの未来図書館では、閲覧者は相変わらずこうした厄介な目録を棚の一番上に耳障りな音を立ててどさりと置き、ほしい文書を探して目録の果てしない頁を繰り、紙切れに必要事項を記入して、その本が届けられるのを、体温ですっかり温まってしまった机で待つ。ビアボームのこの短編はウィットに富んだ作り話であるにもかかわらず、図書館の改革の必要性について——いや、その可能性についてさえ、きわめて懐疑的である。

今になってみると、ビアボームの予想がほぼ正しかったことに衝撃を受ける。一九九一年の閲覧者はまだ、印刷された膨大な数の目録を調べ、資料請求票に手書きで記入していた。外見上、図書館は二十世紀初頭と、ビアボームの小説に登場する詩人が一九九一年に訪れたときとそれほど変わっていない。変化はみな——「未来」もみな——一九九一年以降の十年間に起こったものだ。確かに英国図書館は大きく変化した。大英博物館の一角にあったものがユーストン・ロードの巨大な新しい建物群に移ったし、大小を問わず世界中の図書館と同様に、オンライン目録ができたことは、閲覧者の書物の入手や利用法を根本的に変えた。だが、そうしたすべての変化や民主化にもかかわらず、図書館は相変わらず神聖な場所であることに変わりはない。ソウムズと同じように、われわれの大半もまた、図書館に著書を入れてもらうことがやはり文筆生活のランドマークなのだ。

内部的には、一八九一年の図書館は十九世紀までの流れを大きくそれて、ソウムズの期待を非現実的と思わせるような、非常に大きな変化をしていた。なんと言っても、図書館は満杯になってしまっていたのである。十九世紀末までには、あまりにも蔵書が増えたので、だれもがこれなら自分の著書が書棚に見つかるだろうと安易に考えるようになった。十八世紀には、ジョナサン・スウィフトはまだ、図書館は名前と重要性が一致するような少数の登場人物が出演する舞台のようなものだと想定することができたであろう。当時の図書館は、少数の選ばれた文書が一日の生活時間を整え、香炉を振り、遠い昔から人類が交わしてきた会話を単調な旋律で歌う一種の僧院みたいなものだった。だが、十九世紀になって書物の数も種類も驚くほど増えると、図書館は寺院から市場になり、書物の聖者一覧表のようなリストは豊饒の角《コルヌコピアイ》〔ゼウスに乳を与えた山羊の角。その角からは望むだけ飲み物、食べ物、果物、花などが出てきたといわれる豊かさの象徴〕に変貌した。それはソウムズの探索をいっそう悲劇的にする――彼が自分自身の痕跡をまったく見つけ出せない図書館は、図書館が役割を果たしている社会のひな形であるからだ。彼の著作が図書館になかったのは、従来の意味での図書館の欠点であるというより、ますます複雑になる大都市のなかで個人のアイデンティティーが失われてしまったためである。

イノック・ソウムズと同様、十九世紀の司書は自分のアイデンティティーをゆるぎないものにするために未来に期待をかけた。それまでの司書は、書物と自分との関係に生きがいを感じていた――書物の数は比較的少なく、カトリック教会の聖者一覧表のような目録に整理されており、主な閲覧者はすでによく知っている人たちだった。その当時の司書の主な役目は、書物の数を数えたり、書棚からとってきたり、後でもとの場所に返したりするなど、要するに保管係だった。だが、印刷物の急増と、一般読者の要望の増加により、司書と書物の関係は司書と閲覧者の関係にとって代わられた。司書の主なイメージは、書物の保管者でなく、世話人といった感じになってしまった。十九世紀には、専門家の書いた文学作品、大衆向けの印刷物双方に登場する司書のイメージは、利用者の好みに合うように苦労し、小説や新聞に見られる安っぽくて低俗な、〝スパイスの効いた〟読み物を回避して高度な文字文化の世界へと来館者を導く姿になった。

## 図書館界のプロメテウス

こうした司書のイメージは、人類に火を与えたタイタン族の一人プロメテウスを思い起こさせる。プロメテウスに関しては二つのことに留意する必要がある。その第一は、彼が人間への憐れみの情に動かされたこと、そして彼のくれた火が究極的には人類の心のなかに、神々に対する不遜というもう一つの感情をかきたてたことである。プロメテウスの憐れみと不遜という抑えがたい情動のもつ悲劇的な欠点は、そのまま十九世紀の司書の二極化した情動にあてはまる。一つは次元の低い来館者に対する憐れみ、もう一つは図書館が文化と社会の改革に何かできることがあるはずだという思い上がりである。この神話について思い出すべき第二の点は、プロメテウスに与えられた罰である。神々に背いて火を盗み、人間に与えた罰として、ゼウスはプロメテウスを海辺の荒波の打ち寄せる岩に縛りつけ、ハゲワシに彼の不滅の肝臓を永遠に食い荒らさせた。

ゼウスと仲間の神々が姿を現わしたときのプロメテウスと同じように、司書も新勢力の登場によって分裂した宇宙に自分がいることに気がついた。本の数が増えるにつれて、それらをひっくるめて〝学芸〟と呼ばれる文化全体を覆っている知性の外皮は広がりすぎて今にも破けそうになっている。十九世紀の西ヨーロッパとアメリカを風靡した公共図書館運動のモットーの一つは〝図書館の大衆化〟だった。だが、前述のように自分の著書を探しにくるというのは、大衆化が図書館学の問題となるずっと以前からよくある逡巡の一つである。ビアボームはそのことを知っていた。彼もまた、一九九一年のあの夏の日、同じスーツ姿の来館者たちが、ぼさぼさ髪の世紀末の詩人が真ん中に立ちはだかっているのを迷惑に思いながら、図書館のなかで何をしているか知っていた。彼らは憐れなイノックと同様、自分の著書を探していたのだ。

## 大量生産品になった書物

大英博物館が一七五三年に創設されたとき〔一般公開は一七五九年〕、そのなかに自分自身の著書を探しにいこうと考えた英国人はほとんどいなかったであろう。かりにいたとしても、大半は失望していたにちがいない。英国の国威をかけて蔵書集めを心がけていたとはいえ、ヨーロッパのあちこちの同種の図書館の水準と比較すれば質素なものだったからである。開館時の蔵書数は約五万一千冊、十八世紀末には実際の数は減少して約四万八千冊になっている。これは博物館の図書館が重複している蔵書をせっせと売り払ったり、可能であれば贈呈したりしたためである。

当時も今も、書物の蒐集は洒落た趣味で、洒落た人たちが同じように洒落た書物を買う傾向があった。この新しい図書館はそうした洗練されたコレクション――贈呈されたり博物館の乏しい基金で購入されたものも含めて――をもとに独自の蔵書をもつようになっていった。大英博物館の最初のコレクションは、総額二万ポンド（今日のレートに換算すると二百万ポンド）という大枚を払って王立協会会長だったハンス・スローン卿（一六六〇－一七五三）から購入したものである。図書館は図書購入費の欠乏を補おうとして、公共事業用の宝くじの発起人になったが、汚職の噂が立って、尻切れトンボに終わってしまった。図書館はその機能を果たしていくために議会の気まぐれに依存せざるをえなくなった。

英国図書館の発展はまた、ここが著作権登録機関の役目を担った結果によるところが大きい。これで英国で出版される本は必ず一冊ここの書棚に置かれることになったからだ。王室図書館がずいぶん前からこの役目を果たしてきたが、十七世紀末にリチャード・ベントリーが嘆いているように、出版社は出版物を散発的に送ってくるだけだった。だが、百年後の英国は、ヨーロッパの他の国々と差をつけたいという気持ちから内向きになる一方、帝国としての抱負も実力も拡大しつつあったために、英国の学芸文化を際立たせる必要を急に感じるようになっていた。フランスにも著作権登録図書館はあった――恐ろしく大きい国立図書館《ビブリオテーク・ナシオナール》の蔵書は、革命のほとぼりも冷めない一七九三年に貴族や聖職者の図書館から没収したおかげで、十八世紀末には三十万冊以上が集められていた。十九世紀に入ると、英国図書館はこのフランスの図書館に追いつこうとするがこれを凌駕することはできなかった。フランス国立図書館の天井の高い鉄製レースの円蓋は、英国図書館の円形閲覧室の古風な質素さと対照的に、いかにもヨーロッパ大陸的な優雅な美しさを見せていた。

だが、十九世紀の最初の二、三十年間に英国図書館の蔵書は増えはじめ、実際、急膨張した。一八三三年には蔵書数は約二十五万冊、五倍に膨れ上がっている。ロンドンの『タイムズ』紙は一八一一年にはすでに蒸気駆動による円圧印刷機で印刷されるようになり、一八二〇年代には蒸気駆動印刷機の利用は一般的になったうえ、たくさんの新しい技術が導入されて、書物その他の印刷物の生産速度は急激に速くなった。十五世紀から十八世紀にかけてあまり変化のなかった印刷術は、たちまち職人技術ではなくなり、書物は必然的に産業革命の顕著な特徴である大量生産品になっていった。

十九世紀に大量生産されるようになったもっとも魅力的な書物と言えば、ハーパー・ブラザーズの読み物シリーズであろう。これが若い読者層に与えた有益な情報は計り知れない。ジェイコブ・アボットの『ハーパー社読み物シリーズ成功物語』(一八五五年)によれば、このシリーズはその生産工程に使用される機械類をテストするために企画されたという。アボットは読者をまず、その頃までに「数十万冊」を生産して

フランス国立図書館（アンリ・ラブルースト設計、1862年建設）の旧閲覧室　鉄製レースの円蓋と長い柱は19世紀の鉄骨建築の極地を表わしている。写真はデュアン・アッセオ・グリリチの図書館写真集『図書館　内なるドラマ』（ワシントンD.C.：アメリカ議会図書館、1996）より

いたニューヨーク市のクリフ・ストリートとフランクリン・スクエアにあるハーパー・ブラザーズの大きな工場の見学に案内する。

アボットの本のクライマックスは、十九世紀半ばにおける機械化された印刷工程の理想的な効率のよさと、連携作業のみごとさについての記述である。アボットは蒸気の配管、シャフトやベルトによる動力の伝送、踊っているように見える印刷機のみごとな動きなど、機械の魔術に焦点をあてているが、クリフ・ストリートの建物の設計主眼は、十九世紀半ばにおいてはいかに労働力を集約するかにあった。人々は性別や仕事の内容によって分けられ、工場の壁には現代性を誇示する巨人の片目のような時計がかかっていた。そこでは書物が芸術作品から交換可能な部品へと変化しつつあった。

アボットの印刷工程のイラストは、入り組んだ鉄製の梁が床をも形成している。錬鉄は――理論上は少なくとも――労働者を火事の恐怖から解放した。このおかげで労働者はガス灯を使ったり、高温の機器の操作を安全に行なうことができるようになり、これまでは印刷を日中しか行なえないために小規模生産に抑えられていた本が、自然光に頼らず生産できるようになった。

ヴァルター・ベンヤミンが『アーケード・プロジェクト』に書いているように、ロンドン万国博のためのクリスタル・パレスのような贅沢なスペースを構築する鋳鉄の利用は十九世紀から始まった。パリの国立図書館もまた、鉄骨をこれ見よがしにふんだんに使って、閲覧室の高々とそびえる大きな丸天井を支えている。同じような鉄骨は、のちには形を変えて大きな図書館の書棚にも使われるようになり、おかげで数十年前には想像もできなかったほど多くの書物を、うまく整理して、しかも火災から護ることができるようになった。鉄が十九世紀の建築に与えた影響は非常に大きかったので、アボットは本筋を離れて一つの章を全部使い、鉄の梁の製造法や、構築物としてのその利用法を説明している。

ハーパー・ブラザーズの工場のイラストには、印刷工程のいろいろな段階が、鉄の

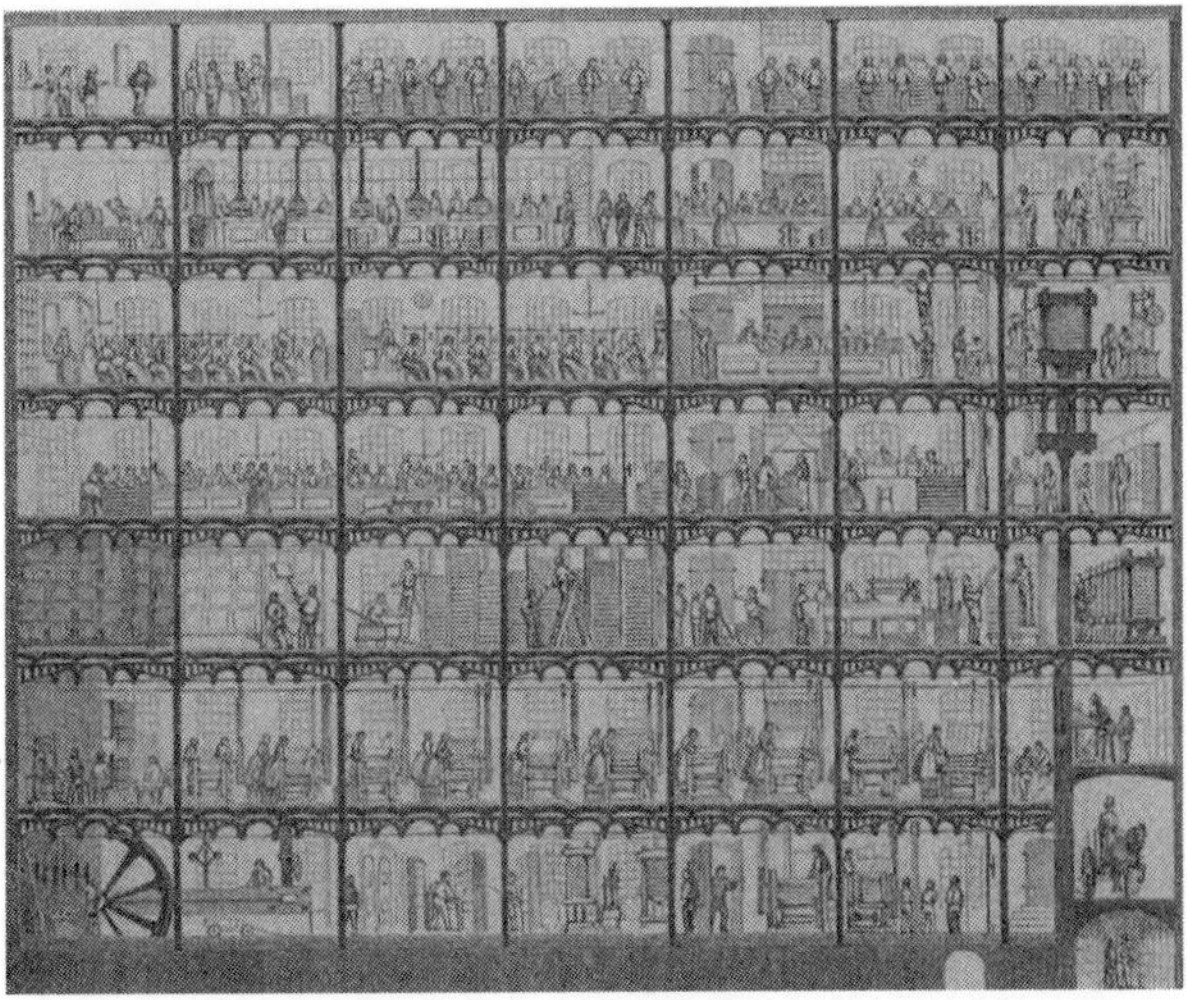

ハーパー・ブラザーズ社印刷工場の断面図　ジェイコブ・アボット著『ハーパー社読み物シリーズ成功物語』（1855）より（ホートン図書館　B 5940.10★　ハーヴァード大学ホートン図書館蔵）

梁を編み目のようにめぐらした枠のなかに表現されている。フランス国立図書館の高々とした鉄製の丸天井とくらべればありふれているが、たしかに不思議な力を感じさせる。この絵の左下の角の大きな滑車のある部屋には「動力を工場の操業全体に供給するエンジンと機械装置があり、心棒、滑車、ベルトを組み合わせた装置によって異なったフロアに伝送されるようになっている」。一階のほかのところでは、液圧プレスで紙を平らに広げて伸ばし、労働者たちがインクが浸みやすいように各頁に湿り気を与えている。

図の右端では、印刷版が置かれているアーチ型の天井の部屋へつながる扉がある。この印刷版は電鋳版で、手組みの版に電流を通じて、表面に薄く銅を電着させてつくる。アーチ型の通路の下では——新しい紙を運んできたと思われる御者が到着したところのようだが——二人の男がランタンを掲げて丸天井の部屋を明るくしている。その部屋は一種の図書館のようで、印刷版、生まれかけの本が、SFなどに登場する科学を悪用する科学者の実験室にある胚芽用のポットのように鎮座している。

「電鋳版の山はまさに壮観で、雑誌だけでもたちまち一万枚近くなり、版は一頁につき一枚ずつだから、この印刷会社が出版する何百冊という書物全体では、五十トンから七十トンにもなる」とアボットは書いている。おまけに、版の在庫は毎日二百枚ずつ増えていく。だが、アボットはこうした版の増加ぶりをむやみに計算するのをやめて、こう報告するにとどめる。「版を改める必要が起こると、この丸天井の下から版を引っぱり出してきて印刷機にかけ、作業が終わると、またもとのところに戻しておく」

建物の次の階には「大印刷室」がある。アボットによれば、ここにある印刷機の重量は一台につき二トンあるため、これを支える床や柱の強度の調整が非常に重要である。印刷機の上部には、建物の内部にある蒸気機関からそれぞれの印刷機に動力を伝送するシャフトに連結されたいくつものベルトが動いている。アボットは次に、印刷室のなかで進行するあわただしい活動を次のように描写している。

印刷機には一台ごとに若い女の子が一人ずつ付いている……［その］役割は印刷機に一度に一枚ずつ〝給紙する〟ことである。紙は、印刷されると、あおり出し装置と呼ばれる装置によってあおり出される。これは櫛状に並べられた軽い木でできていて、たくさんの細い指のある手のように、印刷された紙をふわりともち上げ、すでに印刷の終わった紙の山の上に投げ上げる。部屋の右手の奥ではこのあおり出し装置が次の紙をとりに戻る様子がはっきり見えるようだ。同じように並んだ別の印刷機では、いろいろな場所で印刷された紙が動いているのがわかる。

印刷機は図体がばかでかいにもかかわらず、繊細かつ機能的な指で軽やかに頁を繰り出していく。アボットのレポートによれば、「いつも工場見学者がとりわけ喜ぶのは、印刷機の鉄の指がまるで生き物のように動くことだった。どっしりとしたエンジンが、穏やかにいつも威厳に満ちて絶え間ない仕事を続けていくのはたいへん印象的で、荘厳さのようなものを感じさせる」。

建物内のいたるところに書物が積み重ねられ、製本され、凹凸をそろえられ、成形されつつあった（とりわけ小型で書棚に収まりやすい形に成形するには二十五工程以上の機械が使われていることをアボットは読者に教えてくれる）。最上階の植字室では、植字工がひとそろいの逆さ読みの活字のなかから文字を選んでステッキ〔植字作業用の工具の一つで、鉄または黄銅製。幅三センチ、深さ十五ミリ、長さ十三－三十六センチくらいまであり、行長によって使い分ける〕をつくってゆく。印刷技術の中心であるこの作業は、建物のまさに天辺で行なわれている。のちにアボットは植字工の仕事について長々と述べているが、彼が目撃したのは職人的完璧さと、大規模生産の効率のよさを奇跡的に合体させたものだった。

植字工は活字を拾い出してステッキにセットするとき、何の文字か確かめるためにその活字の表面を見たりはしない。だが、正しい場所から拾ったのだから、正しい文字であるはずだと思っているようだ。時間がないのでちらりと見るだけだが、ステッキにはきちんと正確に収まっているのだ……一時間に千個のエム［活字の大きさの単位、標準的な字幅］を設定するためには、三千個の異なった金属部品を取り出して配置しなければならない。植字工がこうした一つ一つの小片をすべて、百四十もある異なった仕切りから選ばなければならないことを考えると……その動きは非常に活発であることは明らかである。

感情をもたない機械によって印刷され、工場から梱や書架に詰め込まれて出荷される書物はもはや職人の作品ではない。その起源は謎に包まれ、フランケンシュタインの仕事場にふさわしいような電気と機械による工程を経て製本される。書物は今や単なる商品である――しかも、大半の現代の商品と同じように、利用者にとってはどうしたら自分でつくれるか見当もつかないような代物だ。それにもかかわらず、アボットが活写しているように、電鋳版や蒸気駆動の敏捷な印刷機に関するかぎり、書物を機械化時代にまで進化させたのは職人たちの指なのである。

## 異色の館長パニッツィ

書物の大量生産が盛んになるにつれて、ヨーロッパやアメリカの国立図書館と同様、大英博物館にも突然大量の書物がどっと入ってくるようになった。大英博物館図書館が迎えたこのようなブームをとり仕切るにはおよそ似つかわしくない人物——しかもプロメテウスそっくりのプロセスをたどって十九世紀初の図書館長になった——は、亡命イタリア人革命家として人生をスタートしたアントニオ・パニッツィだった。腕利きの若手弁護士として頭角をあらわしつつあった彼は、リベラルな政界とフリーメイソンもどきの神秘主義を混ぜ合わせた秘密結社と接触があるとして、故郷モデナ公国政府からにらまれていた（進歩的なイデオロギーと深遠な知識に引かれていたところが、パニッツィののちの図書館長としてのキャリアを予示している）。見せしめ裁判で、同志が反逆罪で有罪とされると、パニッツィはアルプス山脈を越えて逃亡し、一八二三年にこの裁判の一部始終を出版したため、彼自身、死刑を不在宣告された。生き延びるためには亡命するしかなかった。

パニッツィがたまたまロンドンに着いたときには文無しのうえ、英語を話すことができず、同じように国外追放されたいかがわしい連中からもつまはじきにされ、仕方なくイタリア語と歴史の個人教授をして暮らしの足しにした。教えているうちに英語もうまくなり、彼の革命家的な善意に惹かれるパトロンも何人か現われ、まもなくルネッサンスについて講義したり、学問的な論文を『エジンバラ・レヴュー』誌に掲載したり、創立されたばかりのロンドン大学の教授陣に加わったりするようになった。

専門職に任命されたことで、自分が受け入れられた国でのパニッツィの地位は確固としたものになったが、それだけでは容易に暮らしが立たなかった。教授のサラリーは学生の授業料から支払われるが、実学本意のロンドン大学では、ルネッサンスの講義に時間を割く学生はあまりいなかった。そこでパニッツィは一八三一年、よい地位にいる友人から大英博物館図書館の司書補への就職を勧められると喜んで引き受けた。給料は「週五日勤務」で、年間二百ポンドだった。

パニッツィはただちに英国図書館史上に彼の名を残すことになる目録づくりに着手する。一八一〇年にはじめて登場したこの図書館の印刷目録は七巻からなっていた。当時の目録がみなそうであったように、これも図書館にある書物をアルファベット順に並べただけのものだが、司書にとっては担当する書物の在庫目録の役目を果たした。ほとんどの図書館は毎年、数週間は休館して、司書が蔵書リストを見ながら、それぞれの本がしかるべき棚に収まっているかどうか確かめる。目録はほかに大して役に立たない代物だが、それでも、来館者はそれなりに心づもりをしてやってくる。彼らは自分の読みたい本はわかっており、それを目録から探そうとした。

最初の目録が編纂されたときから、パニッツィが大英博物館に職を得るまでのあいだに、蔵書の数は膨大な量に増えていた。最初の七巻の蔵書目録は司書による手書きの付記や補遺でいっぱいになり、差し込み頁で膨れ上がった目録は四十八巻分に達していた。どう見ても新しい目録が必要だった。英国ピューリタン革命に関連したひどく難解な小冊子のコレクションの目録をつくったことで図書館内ですでに名を知られるようになっていたパニッツィは、この仕事に取り組むのに最適な司書だった。

パニッツィはあまり世に知られていなかった小冊子の整理に取り組んだことで、著作が印刷物になる過程での著者と出版社とのややこしい関係がわかってきた。ある論文が別の論文に答える形で書かれると、すでに雑誌や新聞に載った記事や、書物からの抜粋が再び印刷されることがある。それらはいくつかの出版社によって同時に別な形で出てくる可能性があった。すると著者名、出版社名、出版場所や発行日などの重要な情報さえ、不完全だったり、間違っていたり、まったく抜け落ちてしまっていたりすることがある。パニッツィは一連の規準をつくって、目録のなかでそれらの関係を復元させせた。おかげで司書は——非常に大事なことは、閲覧者も——それを追跡調査することができた。最初はあまり意識せずに、彼は図書館の目録を蔵書リストから書物発見の道具へと変えることに寄与していたわけだ。彼がごくありふれた書物のあいだにさえ関連性を発見したことは、デジタル時代の相互関連世界の台頭を予言していたと言いたい衝動に駆られる。だが、電化世界という観点からすれば、パニッツィの目録はインターネット時代の始まりのように見えるといったほうがより正確だろう。

新しい目録編纂の仕事を担当することになったパニッツィは、最初からこうした検索上手の経験を生かした。最終的に一貫性のある目録にするためには、部分的改訂では十分ではなく、全面的な分類のしなおしが必要であると彼は提案した。彼はほかの図書館がどのような目録をつくっているかを学ぶために外国にも出かけた。パニッツィの首にはまだ懸賞金がかかっていたが、モデナ公国政府が彼の処刑費の先払い請求書を送りつけてくるような亡命初期の頃からすでに長い時間が経っていた。彼はさしあたりやるべき仕事について確固としたイメージを得てヨーロッパ大陸の旅行から帰国した。

一八三六年、彼は博物館の理事会に提出した報告書のなかで、「目録の第一の重要な目的は、蔵書の一部を形成している著作を取り出しやすくすることである」とはっきり述べている。しかも目録は司書にとっての便利な道具ではなく、「一般庶民がこのような施設に当然あると期待する」道具である。パニッツィは、自分の斬新な思考のルーツであるイタリア以遠にまで旅したようだが、彼の仕事ぶりには徹頭徹尾、民主主義への熱い思いがみなぎっている。この報告書で明らかにしているように、「貧しい学生にも同じように、学問的好奇心を満足させる手段を与えてやりたい」と願い、理事会に対して、「この王国のもっとも裕福な人間と同じように、まっとうな探求心の赴くままに、同じ権威者に教えを乞い、もっとも難解な研究にも深い洞察力をもって取り組めるようであってほしい……政府はこの点に関して、もっともリベラルで無限の援助を与える義務があると私は強く主張する」と書いている。パニッツィにとって、つつましい図書目録は単なる蔵書リスト以上のものであり、知の世界への案内役以上のものでさえあったはずだ。それは社会そのものを変える手段にもなりそうに思えた。

パニッツィは一八三七年に刊本部長に任命され、その七年後、Aという文字で始まる目録の第一巻がやっと刊行された。みんなが喜んだわけではない。「一人の司書のよそ者ならではの気まぐれが……実用的な目録（づくりの……）進行を遅らせるのは許されるべき（ではない）」と海軍史を趣味にしている学識ある紳士ニコラス・ハリス・ニコラス卿という人物が書いている。この人物は一八四六年にこの新しい目録を非難する一連の記事を『スペクテイター』誌に載せた。さらに彼はパニッツィの目録が「ひどくややこしい計画にもとづいてつくられているために、その構成に九十一もの規定が必要とされている。そのすべてとは言わないまでも、大半は記憶しておかなければならない。それからやっと、自国語のごくありきたりの本でさえ、どの頭文字から探せばよいかわかる仕掛けになっている」と批判した。

ニコラスは図書館内でのパニッツィの影響力の大きさを妬んでいたのだ。この司書に対する「よそ者ならではの気まぐれ」という露骨な当てこすりは、イタリア生まれの司書への猜疑心を図らずも露呈することになった（ほかのところでも彼はパニッツィを「帰化させてやった国の常識を侮辱するつもりなのではないか」といぶかしんでいる）。だが、ニコラスが懸念したのは、目録の出版の遅れでもなければ、その扱いにくいほどの重さでも、極端な複雑さでもなかった。彼は閲覧者の仕事がこれまでより増えることを案じていたのである。

パニッツィはこの計画の初期の段階で、目録に入れるすべての書物に「書架記号《プレスマーク》」を付加することを決めていた。現代の図書館の本に付いている請求記号と同様、後世の規範となるこの書架記号は、その本が図書館の書架（書架は一般に〝プレス〟と呼ばれていた）のどの棚にあるかを一目でわかるようにしたものである。だが、請求記号とちがって、書架記号は書物の内容の概略ではなく、その置き場所を示すものである。書架記号は分類表示ではなく、座標の位置表示である。パニッツィはニコラスに答えて、書架記号の定式化と、その意味について次のように説明している。たとえば、書架記号〝500a〟は、

その著書が500という数字のある書架のなかのaと表示された棚の上にあることを示している。500a2という記号であれば、その著作は同じ棚の二番目の場所にあることを意味し、500a/6 2 と記されていれば、500という書架のaという棚にある第二巻のなかの六番目の論文ということになる。

このような個別指導を行なうことによって、パニッツィは図書館を閲覧者にとってわかりやすいものにしたかった――これまで不可解だった司書の仕事を、閲覧者の自主性を高めるような常識に変えようとしたのである。それまでの慣行では、閲覧者はタイトルで書物を請求するだけで、司書がその書架記号を自分の目録のなかから探し出してとってきたわけで、書物はまるでゼウスの眉毛から飛び出してきたかのように魔法のごとく目の前に現われるように思われたものだった。ところが今では、書物を請求するには、閲覧者は書架記号を自分で調べ、それを記入した請求票を司書の机に提出しなければならない。ニコラスは、たとえばヒュームの『英国史』のようなごくありきたりの本を頼むのでさえ、閲覧者は目録のところまで行って、自分で書架記号を見つけ出さなくてはならないことを知った。「こういうことが義務づけられると、時間が大事な多くの文人たちは不便を感じるにちがいない」とニコラスは書いている。「公共図書館では、閲覧者にはほしい本のタイトルをはっきり示す以上のことを期待するべきではない。それ以外は司書の仕事だ」。ニコラスはパニッツィが新規の目録ばかりでなく、新規の閲覧者――ずっと自主的で、図書館システムにもっと精通した――を生み出そうとしていることに感づいた。彼はそういう革命には加担したくなかった。

ニコラスは自分の見たい本を探すために四十八巻もある目録の頁を繰るのは考えるのもいやだった。パニッツィの改革が遠い将来に目録に対する考え方そのものを——そのおびただしい分量は言うまでもなく——変えることになるだろうとは、ほとんど想像もつかなかったにちがいない。もし悪魔が彼を、イノック・ソウムズといっしょに一九九一年の英国図書館の円形閲覧室を訪ねさせていたら、ニコラスはその印刷目録のコピーが、たくさんの補遺や付記を含めて、相手をひるませそうな二千三百冊に膨れ上がって中央のデスクを取り巻いているのを目の当たりにしたであろう。

図書館の運営の改善に抵抗したのはニコラス一人だけではなかった。閲覧者への書物の配布が遅いという不満は増大し、職員の無愛想さに文句を付ける人もいた。チャールズ・ウィルコックスという名のある利用者は、書物を閲覧室からもち出した廉《かど》で禁固十二カ月を宣告された。『タイムズ』紙には、待ち時間の長さ、利用時間の短さ、新しい目録が出るのが遅いことに驚いたなどの投書が寄せられた。だが、利害の対立は避けられなかったのだ。P・R・ハリスの『大英博物館図書館史』によれば、一八三〇年から四〇年までのあいだに、登録された閲覧者数は三千人から一万六千人に増えた。一年間にこうした閲覧者が請求する書物は約二十万冊にのぼった。だが、一八四〇年代になると一日に利用する閲覧者の数は、平均二百三十人と横這いになった。これは閲覧室の収容可能な最大限の人数にほぼ近い。パニッツィの不朽の目録がようやく完成に近づいた頃には、大英博物館図書館は満杯で破裂しそうになっていたのである。

猛烈な非難をするニコラスその他の人たちは、パニッツィの仕事の進捗状態や、彼がそれにかけていた情熱を調べたり、確かめたりすることはほとんどしていない。パニッツィは一八四六年、ハリスに答えて、自著『大英博物館図書館閲覧室への刊本の供給について』を出版している。そのなかで、増大する書物と閲覧者の受け入れにあたって、図書館が直面する難題を明らかにした。また、パニッツィがこの職についてまもなくの頃、ニコラスがくれた彼の司書としての最初の改革を褒める手紙をリプリントして、巧みなジョークでニコラスに一矢を報いた。

パニッツィの敵対者たちは反撃に出た。一八四七年、王立委員会〔首相指名のメンバーにより、現行法や社会・教育の問題点、解決策を国王（もしくは女王）に答申する〕は図書館と博物館の利用者の不満について調査を開始した。議事録のなかの圧巻は、手強いトーマス・カーライルの証言だった。彼はニコラスその他といっしょになって、新しい目録作成の仕事ぶりを非難した。「われわれに必要なのは精細な目録ではない。だれにでも引けるような読みやすい目録だ」と彼は委員会を叱責した。だが、図書館にあるピューリタン革命関連の論文の利用について質問されると、「目録から得るところが大きかった」と述べて、これを賞賛した。これでパニッツィに軍配が上がった。

それらの論文の目録づくりが新たな方法論の基礎として役立っていたのだ。

王立委員会は最終的にはパニッツィの方針を支持し、おおむね妨害なしにそれを進めることを認めた。パニッツィの目録づくりの仕事は、一度出版したら終わりというのではなく、今日のすべての図書館における目録づくりと同様、継続的な仕事になった。

パニッツィの博物館支配は一八六六年まで続いた。彼はあの堂々たる円形閲覧室のある建物の統括者だった（設計は彼自身の鉛筆によるスケッチをもとにしたものである）。一八五六年に彼は館長になり、一八六九年にナイトの称号を与えられた。彼の目録作成ルールは一九五〇年代まで大英博物館にその足跡を残した。

気まぐれで、プロメテウス的イタリア人革命家アントニオ・パニッツィ卿は、帰化した国の良識に敬意を払い――学識ある貴族ばかりでなく、貧しい学生、一般庶民のための――世界でもっともすぐれた図書館の一つをつくりあげた。

## 公共図書館の誕生

パニッツィがプロメテウスよろしくこの国のために図書館建設計画に携わっていた頃、何百万という一般国民は貧困にあえいでいた。階級闘争と経済恐慌が頻発するなかで、文化的・知的エネルギーによる啓蒙の光が庶民の生活に欠けていることを進歩的エリートが認めるにつれて、公共図書館運動が英国全土を風靡するようになった。たびたびのナポレオン戦争で英国の経済は疲弊し、重税とがんじがらめの法律で一番苦労が多かったのは労働者階級である。

不況が二年目に入った一八三八年、ロンドンの急進派ウィリアム・ロヴェットは議会に「人民憲章」と呼ばれる法案を提出した。その六つの要点のなかには、男性への普通選挙権の付与、国政選挙への財産による資格制度の廃止が含まれており、これまでになく増加しつつある英国の人口の大きな部分を占める人たちに対する議会の対処を求めた。議会はロヴェットの法案を却下した。しかし、労働者階級による政治改革を目的としたチャーチスト運動が誕生し、革命の年になった一八四八年以降、英国の貧しい労働者たちの希望を明示してゆくことになる。

二百年前の英国国教会信徒と同様、チャーチストは権力も地位もない人たちが夢をかなえるためには教育が重要であることを認めていた。十九世紀半ばの英国全土で、チャーチストの図書室——協同貸出図書館が改革推進派組織のメンバーに図書を提供するもの——が急激に増えた。これが異常な人気を博したため、始終変わる蔵書リストをごくわずかの費用でメンバーに提供する商業ベースの会員制図書館とまもなく競合するようになった。既成秩序への脅威が注目を引かないわけはない。一八二五年の『ブラックウッズ・マガジン』誌は、「どんな国でも下層階級が生半可な知識を得れば、連中はそれを利用して国を滅ぼそうとするのが普通である」と書いている。だが、労働組合員のフランシス・プレイスは、読書は急進的になりやすい貧しい人たちを文化と良識と繁栄の輪のなかに引き入れ、暴徒に走ることを防ぐであろうと論じている。「人間の理解力が何かしら賞賛に値するものの追究に向けられるにつれて、知識取得願望は大きくなる。やがてその人は良識ある行動をとり、礼儀正しい言葉を話し、真面目で信用できる人物になる……型にはまった人間が消えていくにつれて、そういう人が台頭してくることはよくあるものだ」

ジェレミイ・ベンサム〔一七四八－一八三二〕とその弟子ジョン・スチュアート・ミル〔一八〇六－七三〕のような、「最大多数の最大幸福」の実現が社会の目標であるとする功利主義哲学者は、急進派との駆け引きで反発も受けているが、それでも知識量の増加は全体的には社会の利益になるとして、プレイスの説を支持している。ミルは一般庶民というものは「実践的な良識に欠け、事態の見極めが下手」だが、健全な教育を授ければ見極めのうまい、真面目で分別のある消費者、熟練した勤労意欲の高い労働者になると言う。

経済現象は、理性のひらめきによって生まれる普遍的な行動原理に左右されると思いはじめた知識階級の人たちには、知識が得やすくなれば、すべての人間は理性の原則に従って自分を高め、すべての人にとってのよりよい暮らしのために分別のある役割を演じることができるようになることがわかってきた。図書館史を書いたアリステア・ブラックは、「教育によって醸成された理性の力を身につけた一般庶民は、資本主義の原則を真理として受けとめるようになるであろう。教育は……男女を問わず、最安値の市場で物を買い、一番高値で売ることを教える……その結果、本質的に利益追求型の資本主義社会と〝一体化する〟方法を学ぶ」と書いている。そのような「計算上手」をつくることが実利主義教育の目的である。商人の図書室や会員制図書館は、最新の経済の流れのなかでどうしたらそのような行動がとれるかを教えてくれる。なぜなら、行き届いた図書館では、社会にとって価値ある書物は、ますます多くの人々が競って手にとり、利用しようとするため、どんどん増えるということに功利主義者たちは気がついたからである。個人の蔵書は読み終わったら棚の上に置かれておしまいだが、図書館の本の扉は何度も開けられる可能性を秘めている。

だが、功利主義者ならだれでも冷静に経済面からのみ計算しているわけではなかった。とりわけロマン主義運動に目を開かれたジョン・スチュアート・ミルは、図書館は常識以上のいいことを教えてくれ、喜びを与えてくれると言う。書物は修養の機会や、資本主義文化への啓発以上のものを提供してくれる。ひとときではあるが逃避もさせてくれると言うのだ。読書は安らぎと反省の時間を与えてくれ、究極的には人への思いやりの基礎となる人類に対する尊敬の念を育ててくれる。

それはみな図書館のおかげだった！　そういうわけで、一八五〇年の公共図書館法の発起人たちはこの法案の議会通過に期待していたであろう。功利主義的思考の影響力の大きさを図式化してみせたアリステア・ブラックによれば、公共図書館法案支持者の動機はもっと実利的なものだったようだ。図書館はこれまで、文化的な媒体と縁の薄かった下層階級の破壊的な衝動を他の方向へ向けさせることができるのではないかと期待された。いずれにしても、税金で賄われる公共図書館はたちまち会員制図書館やチャーチストの図書室のお株を奪った。マンチェスター公共図書館は元チャーチスト会館だったところを拠点に一八五二年に開館したもので、開館日の祝辞には階級闘争や和解といった言葉もそれとなく含まれていた。この図書館の設立発起人ジョセフ・ブラザートンは、どの階級に属している人でも「おたがいに相手を知ることがいかに必要かを学ぶであろう」と述べた。「労働者と資本家はどんなつながりがあるか、裕福な者も貧しい者も、すべての階級の利害は樫の木とアイヴィのように絡み合っていることを知らなくてはならない」。チャールズ・ディケンズもまた同じ見方をしていて、図書館で「資本家と労働者が対立する存在ではなくて、相互依存、相互援助の関係にある」ことを学べるだろうと確信していた。

## デューイの改革

ヨーロッパの革命がもたらした激痛は、アメリカにも程度はゆるやかではあるが感じられた。メルヴィル・ルイス・コシュツ・デューイの両親は、息子にハンガリーの改革者ロヨシュ・コシュツにちなんだ名前を付けた。コシュツは一八四八年の革命のあと亡命し、たちまち講演者として多大な人気を集めた人である。その年にヨーロッパ全土を席巻した社会変動で、君主制に終止符が打たれそうに見えた。それは、進取の気性に富み、世襲の支配者をとかくきびしい目で見るアメリカ人の心を惹きつけた。

デューイが生まれた一八五一年当時、北部のニューヨーク州のそのまた北西のはずれでは、革命家はとりわけ高く評価されていた。この地域は、一八三〇年のモルモン教をはじめとして数々の宗教革命がこの地で最初に火の手をあげたことから、現在でも「燎原地区《バーンド・オーヴァー・ディストリクト》」と呼ばれている。綴り字の簡素化を提唱していたデューイは、外国人を思わせる自分のミドル・ネームを省いて、ファースト・ネームもMelvilleをMelvilと短くした。だが、彼は司書、教育者、社会改革者として、「燎原地区」ならではの情熱と固い信念を、相矛盾する衝動のなかで具体化して見せる。

青年時代のデューイの野心は本物の火事によって点火された。一八六八年に自分の学校が火事になったとき、デューイは炎のくすぶる図書館から書物を救出しようとして大量の煙を吸い込んだ。その後、彼はひどく咳き込むようになり、医師は余命二年くらいと診断した。彼の伝記を書いたウェイン・ウィーガントによれば、早くから死期の迫っていることを自覚していたデューイは、残りの生涯の時間の節約にことのほか関心をもち、それが彼のすべての改革に一定のパターンを形成するようになったという。図書館職員の研修から書物の収納にいたるまで、すべてにおいてデューイが旨としたのは効率だった。効率を上げることが彼の頭にこびりついて離れなかった。彼は率先して表音綴り字法、速記、十進法を採用し、時間という膨大な資源を活用する鍵は合理化と簡素化にあると信じた。

デューイの最大の貢献は――これによって彼は有名になった――彼がまだアマースト・カレッジの学生だったときにはじまる。司書補として働いていたデューイは、蔵書の整理の悪さに苛立っていた。彼は本をうまく整理するシステムを考案しはじめた。分類という概念そのものはデューイの発案ではない。それはもう、実際に当時の図書館ならどこでも一番の関心事だった。図書館は急速に大きくなりつつあった。それぞれの本が書棚の定位置に置かれるという旧来のシステムはもはや守りきれなくなりそうだった。新しい書物がどっと増えるたびに目録全体を総点検する必要に迫られていた。

セント・ルイスのウィリアム・トーリー・ハリスはこのアイディアを盗んだ。ただし分類するのは書物ではなくて、そこに書かれている知識・情報である。この関連事項別の分類システムを使って本を探すには、書物相互の関連性をたどればよい。ハリスはベーコンの知識三分論に従い、書物を歴史、詩、哲学の三分野に分けた。学問分野をこう分けておけば、さらなる分類はやりやすい。人間の知性の働き全般にわたる知識を体系化することが可能になる。中世の時代から知識人はそのような分類法を知っていて利用してきたが、それが図書館に適用されたのはごく稀で、しかもたいていは大雑把な一般用語として使われていた（ヴァチカン図書館には宗教関連書と世俗書の二つの目録があったのは、そのような大まかな分類の仕方の一例である）。

そうこうするうちに、十九世紀になると、あちこちの図書館で大英博物館が使用しているような分類法の開発が進み、書棚には番号〝名〟が付けられ、これを頼りにかなり随意に特定の書物のありかを示すことができるようになった。デューイの新機軸は認識論的なものと数字との二つの体系を組み合わせたものだった。数字は単に収蔵システムの表示ではなく、情報分野のちがいも示している。こうして彼は十進法による簡潔な分類法を用いて、一目見てどの分野の情報であるかがわかるようにした。これにより過去に書かれた書物ばかりでなく、これから書かれるはずの本もうまく収納することが可能になるはずだった。

だが、デューイの図書館界への影響力は、図書館を運営・利用する者にさまざまなインパクトを与えたこの「十進法」にとどまらなかった。実際、図書館のあらゆる面に彼の足跡が残っている。彼は系統だった司書教育のパイオニアで、一八八七年にコロンビア大学に最初の図書館員養成コースを設置した。さらに大小の図書館に家具や事務用品（ならびに効率よく、しかも美しい総合的なインテリアデザインも）を売り歩く「ライブラリー・ビューロー」という会社まで立ち上げた。アメリカ図書館協会（ALA）の設立にも手を貸した彼は、内的にも（この仕事に期待される教育、倫理、規範）外的にも（社会における司書の総体的な役割）専門職としての司書の基準を設定した。デューイの精力的で情熱あふれる人柄、不屈の精神は、彼の名前を冠した分類法ばかりでなく、当時も、その後も彼をもっとも有名な司書にすることに貢献した。さまざまな点でこれは不幸なことだった。なぜならデューイの効率一点張り、権威や階層性至上主義、社会文化的・宗教的偏見は、今なお図書館発展の課程に影響を及ぼしているからである。

ある意味でデューイは、アメリカ図書館運動のジョン・アダムズと呼んでいいであろう。彼はアダムズの政治闘争ではけんか腰で決着をせまる押しの強さに、権威者に対する権利と義務を意識する庶民感覚を合わせもったような人物だ。一八七六年にアメリカ図書館協会のはじめての会合が開かれたとき、デューイも出席した。弱冠二十五歳の彼は最年少だったが、グループのなかにはボストン公共図書館長ジャスティン・ウィンザー（のちにハーヴァード大学の図書館長になる）やウィリアム・フレデリック・プール（この種のものではじめての『プールの定期刊行物目録』の著者）がいた。デューイは最初から彼特有の効率重視気質丸出しの言葉で、この協会の任務の定義について熱心にまくしたてた。それは学者館長であるウィンザーやプールがもっていた展望とは明らかにちがう点がいくつもあった。デューイは社会の進歩のために読書が必要だという点では二人と見解が一致していたが、読書によってどんな利益があるかについては大きな相違があった。

会議では、学者館長たちが、図書館はどういった種類の閲覧者に便宜を提供すればよいか、閲覧者にどういう書物の利用を認めるべきかを討議した。それまでは蔵書の種類や内容については暗黙の諒解があった。それは古代から受け継がれてきた文化遺産の一部だったからだ。だが、出版社が安い紙を手に入れて大量生産をする方法を知ると、それを売るために新しい読者を生み出そうとする。すると新しい種類の書物がどんどん出てくるようになった。改革志向の司書たちは一般庶民と書物のあいだをとりもち、どういう種類の読書が適切か、ガイダンスを与えたがった。デューイはこうした意欲に共感をもった。だが、その目的達成には、図書館はどんな表題の本を選ぶべきかではなく、書物をどう整理して、読者に利用しやすくするかに留意するべきであると彼は感じた。

すると問題は、すべてを標準化することであることがわかる。目録をつくるだけで

49

**26h. Pencil Dater.** A movable pad dater attached to a lead pencil; a slight motion of the hand stamps the date much plainer than it can be written, without removing the hand from the pencil. Of great service at the loan desk, where books must be charged rapidly. Devised at the Milwaukee Public Library, and adopted by many others.

Price, dater and L. B. dates, complete, 75c.

**2612. L. B. Accession and Numbering Stamp.** Used in library work for registering the accession number in books, on cards, and elsewhere, and in banks and commercial offices for numbering checks, stock certificates, etc. This machine is very exact in its operation. The figures shift automatically one number higher at each impression, as required for consecutive numbering or paging, or it can be instantly adjusted to print each number twice, or to repeat the same number indefinitely. Made specially for us. We recommend them as the best obtainable.

Selection can be made from the following face type: —

d) №1234567890

e) №1234567890

f) №1234567890

g) №1234567890

h) №1234567890

PRICES.

| | | | |
|---|---|---|---|
| 4-wheel Machine, numbering from 1 to | 9999, | . . | **$25.00** |
| 5-wheel | " " | 99999, . . | **30.00** |
| 6-wheel | " " | 999999, . . | **35.00** |

**2613. D. C. Numbering Stamp.** For users of the Decimal Classification a special stamp has been made, providing for two decimals; i. e. for five figures of the classification. Used for printing the class numbers on cards, book plates, and labels. It has not only proved a genuine labor-saver, but adds uniformity and legibility to the catalog.

Price, 2613 5-wheel, D. C. Stamp . . . . . . **$30.00**

ペンシル型日付印字器「ライブラリー・ビューロー」の1890年「カタログ」に描かれた省力装置（ワイドナー図書館蔵　B 7770.8.5.）

なく、カードの大きさ、目録を入れるキャビネットなどもすべての図書館で同じ物を使うべきだ。デューイは『アメリカン・ライブラリー・ジャーナル』誌の創刊号にこう書いている。「目録づくり、索引づくり、その他の承認を受けたさまざまな作業は、すべての図書館が一度やってしまえば、それぞれの組織にとって膨大な経費の節約になる……そうすれば、歳入のなかからもっと大きな額を図書購入費に回せる」。つまり、デューイはどこにでもある図書館を想定していたのである。実際、彼はどんな小さな村のごくわずかな住民にも利用できるような図書館が設立されるようになることを願っており、胸中に一つの理想的な図書館像を描いていたことは確かだ。彼の伝記作者ウィーガントによれば、「図書館の潜在能力を最大限に発揮させる最上の方法は、一定の基準にもとづいた質の高い資料を効率的に集め、図書館内部の手続きを共通の様式、機器、配列などで標準化することによって、いっそう効率よくサーヴィスすることであるとデューイは確信していた」という。

デューイの方針に従って組織された図書館を訪れた人にとって、館内の勝手は実にわかりやすかった。デューイは地元の関心とか、特別な需要よりも、いかにして書物が閲覧者の手に効率よく届くかを重視した。効率という決まり文句への飽くことのない、異常なまでの傾倒は――彼の考案した家具、分類法ばかりでなく、新たに発明されたカード目録の採用によって――図書館に経済的側面への目を開かせたことは否めない。だが、そのような改革を行なえば、訪問したり、閲覧したりする価値のある地方色豊かな、趣のある図書館は割を食う。

この最後の改革であるカード目録はデューイの発明ではなかった。おそらく、最初の傑出したカード目録は、エドワード・ギボンのトランプを利用した在庫票だったであろう。すでに十九世紀の半ばには、手におえないほど乱雑で、追加リストだらけの在庫目録に直面した司書たちが、みんなカードを使うようになっていた。十九世紀はじめにはもう、ウィリアム・コズウェルという名の変わり者が、ハーヴァード大学で新しい目録を編纂していたことが知られている。彼は古い目録を細く割いて、一つ一つの記入事項をテーマ別に一まとめにすることを思いついた。この作業は、司書の毎年の蔵書棚卸をやりやすくする「カード目録」の基盤になった。ハーヴァードでは一八六〇年まで、われわれが今日考えているようなカード目録に匹敵する閲覧用目録としてのカードを使用していなかった。だが、カードの利用は急速に普及し、標準化された。デューイのライブラリー・ビューローの「カタログ」の頁には、カード、収納ケース、特殊印字機その他のカード目録の維持に必要な道具がずらりと並んでいる。

だが、デューイは目録ばかりでなく、図書館内部のすべてを標準化することを考えた。もう一度ライブラリー・ビューローの「カタログ」の頁をめくってみると、デューイの図書館管理構想がありありとわかる。利用者検索台、地図立て、書棚、貸出カウンターと日付スタンプ、インク壺にペン、これだけあれば二十世紀はじめまでの図書館長ならもっとも効率のよい図書館の設備を調えるのに十分だったであろう。閲覧椅子はすっきりしたきれいな形で、細くて飾りのない足がついており、椅子の下に埃がたまらないような造りになっている。本を探すとき目に入る独自に開発された書棚、補強材、ラベルなどはどこの図書館でも一律だ。デューイのすぐれた思いつきのおかげで、図書館用の設備機器産業は拡大し、特製のラベル、本の裏表紙に付けるブックポケット、文房具、ペン先、その他の雑多な用品まで扱うようになった。このカタログは、どんなに静まり返った村の図書館でも書物を人々の手に渡すための効率のよい発動機に変える手段を提供した。これは機械化時代初期の閲覧者にとってユートピアだったであろう。

　だが、ライブラリー・ビューローの「カタログ」のこまごました記述を見て驚くことの一つは、その構成である。デューイの図書館の書物と同様、商品カタログの品物の並べ方にもまた、十進法が適用されているのである。利用者検索台は、新聞綴じ具、目録カード、印字機、地図立てなどの頁に出ているのではなく、それぞれ別の項目を引かなければならない。たとえば、二十番台は、Technical Fittings（事務用品）に当てられていて、二十六番台がstamps and daters（スタンプおよび日付印）になっており、そこからあとはアルファベット順に品物が並んでいるといった具合だ。図書館のなかでは、目録の分類システムは閲覧者にとってわかりにくかったが、その代わり、ざっと目を通せば、そこから得るものがあるような仕組みになっていた。他の図書館改革者たちも図書館利用者や購入者について同様のことを話題にしてはいたが、デューイはそれを具体化したのだった。

デューイの女性に対する態度は、図書館界に彼が与えた複雑な影響の別な一面を物語っている。ボストン・アシーニアムの図書館は一八五七年にはじめて女性を雇った。デューイはその斬新性に目をつけて、さっそく自分の改革にもこれを取り入れた。彼がコロンビア大学に創設した図書館学科の最初のクラスに女性の入学が認められた。デューイはこの措置を大学の理事会に相談せずに行なったため、それを唯一の重大な理由として、二年後にこの学部は理事会により閉鎖されてしまう（デューイはこの学部をオルバニーの州立大学に移した）。

表面的に見ると、この決断は女性の権利擁護のパイオニアのように見える。だが、伝記作者ウィーガントによれば、デューイは事実上、女性の入学許可を、彼が図書館に女性を雇うのと同じ感覚で行なっていて、それは専門職としての司書を格下げするものだったという。女性はすでに、社会的には教授職を独占していた男性を補佐するものと考えられていた。デューイは、教授その他の専門家を補佐する職業として女性司書はちょうどよい、図書館が効率よく機能するためにはこうした従属関係が必要だと考えたのである。アメリカ図書館協会の同僚たちは、司書に図書館利用者たちの読書傾向をリードする権限をもたせることを考えていたのに、デューイはそうした権限委譲を差し控えた。図書館職員は結局、書物を分類したり、それを利用者に渡したりするだけであまりにも忙しく、書物を選ぶことなどとうていできなくなってしまった。ウィーガントが言うように、デューイは事実上、「司書という職業から〝良書を選ぶ権限〟を奪い、その能力を月並みな職業の世界に限定してしまった」ことに気がついていなかった。

## 新時代の司書の資質

デューイの時代、これと対照的に、他の司書たちは自分の職業を〝良書〟を選ぶ権威者という意味で天職だと考える楽観的意識が何より強かった。この職業仲間の世界以外でさえ、すべての人類によりよい文化の分け前をというプロメテウス的な衝動はすでに、あふれるようなたくさんの書物を読者の手になんとかして届けようとする使命感として表出しつつあった。新たな読者がみな困惑したように、急成長しつつある十九世紀の図書館を目の前にした学生たちが抱える難題に、ラルフ・ウォルドー・エマソン〔一八〇三－八二〕ほど深い関心をもった人はいなかったであろう。一八六八年にエマソンはハーヴァード大学理事会への報告に、重みに耐えかねたような書棚の迷路のガイド役となる〝書物の教授〟といった新しい人物が必要であると書いている。学生たちは、自分の無知を思い知らされるたくさんの書物に撃退されて、図書館から逃げ出す――そのまさにたくさんの書物は、これこそ自分の求めていた情報や知識だと思う青年から凝視されないようにひっそりと身を隠している。だれか親切な学者が、青年の真摯な好奇心を憐れに思い……教室に案内して、まさに彼のためにだけ書いてくれた本の著者自身に引き合わせてくれないものだろうか。図書館カウンセラーのような紳士が机に座っていて、著者や本の内容について訊ねることができるといいのだが。

エマソンのハーヴァード大学学生の窮状に対する憐れみは、十九世紀の司書が途方にくれた閲覧者全体に対して抱いた気づかいを反映している。ギリシア神話のプロメテウスの憐れみは彼の人類に対する愛から生まれたように、『アメリカン・ライブラリー・ジャーナル』誌創刊号に掲載された神話も、閲覧者の便宜をはかることばかりでなく、その心にまで影響を与えようと奮励努力する神官めいた司書の理想像が描かれている。

植民地時代、連邦時代を通して、アメリカ人の識字率は高かった。一七三一年、ベンジャミン・フランクリン〔一七〇六－九〇〕と彼の率いるフィラデルフィア文芸協会〝ジュント〟は、図書館会社をつくり、農村部の人にも書物に接する機会を提供した。一八〇七年にはボストン・アシーニアムが創設され、それ以降、図書館や読書サークルは、勇み足の民主主義者もいれば、しゃちこばったエリートもいる大小の都市部に続々と出現した。だが、一八〇〇年代はじめのアメリカは急成長し、変化も激しかった。こうした初期の知識人の子孫たちは、当時のヨーロッパの知識人と同様、一般庶民の読書水準が全体的に見て下降傾向にあることを憂慮していた。

一例を挙げると、マサチューセッツ州クインシーの公共図書館長チャールズ・フランシス・アダムズ〔一八〇七－七九〕は、思いついた平易な言葉で同僚たちの注意を促した。公立学校では生徒に「読むこと」は教えるが、「どう読むか」は教えないと指摘したのである。この上なく便利になった図書館がもつ危険は明らかだった。『アメリカン・ライブラリー・ジャーナル』誌創刊号にアダムズはこう書いている。無料で利用できる図書館がさまざまな機会を与えてくれても、一般庶民は戸惑うばかりであろう。読み物の種類の多さにたじろぎ、最上のすぐれた書物をどうやって見つけ、読んだらいいのかわからず、潜在能力を発揮できないまま、満たされない思いで図書館を出る。アダムズはその危険と困難を中毒症状に喩える。「あとに何も残らない、軽い、面白い本だけ読むのはとても楽で、気分もいい。そういう本がたくさんあればあるほど結構で、噛みタバコが手放せないとか、四六時中タバコを吸うとか、お茶やコーヒー、酒などの刺激物に依存するなどという習慣を断ち切れないのと同じくらいやみつきになる」

同じ問題について、ウィリアム・フレデリック・プール（シカゴ公共図書館長だった）も喫煙と読書の習慣の類似性を挙げている。だが、プールはタバコを必ずしも否定的な意味で引き合いに出しているのではない。「私はタバコを吸いながらミルトンを読む。動機は同じだ。そのどちらもが私の父にあれほど多くの楽しみを与えてくれた深遠な魅力とは何なのか知るためである」。だが、タバコについての最初の不愉快な印象のせいで、その魅力についてそれ以上考えるのをやめてしまう人があまりにも多いことをプールは認めている。それは読書についても言える――早くから固いものを食べすぎると、新しい読書家はすぐに元読書家になってしまうのだ。だが、プールとアダムズはタバコについては意見がちがうかもしれないが、読書の習慣やその成果については完全に同意している点が、新式の図書館を軽蔑しているインテリ・エリートとちがう。エリート氏は、いい本があまりない、われわれの書いた本がろくにないと言うかもしれない。確かにそういう本はあまりない。エリートは本を書くスピードが遅いから、安っぽくて低俗な、〝スパイスの効いた〟本の海のなかでは影が薄くて、生き延びられないのだ。だが、プールはエリート読者自身の好みだっていつでも深遠であるはずがないことを気づかせる。

知性を誇りとする学者は、子供部屋で読んでもらったお話、少年の日に大喜びで楽しんだ冒険物語、青年時代に涙を流して読んだ哀愁に満ちた小説など、自分の精神が徐々に段階を踏んで発達してきたことを忘れている。一般庶民というものは、学者が異議を申し立てるような本が手に入らなければ、おすすめ本を読むはずだと思うであろうが、それは間違っている。そういう見立ては止めたまえ。人は本を一冊も読まなくなるだろうから。

のちに彼はこうも書いている。

生涯の一時期、たいていはその青年時代に、無我夢中で小説を読んだことがあると告白しないような文化人に会ったことがない……私の観察によれば……のちに文化人として名声を博したような人はだれでも、ある時期、小説を読みたくてたまらなくなり、我を忘れて小説を読んだことが心の成長を促したと確信をもつようになった。そうした欲望が充足されると、青年は無事にその時期を通過し、より広い学問の分野へと出て行き、そのような欲望が最初のときと同じような形で蘇ることは決してない。

エリート読者の成育過程——本好きの習慣の成長・発達——はプールには読書の総合的なあり方を理想的な形で表わしているように思えた。十九世紀の読書の範囲は非常に広く、出版社や企業家精神あふれる著者たちがさまざまなレベルや立場、性差を反映する本好き仲間の輪のようなものを形成しており、それが司書の管理のもとでしだいに啓発された個々の読者によって徐々に変化していた。前述の学者がおとぎ話から始まって、冒険物語、ロマンス小説、伝記、旅行記、歴史書へと読書範囲を広げていくのと同じように、新しい読者も成長し、社会もそれに伴って変化していくであろう。個々の読者が今、どの成育段階にいるかを見極めるのは、司書ならではの重要な仕事であり、読者の人生において司書が果たす大事な役割でもある。乳母が幼児を育てるように、司書は読者を育てる。読者は本を読み、司書は読者の心を読むのである。

フィラデルフィア図書館会社のロイド・P・スミスは、「司書の資格」のなかで、元祖プロメテウスに匹敵するような積極性と才能について述べている。彼の言う司書とは、知的な働き手で、何も知らない読者という土くれを教養あるエリートという貴金属に変えていく、それなりの覚悟のできた人を指す。古典語、現代語に通じていて、専門分野の最新の学識にも明るく、上手に寄付を集めることができ、規律には厳格だが社交的で愛想のよい人、とりわけ「文学作品をむさぼり読む人《ヘルオ・リブロルウム》」でなければならないとスミスは言う。「学問研究の足りない教師」は応募する必要なし。彼は別のラテン語の一節を引用して、「こうした資質は大体において親譲りのものである」と言う。「文学を愛する心は……先祖代々のものでなくてはならない。特権階級《バラモン》でなくてはだめだ」。典型的な神話の人プロメテウスではなくて、十九世紀後半のバラモンとは何者であるのか？ 人々の上に立つかつての権力者である一方、産業界の大立者や複雑で細分化された、押し付けがましい政府の統治者なのか？ スミスの言う司書は、副牧師になりそこなった人か、終身在職権のない教授のような人物かもしれないが、出世しそこなった理由は何であれ、学問や知識のある、生まれながらに文化的環境に育った人だ。こういう人が一般庶民のもとへ学問の灯火をもたらすプロメテウスなのだ。スミスに言わせれば、こうした階級の才能はすべて、読者にとって健全な文化的環境をつくるという難事に注ぐ必要がある。その道具はすべて、たった一つの理想の追究に使われなければならない。すべての読書は、社会の進歩と、そのなかに生活する個人をうまく結びつけるという何より大切な目的のために役立たなければならない。

おそらく、司書が自分の責任において読者を育成する才能をもっともきらびやかに想定してみせたのは、マサチューセッツ州中部の都市ウースターの無料公共図書館のサミュエル・S・グリーンである。彼が一種の斬新な声明書のような形で出したエッセイ、「司書と読者との個人的な関係」と題する一文は、エピソード風に、目標達成のために必要な最小限度のことを述べたもので、司書の生活の典型的な一日を一連の小さな挿絵風にまとめたものにすぎないが、グリーン流の司書とは、ウィンザーのような進歩への情熱、プールのような思いやりに満ちた活力、スミスのような貴族風の厳粛さを併せもった人だった。

まず第一は、来館者を知ることである。「学者や社会的地位の高い人たち［どちらも図書館の昔からの利用者］が図書館に来るときは大きな顔をしている……もっとつつましい人生を送っている控えめな人たちや、しつけのよい少年少女らは、思っていることを自由に口に出す気持ちになる前に、励ましてやる必要がある」。だが、グリーン流の司書生活の後半のエピソードでは、問題は司書の優柔不断にあるのではなく、賢い頭の使い方にあることがわかる。彼らは思っていることが言えないのではなくて、本当は自分が何を必要としているかわからないのである。この欠陥を補ってやれるかどうかは司書しだいである。

職人が図書館にくれば、サンプルや写真を探すだろう。標準的な資料を知っていれば、余計なコメントは付けずにそれらを出してやればよい。もし小学生の女の子が物差しの起源について調べにきたら、ちょいと学校教師を気どって、背中を押してやる必要がある。まずは資料がありそうな方向を指差すだけにとどめ、若い読者が戸惑いを示すまで待つ。それから適切なものを教えてやるのである。そうしたやさしい指導と実地訓練によって、少女はじきに自分自身の進む道を発見するようになる。けれども、「仕事で忙しいが、一時間くらいなら図書館で過ごすのも悪くない」と思ってやってくる、家を建てようとしている市民には、別な対応が要る。「司書はほしがっている情報が入っている書物をとってきて、適切な頁を開いて読者に手渡さなければならない」。司書は来館者のニーズや能力に気配りが必要なのだ。政治討論においてさえ、グリーンは司書が適切な討論者に適切な著書を提供することが決議への早道になると明言している。

新しいタイプの図書館の管理人は、総体的に地域社会の進歩の案内人ではあっても、その手は見えないようにするべきである。その指は政治・経済の脈動ばかりでなく、学芸・文化の役割やスタイルにも触れているのだから。司書自身の膨大な知識の蓄積は、図書館の蔵書の助けを借りなくても、十分事足りる場合もあるであろう。「『私たちがよく見かけるあの小さな胸像は、〝クリュテ〟と普通呼ばれていますけれど、〝クリュティエ〟が正しいのではございませんか?』とある若い貴婦人が訊ねたとする。司書は『確かにそうです』と答える」。図書館員はクリュティエが太陽神アポロにひそかに思いを寄せていたニンフで、空の太陽の動きをあまりにもじっと見つめ続けたため、ヒマワリになってしまったことを、辞書を引かなくてもすぐに思い出せるからである。

ミュージカル『マイ・フェア・レディ』に登場する音声学者ヘンリー・ヒギンズ教授のように、司書は読者の口から飛び出す最初の一言で、その人物が知性という地図のどんな村、生活環境、街並みの出身者かわかるのである。だが、周辺のさまざまな地域からの道はすべて、知識、進歩、洗練された感覚という同じ永遠の都に通じている。このような本質的に異なる大勢の読者の〝尊敬と信頼〟を得ることによって、「学問への愛を奨励する機会」が与えられ、「図書館の実際の利用者が必要としている本を探し出し」、それによって地域社会のなかで図書館の受けをいっそうよくする。図書館の本は、「緻密さも精神的な感受性の度合いもちがい、さまざまなことへの対処の仕方も異なる人が利用することを前提にしている」。スミスの資質カタログには、かみそりのように鋭い社会的知性と、人の成育には予想のつかない変動があるものだという認識を付け加えなければならない。

ここで再び、図書館という宝庫全体が単純な問題に関わらざるをえなくなる。人々は適切な本を読まないのだ。図書館は必要ならどんな手段を使ってでも、この病を治したいとひたすら励まざるをえない。「貸出部門には、司書補のなかで一番老練な部類に入る人を置きなさい」とグリーンは書いている。

たとえば、ある程度の教養がある女性で、想像力をかきたてるような作品が大好きだが、その好みは教養ある人にふさわしく……性格的には博愛精神が脈打っているようであれば好ましい……そうしたら、その司書補には、何か決まった仕事をあてがって雇っておき、読むべき本の選択について彼女の助言を求められたら、すぐに手を休めて、それに応じられるようにさせるとよい……彼女には助言を求めてくる人にはだれにでも、喜んで読んでもらえるような最上の本を提供できるように仕向けよ。

「喜んで読んでもらえるような最上の本」——それを読んでもらうようにうまく勧めるにはかなりの助言が必要であるとすれば、なおさら好都合だ。何も助言しないことは許されない。粘り強くやることが大事である。「商店主は客が何も買わずに店を出るのを快しとしないように、司書も質問者が答えを得られないまま図書館を去るのを許したくないはずだ」

スミスと同様、グリーンは貴族然とした司書を想定している。だが、貴族然としたと言っても、古いものと新しいもののあいだ、古い文学への愛と現代ソーシャルワーカーの必要とする情報のあいだで今にも引き裂かれそうな人物である。同時代の司書はみな同じように、古い文化から受ける感動と、新しい文化に対する専門職としての抱負のあいだで板ばさみになる。

一八九〇年の『ハーパーズ・ウィークリー』誌に匿名で寄稿された「きりがないこと」はこう始まる。「司書の職務《ライブラリアンシップ》は、他のどんな職業よりもずっとすばらしい頭の体操用の運動場を提供する」。だが主人公はそれに安住していられないことがすぐにわかる。司書は読者の初々しい衝動を高尚な文化的センスへと生まれ変わらせる手伝いをする時間も気持ちの余裕もない。そのような心温まる親密な行為をするには忙しすぎる。なぜなら、来館者のあらゆる気まぐれにサーヴィスしようと貸出デスクに座っているあいだにも、「いつ果てるともわからないフランス戯曲集の四〇一〇番目の目録づくりもしなければならないからだ」。こうして初っ端から無念さを嚙み締めながらも、司書はその仕事よりも利用者の質問に答えるほうを好んでいるように見える。「大学二年生の一団がどっと群れをなして図書館に勢いよく走り込んでくると、司書の意識はパリを出て半世紀をひとまたぎして方向転換し」、モリエールの世界から改革志向の図書館の領域に戻る。この司書はその行程には何の関心もないことがたちまち明らかになる。二年生は入ってくるなり口々にこう訊ねる。

「ロング・アイランド水道の海図がほしいのですけれど」

「この本全部、貸し出し期間を更新してもらえます？」

「ミルトンの作品のどこに黄金半島のことが書いてありますか？」

「ウッドチャック〔北米産のリス〕について調べたいのですが」

「スクリブナー先生はいらっしゃいますか?」

この二年生の一団のてんでんばらばらぶりは、まあ耐えられそうだ。一斉にわっとものを言うにしても、間違いなく礼儀正しい。だが、語り手は自分の尊大さを懸命に抑えながらも、自分の仕事の二つの世界のあいだに、どんなに深い裂け目があるかを明らかにする。一方で文献や学術分野の探偵のような仕事を満喫し、他方でレファレンス・デスクに鎖で繋がれた公務員か代書人の役割を演じざるをえない。

二年生たちが去ると、司書は文献検索の夢想の世界に戻る。「Les suites d'un marriage de raison ..par MM. Dartois, Leon Brunswick et Lhéric［ママ］。さて、これを目録に載せるには、まず著者全員を確認しなくてはならない……」。だが、すぐにまた、来館者に邪魔される――「きりがないこと」に登場する来館者は、間抜けや詐欺師や不満分子たちだ。ある男は女家主のシャモの飼育を手伝おうとしている。別の男は自分の手書きの解読を手伝ってくれる人を探している。ある学生はフランシス・ベーコンの『新アトランティス』〔寓話形式の政治哲学論〕を雑誌の記事だと思っているし、別の学生はバイロンについての論文を、自分に代わって司書に書いてもらいたがっている。司書に何か特別分野の〝ガクモン〟に造詣が深いのかと訊ねる人もいれば、自分の下宿代の計算をしてくれと言う学生もいる。

司書は自分の肝臓をハゲワシに絶えず突かれながらも、こつこつ仕事を続ける。そしてやっと、重要な証拠を特定して、自分の調べていた劇作家Lhérisは、実はLévyという人だと確信する頃には、「ペンキ塗りの窓枠越しに……悲しげに差し込む」傾きかけた太陽の光が、図書館に渦巻く埃と混ざり合う。ここで語り手は自分の職場に教会のような雰囲気を添える——懺悔は一日じゅう聖職者の頭にこびりつき、賛美歌の詠唱にも救いは見いだせそうもない。「ささやかなフランスの戯曲はようやく、著者カード、件名カード、相関索引など、すべてを目録に載せた」と彼は次のように結んでいる。

DartoisとLévy兄弟というのは、よほど多産系だったと見え、ともすると、共著者として彼らの名前は主要目録では非常にややこしく、わかりにくい。ところがある日、Dartoisとは、実はFrançois Victor Armand d'Artois de Bournonvilleという名であることを偶然に発見し、この仕事をはじめからやり直す羽目になった。

この『ハーパーズ』誌の一文に登場する司書は、プールやウィンザーのようなパイオニアが提示した理想像とそっくりである。まったく同じ問題を目の前にして——というよりも、それに悩みながら——仕事柄やむをえない努力だと自嘲しつつも、これを専門性発揮のチャンスに変えようとはしない。そのくせ、パイオニアたちが昔の司書の悪徳としてあげつらった——嫉妬深さ、尊大さ、様変わりした図書館での自分の地位の低さに対する恨みは後生大事にもっている——そこではなんと、無分別でまったく文字の読めない人にまで、だれにでも無料で書物を提供しているのだ。図書館サーヴィスの様変わりした背景をうんざりするほどよく知っている彼は、この仕事を象《かたど》った進歩的な鋳型に塡め込まれるのを拒否するのだ。

ライブラリー・ビューローの一八九〇年版の「カタログ」には図書目録の主目的は、利用者が読みたい本をできるだけ速く探し出せるようにするためであるとはっきり書かれている。初代プロメテウス的図書館長だったパニッツィが、十九世紀初頭に大英博物館の目録の改革を始めたときに主張したのも、まさにその点だった。しかし、十九世紀末には、目録はつくられただけで終わってしまい、適切な本を探す読者は、相変わらず邪魔者扱いされるだけだった。

彼の同僚、先生たちが若かった頃には、専門家たちのあいだで、読書傾向の発達段階には階級別のちがいがあるという想定がまたもや神話化されていた（これ自体が空想の産物だ——なぜなら、裕福な人も貧乏人も、同じように安っぽく低俗な、〝スパイスの効いた〟本を好んだからである）。その過程において、彼らは自分がまるで知性ある医者であるかのように、読者の発達段階を分類し、彼らを精神の一時的異常者と診断して治療しようとした。

だが、「きりがないこと」では、そうした段階説神話はカットされ、残るのは、個人主義化した社会集団の成員たちである。個々の読者は他の読者とつながりはなく、司書は読者のだれともつながりがない。「きりがないこと」の登場人物たちは、自分自身のささいな弱点によって窮地に陥っている。そして司書はこつこつと目録をつくりながら、読者がそれを利用する知的意欲に欠けていることに気づいているところは、明らかに現代的なのである。司書は特定分野に関する知識、情報へのアクセスといった大力無双の才能を人々に利用してもらうように仕向けたいが、その希望はかなえられそうもない。結局、司書は文化的センスの形成に手を貸すことはほとんど不可能であろう。なぜなら、文化的センスは、現代人の生活のなかにある種々雑多な刺激、気晴らし、障害物など、もっと大きな環境要因の気まぐれに左右されるからである。

# 第6章　知的遺産の焼失

## 「本を焼くところでは、やがて人を焼く」

十九世紀が図書館の建設の時代だとすれば、二十世紀はその破壊の時代だった。焚書はもちろん、二十世紀にはじめて行なわれたことではない。焚書騒動は、アレクサンドリアからテノチティトランまで、カッパドキアからカタロニアまで、中国の秦王朝から英国の修道院の崩壊にいたるまで、図書館の歴史にまつわりついている。

だが、二十世紀には、書物の破壊も、破壊の誇大宣伝にも新手が導入され、そのやり方も巧妙になった。二十世紀末には、形ある書物が突然、姿を消した。まず、テキストが粒子の粗い不透明なマイクロフィルムのなかに消え、やがてインターネット上でピクセル化されて天空を飛び交うようになった。それは、二つの世界大戦中のすさまじい書物冒瀆の再開に始まったと言っても言い過ぎではないであろう。

「本を焼くところでは、やがて人を焼く」というハインリヒ・ハイネの言葉は、後世の書物破壊、とりわけ一九三三年のナチによる焚書の説明によく引用される。けれどもこれは、十九世紀のドイツの詩人ハイネが、十五世紀のスペインとポルトガルの焚書について（『アルマンスール、ある悲劇』のなかで）言っていることだ。だが、全体主義と全面戦争の時代だった二十世紀に図書館を焼くことは、書物破壊の唯一の方法ではないことが判明した。

## ルーヴェン図書館の悲運

一九一四年八月二十五日、ドイツ軍はベルギー侵攻後二週間も経たないうちに大学都市ルーヴェン〔ブリュッセル東北東二十七キロ〕に入った。ベルギー軍がこの都市《まち》をあえて防衛しなかったのは、この地がゴシック様式の美術と建築、壮麗な大学図書館など、ユニークな建造物の宝庫であることから国際法上の保護を受け、敵の攻撃を受ける恐れのない非武装都市宣言をしていたためだ。かつてブラバント大公領だった中世のルーヴェンは繊維産業で栄えていたが、十五世紀になると衰退しはじめた。だが、この都市は一四二五年の教皇令により、大学設立が認められたおかげで窮状を脱した。新設のルーヴェン大学は北海沿岸低地帯〔現在のベルギー、ルクセンブルク、オランダ〕ばかりでなく、フランスやドイツからも学生を引き寄せ、町はたちまち学問文化の国際的中心地になった。

大学が書物を必要としたためもあって、ルーヴェンはベルギーの印刷業の本拠地にもなった。ベルギー最初の印刷業者ジャン・ド・ウェストファリは一四七四年から九六年までのあいだに、毎年、五、六冊の本を刊行した。印刷業者が大学学長の法的保護下に入れられて以来、役所による検閲や王侯パトロンたちの気まぐれな干渉から比較的自由なこの町は書物取引には絶好の安全地帯になっていた。尖塔と書店のあるフランドル風のこの町は著名な学者たちを惹きつけた。なかでも有名なエラスムスは、一五一七年から二一年までこのルーヴェンをわが町と呼んだ。彼はこの大学に正式に所属してはいなかったが、ヘブライ語、ギリシア語、ラテン語で厳格な哲学教育を行なう人文系の「三カ国語大学」の設立に協力した。この時期にルーヴェン大学の小さな図書室は、町の書物商が集めた図書を中心に充実しはじめた。

だが、専用の建物ができたのは、一七三〇年に三千五百冊の寄贈図書で急膨張してからである。一九一四年八月までには、五百年にわたり中断されることがなかった知的活動の成果である約七万冊の書籍と三百冊の写本がこの図書館に収められていた。収蔵物はほかにも、三百五十冊の初期印刷本《インキュナブラ》、初期に印刷された聖書の一連のシリーズ、ジェスイット会のたくさんの稀少本、北海沿岸低地帯の国々における宗教改革関連の豊富な資料、三十年戦争とルイ十四世によるベルギー侵攻時代の政治関連の小冊子、ドイツの聖職者・神秘主義者トマス・ア・ケンピス〔一三七九－一四七一〕の自筆原稿、大学自体の重要資料などがあった。

ドイツ軍がルーヴェンに侵攻すると、怒った市民たちは占領軍に反抗しはじめた。

ドイツ軍はただちにすさまじい反撃に出た。一九一四年八月三十日付の『ニューヨーク・タイムズ』紙によれば、「ルーヴェンの東側の村々に対して、一連の猛烈な報復攻撃があり、ティエレモントの一部がドイツ軍により焼き払われた」。市民からの攻撃を防ぐため、ドイツ軍はルーヴェン入城に際して、「市長と二人の著名な市民を人質にとった……人質の一人の息子で十五、六歳くらいの少年が、立ち上がってドイツ軍指揮官に話しかけた……突如、この少年は拳銃を抜き、その指揮官を射殺した」。この発砲は明らかに近くに潜んでいたパルチザンへの合図で、「ただちに広場を取り囲む建物の屋根や窓から一斉射撃が始まったと言われる」。だが、目撃したベルギー人たちの話はちがう。「ばらばらになって」撤退するドイツ軍が、誤ってルーヴェンにいる友軍を撃ち、数人のドイツ兵が死んだという（ロンドン『タイムズ』紙八月二十八日付）。

　ドイツ兵を撃ったのがだれであろうと、ドイツ軍はルーヴェンを見せしめにすることに決めた。彼らはまず人質を射殺。次に、「住民は家から退去するように命じられ……兵隊たちは爆発物を仕掛けて市街のすべてを焼き尽くした」。ルーヴェンの比類のないゴシック様式の建造物、かけがえのない美術品、すばらしい図書館は徹底的に破壊された。「人口四万五千人を擁する北海沿岸低地帯の知識人の母都であったこの町はいまや、灰の山になってしまった」と『タイムズ』紙は報じている。

ドイツ政府は、ベルギー市民が後衛部隊を待ち伏せし、戦場で負傷兵の眼をえぐりだすような残虐行為をしたと言いがかりをつけて、ルーヴェンの焼き討ちを軍事上やむをえない行為だったと正当化し、「わが軍が占領したすべての地方におけるベルギー市民の野蛮な態度にわれわれが厳しい手段をとったのは当然であるばかりでなく、こちらが生き残るためのやむをえない措置だった」と主張した。

協商国側はもちろん、別の見方をしていて、「ドイツ軍の行為は文明に対する裏切りである」と、八月二十九日付のロンドンの『デイリー・クロニクル』紙は書いている。「非戦闘員に対する攻撃はすこぶる悪いことではあるが、それ以上に、これは後々の人類に対する戦争だ」。ドイツ軍がこの都市で猛威を振るった八日後、「周辺の田園地帯にまで、半分焼けた原稿や書物の切れ端が風に吹かれて飛んできた」という目撃者の記録がある。だが、難を免れた写本もあった。教授の一人が研究用に図書館から借りていたものを、ドイツ軍がこの都市を占領する前に、もって逃げた。避難民の列に混じって重い足どりで歩いていた彼は、ヘントの近くの庭園で足を止め、「小さな鉄の金庫にそれを入れて」埋めた。この写本が図書館に返還されたか、あるいは再発見されたかについては何の記録もない。おそらく戦前のルーヴェンの立派な図書館にあった最後の書物は、いまだに隠れた図書館である鉄の箱に入れられたまま眠っているのかもしれない。

戦後まもなく、アメリカの寄贈者団体が図書館の再建委員会を設立し、寄付金を集め、新しい建物を設計するため建築家ホイットニー・ワレンを雇った。だが、このプロジェクトは最初から論争を引き起こした。ルーヴェン市とその大学を監督するマリーヌの大司教であったメルシエ枢機卿は、建物の高欄にFurore Teutonico Diruta/Dono Americano Restituta（ドイツ人の狂気で破壊され、アメリカ人の好意によって再建された）という碑文を刻印するようにワレンに命じた。枢機卿は図書館が建築される前に死去し、大学学長ラデウズはこの碑文は不適切だと考えた。いずれにせよ、学生のなかにはつねにドイツ人がいるし、大学の教授陣はドイツの大学の同僚たちと学問上の交流が欠かせなかったからだ。ラデウズは、大学の使命は好戦的愛国主義ではなく、むしろ、ヨーロッパのすべての国々共通の学問文化の宝庫であり、苗床であるべきだと感じていた。

だが、メルシエ枢機卿の一途な思いはすでにワレンの図書館設計に組み込まれていた。アメリカ人再建委員会がつくったパンフレットには、正面の彫像は「悪霊を退治する聖ゲオルギウスと聖ミカエルに支えられた勝利の女神」に焦点を合わせたものになるだろうと書かれていた。また装飾プランには、図書館の破壊シーンと、戦争のヒーローであった「国王、王妃とメルシエ枢機卿」の胸像が含まれていた。そして高欄にはドイツ軍の恥ずべき行為を刻んだ碑文とともにベルギーとアメリカの紋章も刻印されることになっていた。おまけに、チャイムは「フランドル地方のどの町にもあるから」という理由で、組鐘《カリヨン》〔教会の鐘楼につりさげられ、鍵盤や時計仕掛けの装置によって奏される一組の鐘〕まで設置されることになっていた。だが、そのカリヨンがまたユニークで、「毎時……名誉、人権、正義が永続するように、大戦で戦った国々の国歌――〝星条旗よ永遠なれ〟〝ラ・マルセイエーズ〟〝ゴッド・セイブ・ザ・キング〟〝ブラバンソンヌ〟のメロディーが鳴り出す仕組みになっていた」。

だが、ラデウズ学長は図書館が好戦的愛国主義者のミュージック・ボックスになるのを怖れて、自制を強く呼びかけた。やがて完成した図書館はワレンの基本設計に従ったものだったが、カリヨンによる国歌演奏、勝利国の紋章、ドイツ軍の非行を非難する刻印など、故メルシエ枢機卿が好んだと思われる好戦的愛国主義の要素はすべて取り除かれていた。パンフレットでは新しい図書館の鐘楼は「あたりを制するように聳え立つ」であろうと記され――この一句にだけアメリカ人委員会好みの念願が成就した。

人文主義者としての人生観を反映させた大学の学長兼図書館長であったラデウズは第二次世界大戦直前に死去した。一九四〇年五月十六日、ドイツ軍が再びベルギーへ侵攻したとき、最初に目にしたルーヴェンの光景は市街の樹木と屋根の上に聳える図書館の鐘楼だった。世代替わりしていたルーヴェンの市民たちは、容赦ないドイツ軍の砲撃を受けてすでに逃げ出していた。だが、この町は今回、ダンケルクと英仏海峡への撤退を準備していた英国軍の駐屯地があったために攻撃目標にされていたのだ。

その日の午後、ドイツ軍砲兵隊は図書館の鐘楼に砲火を浴びせた。近くの町の議員だった目撃者の話によると、ドイツ軍将校からあれが図書館のカリヨンかと訊かれ、そのあと、この将校の部隊が鐘楼に砲弾を撃ち込むのを見たという。他の目撃者たちは、鐘楼が二回に分けて集中攻撃を浴び、いずれも三十分ほど続いたのを見たという。曳光弾《えいこう》〔輝く燐光を曳き、正確な目標命中と延焼を効率よくする砲弾〕がこの建物に撃ち込まれた。屋根を突き破った砲弾は天井裏部屋の書籍に火をつけ、しだいに勢いを増す猛火により大展示室のガラスの床が溶けた。スチームパイプを伝って溶けて流れ落ちたガラスは地下室の写本保存室と稀少本収納庫に火を拡げた。その後、溶けたガラスは冷えて固まり、焼け崩れた書架のあいだに垂れ下がる鍾乳石のように光り輝いた。「建物全体が見る影もなく、徹底的に破壊された」と、新学長ヴァン・ウェイエンベルクは書いている。「鉄の梁や金属製の枠組みがひし曲げられ、ひっくり返され、本棚が倒れ、あちこちに灰になった書籍がそのままの場所に残っているというすさまじい光景」だったという。だが、図書館の近くの住居や建造物は残っていた。ドイツ軍は意図的に図書館の破壊を狙ったらしい。

攻撃後の数日、ドイツ軍は図書館の火災は英軍のしわざだと証明しようとあせっていたように思われる。何人かの目撃者は、図書館に最初の火の手が上がったのは英軍が撤退する前の早朝だったと言う。地下室の書架からの爆発火災が主要通路の石材の床をぶち抜いたのは、英軍が地下室に爆発物を仕掛けた証拠だと、ドイツ軍はのちに指摘した。ドイツの新聞は、専門家が建物内の十二カ所に放火の痕跡を発見したと報じた。ルーヴェン占領軍司令部のドイツ軍将校たちは、学長ヴァン・ウェイエンベルクと図書館長エティエンヌ・ヴァン・コーウェンベルク教授を呼びつけ、いくつかの扉に見つかった染みは英国軍が火をつけ、炎を煽るために用いた可燃物の証拠だとし、これを認めよと迫った。この二人には、染みはニスが火炎の熱で膨張し、溶けて流れたもののように見えた。この図書館長を尋問した将校は、図書の輸送に用いた木箱——日本から送られたもの——は、実際はガソリン缶入りだったと証言するように迫った。図書館長はこれを拒否したと、のちに証言している。いずれにせよ、ドイツ軍は英国軍に責任を押し付けた。

ドイツ軍はなぜ再び図書館を標的にしたのだろうか？　彼らはベルギー軍や英軍の狙撃手あるいは着弾監視兵に利用されないように鐘楼を倒そうとしたのかもしれない。実際、学長はベルギー戦争犯罪調査委員会に対し次のように証言している（ルーヴェン図書館についての報告書は一九四六年に出版された）。ドイツ軍が攻撃する前に、図書館の守衛が鐘楼から東のほうを双眼鏡で覗いている二人のベルギー兵を発見した。

守衛は彼らに無益に図書館を危険にさらさないために退去を命じた（守衛に言わせると、兵士たちの視界はよくなく、上官に情報を伝える無線機その他の手段をもっていなかった）。だが、ドイツ軍は、英軍のしわざだと話をでっち上げなくても攻撃を正当化できたであろうに、鐘楼が監視塔であったとはひとことも言っていない。

一九四六年の戦争犯罪調査委員会報告には別の説明がある。ドイツ軍砲兵隊にルーヴェン郊外の家を接収されたエミール・ヴァン・ケンメルベクは次のように証言している。

ドイツ軍は砲撃指揮用の一台の車両をもっていた。この車両は私の家の庭に置かれ、私はそれに近づくことを禁止されていた。［しばらくして］彼らは私を食事に誘った……食事中に、一人のドイツ軍将校が私に、Furore Teutonico（ドイツ人の狂気）という刻印はまだ図書館の外側に残っているかと訊ねた。私はそんなものはないと言ったが、この将校はあるはずだと主張した。

一九四六年に調査委員会が集めたこの目撃者その他の証人の証言が信用できるとすれば、ドイツ軍将校たちは図書館が建築家ワレンやメルシエ枢機卿が意図したように、連合国軍の勝利——ドイツ軍にとっては屈辱——の記念碑だと信じていたようだ。

ドイツ軍がルーヴェンの図書館をあしざまに言う理由は他にもあった。新しい図書館の建物が市の灰から再建され、新たに蔵書の収集も行なわれたと言うが、第一次世界大戦後のベルギー各地の図書館は、降伏したドイツから没収した書物で書架を埋めたのだ。ルーヴェンの図書館は、初期印刷本《インキュナブラ》や中世の写本を含む豊富なコレクションを再び所蔵するようになったが、これらのコレクションの大半はドイツの図書館から接収されたものだった。だが、あの明るい、花盛りの五月の朝、ヴァン・ケンメルベクに話しかけたドイツ軍将校たちは盗まれたドイツの書籍にはまったく触れなかった。ルーヴェンの図書館所蔵の多くのユニークな文物のなかに我慢できないものが一つあるはずだと信じていた。それは石に刻まれたあの非難の一文であった。

## ナチス・ドイツの図書館政策

ナチス・ドイツが焼き払ったのはルーヴェン図書館だけではなく、また、これが最初でもなかった。

一九三三年五月十日夕刻、ベルリン大学とウンター・デン・リンデン通りの国立オペラ劇場とのあいだにある広大なフランツ・ヨーゼフ広場で、わがヘレン・ケラーの本を含むナチにとって不愉快な著者たちの本の儀式めいた焼却処分が行なわれたとき、文明世界は一様にショックを受けた……。

その日の午後ずっと、ナチ突撃隊は公立、私立図書館へ押しかけ、ゲッベルス博士の類なき明察により、ナチス・ドイツにふさわしくないと決定された書物を街路に投げ出し続けていた。

こう報じているのは、一九三三年春、ナチによって繰り広げられた大規模な焚書の現場の一つでショックを受けたAP通信ベルリン特派員ルイス・ロフナーである。この大かがり火は、ナチのトップクラスの文化人であり、新ドイツ帝国の未来の文化相ヨーゼフ・ゲッベルスの存在を世に喧伝するためのものだとロフナーは見ていた。だが、ゲッベルスは焚書命令は一度も出してはいなかった。実際に書物をかき集め、焼却したのはナチびいきの学生グループのしわざだった。学生たちは自分たちの書棚から始まり、学校の図書館、やがては書店や貸本屋《ライビューヘライ》まで襲って、望ましくない書物を奪い、燃料にした。このうち最後に挙げた貸本屋は、長いあいだプロの司書たちから嫌われていた。煙草屋や新聞スタンドに併設されていて、とくに恋愛ものや探偵小説など、大衆小説を寄せ集めたささやかなものだった。司書でナチのシンパでもあったヴォルフガング・ヘルマンはこうした貸本屋を〝売文宿〟と非難した。書物焼却者たちは燃料用の本を選ぶにあたってヘルマンの明察――彼は親切にもその著者名リストを彼らに送っていた——を利用したようだ。自著『アルマンスール』が、衝撃を受けた世界に焚書の題辞を与えたことで知られるハインリヒ・ハイネも、そのリストに載っていたと思われる。だが、学生やナチ突撃隊員は勢いに駆られて、リストに載っていようがいまいがおかまいなしに、ハイネその他の著者のたくさんの書物を略奪した。

　書物を焼却した連中は劇作家の著作も燃やしたが、彼らに劇的効果のセンスが欠けていたわけではない。焚書はまさにショーである。歴史家レオニダス・ヒルが指摘しているように、「計画者たちは歴史的前例を強く意識していた。たとえば、スペインの異端者弾圧のための焚書、ルターによる教皇教書の焼却……一九二九年のナチ・シンパの学生たちによるヴェルサイユ条約文の焼き払いなどがそうだ」。フランクフルトの焚書では、学生たちは堆肥運搬用の牛車を借りて書物を焼却場所まで運んだ。消防士たちはアメリカの作家レイ・ブラッドベリの『華氏四五一度』〔本のなくなる未来社会を描いた一九五三年の作品、華氏四五一度は紙の燃え上がる温度〕のなかの皮肉なできごとの一つを先取りするかのように、安全を期して庶民の儀式執行の炎を見守った。あれやこれやの新機軸のなかで、焚書を組織した学生たちは、ナチが奨励し、政府が支持した娯楽である〝民会劇場《ティング・テアトル》〟の美意識のパイオニアだった。〝民会劇場〟は、退廃的近代ドラマを「ドイツ国民《フォルク》」にふさわしい劇形式に置き換えようとしたゲッベルスの失敗した試みの一つだ。ベルリンからロフナーが報じているように、学生たちは

「炎が空に向かって燃え上がると、本式のインディアンダンスを踊り、呪文を唱えた」。〝火祭託宣《フォイエルシュプリューヒエ》〟と呼ばれたこれらの呪文は、宗教儀式めいた雰囲気をかもし出した。たとえばこんな風に――。

1　階級闘争と物質主義反対
民族共同体と理想主義的世界観賛成
マルクス、カウツキー
2　デカダンスとモラルの低下に反対
家族と国家の規律と倫理賛成
H・マン、エルンスト・グレーザー、E・ケストナー
3　皮肉な言葉と政治的裏切り反対
国民と国家への献身賛成
F・W・フェルスター
4　人間の動物的本性を大げさに卑しめることに反対
人間精神の気高さに賛成
フロイト派、雑誌『イマーゴ（幼時に愛した人の理想像）』
5　わが歴史の歪曲と偉人たちへの侮辱反対

わが過去への畏敬賛成

6

エミール・ルードヴィヒ、ヴェルナー・ヘゲマン

民主主義者ユダヤ人風情の外国人ジャーナリズム反対

国家再建遂行への責任ある参加賛成

7

テオドール・ヴォルフ、ゲオルグ・ベルンハルト

世界大戦従軍兵士たちの小説による裏切り反対

国防精神を踏まえた国民教育賛成

E・M・レマルク

8

自己流のドイツ語汚染反対

国家のもっとも貴重な財産保持賛成

アルフレート・ケル

9

傲慢と思い込み反対

不滅のドイツ民族精神への崇敬と尊重賛成

トゥホルスキー、オシエツキー

ゲッベルスは〝火祭託宣〟を書いたこともなく焚書を計画してもいなかったが、この焚書祭が気に入り、ドイツ国家の名のもとに、すぐにそのエネルギーを勝手に利用

した。ベルリンでの焚書のニュースを知った彼はフランツ・ヨーゼフ広場に駆けつけ、群衆にこう呼びかけたとロフナーは報じている。「ドイツの男女諸君！……こんな夜更けにもかかわらず、諸君は過去の悪霊を火にくべるという正しいことをしている。これは力強く、偉大な、象徴的行為、全世界を前にそれを証言する行為だ……この炎に照らされながら、われわれは誓う。ドイツ帝国、ドイツ民族、そしてわれらの総統アドルフ・ヒトラー、万歳！　万歳！　万歳！」

〝火祭託宣〟に名前を挙げられたジグムント・フロイトは憮然として、「われわれの本だけか？」と訊ねたという。「昔なら本といっしょにわれわれも焼かれていただろう」。だが、フロイトは同志ハイネの言葉を忘れていたことは確かだ。これは始まりにすぎず、一九三三年春に三十の大学で行なわれだした焚書の一つだった。それから十二年間に、推定によれば一億冊の本が六百万の人間とともに、ホロコーストの火に投げ込まれることになる。

レオニダス・ヒルが指摘しているように、文化に対するナチの攻撃は、一九三三年、ヒトラーが突如台頭するずっと以前から始まっていた。エーリリヒ・マリーア・レマルクは最初の頃、民族主義者の欲求不満の避雷針になっていた。彼の『西部戦線異状なし』は早くも一九二九年〔出版年〕にチューリンゲンの学校で禁書になった。急進派は、国中から大学教授を追い払い、壁に攻撃的な画や文を描きまくり、博物館から〝退廃的芸術〃を撤去し、バウハウス〔工業技術と芸術の結合を目標として、一九一九年に設立された総合造形学校〕を閉鎖に追いやった。一九三〇年には、トーマス・マンと彼の娘の講演は中断させられ、アーノルド・ツヴァイク、リオン・フォイヒトヴァンガーその他の人たちとともに、電話による脅迫やナチ・ギャングによる追跡にさらされ続けた。

一九三二年八月、ナチの党機関紙『フェルキッシャー・ベオバハター』は、ナチが政権獲得したときに発禁にする予定の著者リストを発表した。一九三三年四月、ナチ党の理論家であり、文化問題ではゲッベルスのライバルであったアルフレート・ローゼンベルクは十二名からなる控えめな著者リストを発表した。だが、レオニダス・ヒルによれば、検閲制度があっという間に広がり、ナチ帝国が発足した年の終わりには、二十一の別々の部局が合計一千冊の著作を発禁にした。一年後には、四十部局が約四千百冊の書籍に同様の措置をとった。

その後の数年間、ゲッベルスとローゼンベルクは書物の発禁と、ドイツ文学をドイツ民族《フォルク》精神に合ったものに再構築するために権力争いをした。ローゼンベルクはいくら政治力があるといえども、単なる党役員にすぎなかったが、ゲッベルスは自分の管理下にあるいくつかの省庁の権限を行使できた。そこでローゼンベルクは呪いをかけ、ゲッベルスは布告を出すことになる。二人は強烈な競争意識に駆られて、支離滅裂な書物発禁リストと破棄通告を奔流のように発令した。ナチ政権がヒトラーの指導下で強固になったあとでも、検閲の仕事は国家警察隊、ナチ・ギャング、急進的市民たちのあいだに分散されて残った。ドイツ全土でナチが学校図書館から禁書を一掃するのを、教師、学生、本屋、司書らは黙って見ていた。蔵書をナチの好みに合った書物に置き換えていく仕事は司書にまかされた。

一九三〇年代後半とそれ以降のナチ検閲制度の最盛期においてさえも、帝国が禁止した書籍のリストは秘密にされていた。本屋、教師、普通の市民たちは民族精神の維持のためと称するゲッベルスのお墨付きの通告から除外されそうな基準のものをこつこつと集めるしかなかった。そういうわけで、書物を焼却したのは暴徒ばかりではなく、家宅捜査を恐れた普通のドイツ人たちも、ナチ突撃隊に発見される前に自分たちの本を焼いた。レオニダス・ヒルによれば、「自分の本を焼こうとした人たちは、それがそう簡単に手早くできないことを知った……厚い本は頁をばらばらにして空気が通るようにしないと燃え上がらず……頁の端が焦げるだけだった……ストーブや暖炉で多数の本を焼くのはうんざりするほど時間がかかる仕事だった」。

ナチは図書館を焼いたばかりでなく、前代未聞のやり方で図書館の建設もした。それはあたかも、膨大な数の書物の破壊と、あまりにもたくさんのドイツの文書の検閲という行為が生み出した深い溝を埋める必要があったかのように――あるいは少なくとも、きびしいイデオロギー・コントロールのもとで、見せかけだけの純正ナチ文書でその溝を覆い隠さなければならないかのように見えた。一部のナチは、消えていく書物を金に換える画策もしている。帝国自体が戦時体制になるにつれて、ユダヤ人書物商の店舗を差し押さえて、これで軍事費を調達した。書籍や写本の没収のほかに高価な美術品を奪って売り、その金を国庫にも自分たちのポケットにも入れた。ナチは、美術鑑定家や知的好奇心のある人間を装って、書物や美術品の買いだめをすることもあった。

こういう仕事にもっとも熱心だったのがアルフレート・ローゼンベルクだった。「出動部隊幕僚《アインザッツシュタブ》・ドイツ帝国指導者《ライヒスライター》ローゼンベルク」の頭文字ERRを冠した文化財特別奇襲部隊《コマンド》は、新たに占領した東部地域をひそかに探し回り、立派な図書館を破壊したばかりでなく、多数の書物を公然と奪った。「一九四〇年七月、ヒトラーはERRに命じて……戦後のナチの総合大学、単科大学《ホッホシューレ》の図書館のために書物を没収させた……特製の軍服姿の二十人から二十五人の部隊が東部方面軍に同行し、そこでERRは占領地の公文書保管所三百七十五、博物館四百二、研究所五百三十一、図書館九百五十七に立ち入り検査をした」とヒルは書いている。ローゼンベルクのベルリン東方図書館《オストビューヘライ》には百万冊の盗んだ本があった。

ユダヤ人問題研究所の自由裁量にまかされていたユダヤ人収集物をローゼンベルク

の指示で略奪することによって、フランクフルトのユダヤ関連資料は五十五万項目に膨れ上がった。「ポーランドにおいて、一九三九年十二月から一九四〇年三月までのあいだに、ナチは百カ所以上の図書館を収奪した……ウッジ〔ワルシャワ南西部の都市〕だけでも六十万冊のユダヤおよびヘブライ関連資料が盗まれ、ポーランド全体では百万冊に達したと推定されている」とヒルは言う。ドイツ軍はクラシニスキ図書館を「徹底的に焼きつくした」。司書たちはこぞってポーランド国立図書館やワルシャワ大学から集めた稀少本をこの図書館の地階に隠していた。「ヴィルナでは、ヘブライ文学の権威でエルサレムに留学したこともあるERRのヨハネス・ポール博士がいくつかの町や三百のシナゴグから集められた十万冊の本のうちから精選された二万冊を選び出し、残りの八万冊を断裁工場に原料として売り渡すように命じた」。狙われたのはユダヤ関連の図書ばかりではなかった。カトリック、フリーメイソン、スラヴ関連書も選別の対象となった。「ウクライナでは、百五十人のERRの専門家が五千百万冊以上の本を奪ったり、破棄したりした」とヒルは言う。「……ベラルーシでは二百以上の図書館が収奪され、国立図書館は蔵書の八三パーセントを失い、のちに六十万冊が発見されたが、百万冊の本はいまだに行方不明である」

ERRはまた西部でも活動した。一九四三年にドイツ軍がローマを占領したあと、ドイツ軍将校たちはローマにあるシナゴグの二つの立派な図書館の収蔵物を立ち入り検査した。ここには二千年以上にわたってローマに暮らしたユダヤ人が集めたすばらしいコレクションが収蔵されていた。将校たちは図書館の目録を要求した。ローマのユダヤ人がはじめてアウシュヴィッツへ追放される数日前に、フランクフルトのローゼンベルク研究所行きの二両の特別車両に、この図書館から没収された一万冊の書籍が積み込まれた。

第二次世界大戦前のドイツの公共図書館は沈滞した施設であり、エリート文化の保存庫にとどまっていることが多かった。歴史家マーガレット・シュタイクによると、戦前の司書は「守旧派《アルテ・リヒトウング》」と「進歩派《ノイエ・リヒトウング》」の二つの派閥に分かれて対立していたという。守旧派に属する司書——シュタイクの推定では、こちらが司書の主流——は、十九世紀に他国の司書たちを活気づけていた進歩的思想にロマンティックな傾向を加味していた。彼らは社会における図書館の大きな役割は、個人の知的、精神的成長を意味する人間形成《ビルドウング》にあると力説した。進歩派を真っ先に標榜したのは、ライプツィヒ出身で独学ながらナチの主任司書になったヴァルター・ホフマンである。ホフマンにとって、図書館の真の目的は国民の精神を向上させることで、図書館が読者個人に提供する個人的な見返りは二の次だった。シュタイクはこう言っている。

守旧派は英国やアメリカからインスピレーションを得ようとしたが、進歩派は

〝ドイツ的なもの〟を崇拝した。守旧派は個人を強調したが、進歩派は人間を〝国民〟とか〝中産階級の主婦〟といった集合体で考えた……守旧派は教育を、それによって個人が人間らしい生き方を最大限に成就しうる手段と見た。進歩派は、教育を知的活動の成果として図書館利用者に授けるものだと考えた。

守旧派は究極的には文化は多様で多面的であり、変化しつつあるものと見ていたが、進歩派は、「文化の形は唯一つしかないと考えた」。ホフマンは自分の図書館に〝良書〟、とりわけドイツの古典的作品だけを置こうとした。

ナチが政権をとると、守旧派と進歩派の争いは終わり、図書館はいまや、ドイツ国民を一つの〝民族《フォルク》〟に仕立て上げるという壮大かつ神がかり的な任務に肩入れした。司書たちにとって、ナチの台頭は好機が無尽蔵に増えたも同然だったから、すぐに〝民族〟の発展を助ける施設の再建に取りかかった。彼らは書物についてのナチの疑念を晴らそうと懸命に努力した。ヒトラーが、建造物は仲間といっしょに溌剌とした体験を共有できる場所であるのにくらべると、書物は精神的体験を盛り込んだだけのくだらない容器であるとみなしていたからである。ドイツ帝国の定義によれば、図書館の仕事は、読書の危険性、中産階級性、退廃的で時間を浪費するエネルギーなどをコントロールし、〝ドイツ民族〟が〝精神〟を堕落させることなく、有益な情報を発見するのを助けることにあった。

シュタイクはこう説明する。司書たちはナチの読書に対するジレンマを有益なスローガンに変え、図書館を第三帝国に見合ったものにしようと懸命に働いた。ヒトラーは、読書というものは、教育によって得た知識によるよりもむしろドイツ民族ならではの直観に導かれた〝本能的な〟ものであるべきだと前々から言っていた。一九三五年、ドイツの司書たちは例年の「読書週間」祝典のスローガンとして、〝書物は精神の剣《つるぎ》〟を採用した。「読書週間1936」のポスターにはヒトラー総統の次のような言葉を長々と引用した。「建築設計、たまのオペラ鑑賞を除いて、本は私の唯一の友だった。その頃の私は貪欲に、がむしゃらに本を読んだ。数年のうちに、今でもそこから引き出せる知識の基盤をつくりあげた」。シュタイクは、こういうエネルギーの使い方は、読書というものは限られた目的に役立つものであって、人生の準備段階においてのみ意味のあることにすぎないとするナチの理想と矛盾すると指摘している。

それにもかかわらず、司書たちは新ドイツ帝国の可能な分野ではどこでも、自分たちの職業的地位を強固なものにしていった。彼らは検閲を受ける著者のリストをつくったり、一番の競争相手である商業ベースの小さな貸本屋を廃絶したり、先手を打って自分たちの蔵書からゲッベルスが〝アスファルト〟文書と呼んだような近代的で難解なものすべてを撤去した。だが、シュタイクによれば、ドイツ周辺のドイツ語使用圏の国々ほど、図書館がナチの思想をうまく根付かせたところはなかったという。ナチズムが勃興するかなり前から、チェコスロヴァキア、ポーランド、アルザス、ロレーヌその他のところの活動家たちは、国粋主義志向の民族分離主義感覚を醸成するのに図書館を利用していた。ヴェルサイユ講和条約締結から六週間後の一九一九年八月、国粋主義者たちは、ワイマール共和国の国境以遠のドイツ語圏に図書館や読書室を普及させるため、「国境地域図書業務《グレンツビューヘライディーンスト》」を組織化した。シュタイクによれば、国外におけるドイツ語図書館普及の偉大な推進者は、第一次世界大戦の退役軍人で、「民族的《フェルキッシュ》良書普及協会」を設立したヴィルヘルム・シェッフェンだった。ナチの台頭後、国境地域図書業務は次々と「帝国」の一部になり、生存圏拡大とアーリア人種独自のイデオロギーを普及する重要なチャンネルになった。母国にはない気前のよい国家の援助により、すでにチェコスロヴァキア（その多民族的性格をドイツ帝国は〝ヨーロッパの恥〟と呼んでいた）のドイツ語図書館の資金は潤沢で、国境地域図書業務の組織化で図書館はナチズムの最前線になった。

　不幸なことに、ナチ時代はドイツの司書たちにとって――少なくとも、人種的にも申し分なく、ナチの極めて有害な文化的センスに同調できる人であれば――予期に反した黄金時代になった。シュタイクはこう書いている。

［司書たちは］自分の職業の舵を切り替え、ナチのテーマにふさわしいものをうまく集め、とくに公共図書館をそうしたもので拡充するようになった。公共図書館の政治的性格が強調され、〝民族《フォルク》〟という概念と結び付けられるようになった……ナチの図書館運営理論はワイマール共和国の否認、すなわち、事実上、文化的多様性を否認することで、これが、蔵書追放に直結した。

シュタイクは、ナチス・ドイツ時代の司書たちが二重の拘束を受けていたことを指摘している。「このささやかな、あまり重要でない職業――ドイツでは他の国より軽視されていた――が注目を集めたのは、司書が図書館蔵書の管理者だったためだ。司書は図書その他の文物を収集し、整理し、配布した。国民が何を読むべきか、それより大事なのは、何を読んではいけないかをナチが決めて指図していたために、図書館業務は末端政府的な仕事からしだいに中央政府的な仕事になっていった」。この点に関して、司書はナチ帝国初期には積極的に〝協調〟姿勢をとろうとしていたと言える。

だが、究極的には、図書館は、その利用を強制できないという単純な理由で、ナチから重視されなくなった。シュタイクが言うように、政府は他の文化施設、とくに教育システムの利用を義務づけるような具合に図書館の利用を国民に効果的に強制することはできなかったのだ。その結果、〝精神の剣〟として書物を利用しようとしたナチの熱意は冷めていった。帝国は書物でなく血まみれの剣を必要としていた。司書とナチズムとの駆け引きは、しまいにはファウスト的になった。自分たちは忘れられた存在であることに満足していると国家に思わせることによって生き延びたのだ。

## ゲットーの読者たち

だが、ドイツの司書職がナチとファウスト的駆け引きをして、かろうじて生き延びたとしても、ほかのところの図書館は、ことにナチによるユダヤ人絶滅が猛威を振っていたところでさえも繁盛していた。『活字に飢えて』を書いたダヴィド・シャヴイトによれば、ゲットーや、ナチのユダヤ人絶滅計画のための強制収容所では図書館は生き延びるために欠くことのできない施設だった。ドイツ帝国がプラハの近くにつくった悪名高い〝典型的ユダヤ人の町〟テレージェンシュタットでは、十万冊の蔵書をもつ図書館が来館者でにぎわっていた。ビルケナウ強制収容所の第三十一号棟でさえ、この棟の老人室にしまいこまれていた八冊ばかりの色のくすんだ蔵書を備えた図書室があった。ヴィルナ〔現在のリトアニア共和国の首都〕のゲットーでは、屈辱的な生活環境、死の収容所への移送という絶え間ない脅しのなかでもユダヤ人たちは図書館をつくった。一九四二年十月、館長ヘルマン・クルクはヴィルナ・ゲットー図書館の初年度のレポートを書こうとしていた。この驚くべき文書は現在、ニューヨークの

YIVO〔ユダヤ学研究所〕に収蔵されており、ザッカリ・M・ベイカーによる翻訳もある。この文書は地味な図書館学の著作であると同時に、希望と絶望の混じり合った叫びでもある。

この図書館でクルクといっしょに働いていたダイナ・アブラモヴィツは、ゲットーではじめて彼に会ったときのことをこう書いている。

> ある日の夕方、ごみごみした一角からゲットーの街路に出たとたん、私はヘルマン・クルクにぶつかりそうになった。彼はイディッシュ語の非宗教的、社会的活動の重要なセンターであったワルシャワのグロウサ図書館の元館長だった。クルクはワルシャワからのユダヤ人避難民の群れといっしょにやってきていた……〔彼は〕そこでずっと……ナチの手から妻を救い出すためにワルシャワへ戻る希望を抱いていたのだが、成功せず、ヴィルナに足止めされていた……。

クルクはかつてアブラモヴィツが働いていた児童図書館を訪問したことがあったので、彼女を覚えていた。彼はゲットーのユダヤ人評議会《ユーデンラート》を説得して、古い図書館の通廊に新たな図書室を設置するスポンサーになってもらったと彼女に語った。彼の説明によれば、図書館職員の給料はユダヤ人評議会から支払われるので、強制移送を避けるのに必要な労働許可がもらえるチャンスが増えたという。

アブラモヴィッツはこの図書館の凍てつくような通廊で働くクルクの少人数のスタッフの一人になった。彼らは絶え間なく働き、図書室を修復したり、書物を集めたり、蔵書目録をつくったりし、冬季に暖房のない建物の室温が氷点下になったときのみ仕事を休んだ。クルク自身、飢えや絶望と闘いながら、疲れ知らずに働いた。彼は図書室を運営するかたわら、ゲットー生活の痛ましい日常を日記にこまごまと書きとめていた。そのなかには、文化に飢えたユダヤ人たちが開いたコンサートや演劇のことも記されている。彼はまた、ゲットー住民に対する拷問や強制移送、ヴィルナ郊外の森のなかのポナリ処刑場でリトアニア人死刑執行人の手を逃れた人たちの悲惨な経験談も書き残している。

だが、ひどく寒い図書館の一角でクルクとそのスタッフはカード目録整理に苦闘しながらも、書物のなかにわずかながら安らぎ、いや喜びさえも垣間見ることができた。クルクは、こうしたひとときと、それを求める努力を記録しておこうとした。彼はこの統計を利用して、「ゲットーの読者たちが読書療法に救いを求める」ことができるように、図書館の蔵書数、書かれている言語、貸出回数、読者に関するデータ（平均年齢、収入、教育水準を分析したもの）など、さまざまなこまかい数字を記した。これらのデータから、読書というものが地獄へ追いやられたコミュニティーの人たちにとってどんな意味をもっていたかがわかる。

ユダヤ人たちがゲットーへ追いやられる前の一九三九年、ヴィルナのユダヤ人コミュニティー最大の図書館であったメフィステ・ハスカラ図書館は、四万五千冊の立派な蔵書を誇っていたとクルクは記している。「一九四一年九月初旬、この図書館は蔵書の約二〇パーセントを失った」――そして四万枚のカード目録もドイツ占領軍に没収された。ドイツ軍はフランス語、英語、ドイツ語の書籍千五百冊を撤去した。ユダヤ人がゲットーへ追い立てられるとき、四千冊が「行方不明になった」とクルクは記している。ドイツ軍から激しい追い立てを受ける前に、多くの本が読者とともに行方不明になったことは確かだ。この時期に図書館のスタッフも姿を消した。館長のフェイヴシュ・クラスニは捕らえられ、一九四一年九月にドイツ軍により処刑された――ゲットーができる前に、ポナリで射殺された一万九千人のユダヤ人の一人だった。一九四一年十月から十二月のあいだに、ゲットーからさらに三万三千五百人のユダヤ人が連れ去られ、殺された。ヴィルナでかろうじて生き残ったのはわずか二万人である。

図書館をもう一度〝占拠し〟、蔵書目録をつくり直し、読者にできるかぎり役立つように、クルクがスタッフと努力していたのは、まさにこの地獄のような時期だったのだ。一時期、彼らは図書館の蔵書数を大きく増やした。一九四二年十二月、ゲットーは驚くべき事実を記念するために祝賀会を開いた。クルクが図書館を再開してから十万冊の本が貸し出されたのだ。だが、蔵書の増加についてのクルクの気持ちは複雑だった。ＥＲＲが「ユダヤ本をゲットーに集中させる」ため、彼らが襲い、破壊したシナゴグや住居から捨てられた書籍を送りつけてきたのだと、彼は日記に書いている。

アブラモヴィッツはクルクの執務室から見える中庭で、ユダヤ人コミュニティー評議会のメンバーが並ばされ、射殺されるのを見た。凍えるような風が、隣りの大きな通廊を吹きぬけてゆく。そこはクルクが新たに閲覧室と博物館にしようとしている場所だった。アブラモヴィッツはこう書いている。

壊れた窓ガラスは新品に替えられ、壁は水しっくいで白く塗り替えられた。壁に並んだガラス戸棚にはトーラーの巻物、銀のワインカップ、ろうそく立て、トーラーの巻物を納めた聖櫃用の刺繍をほどこした布幕が置かれていた。時間がたつにつれて、博物館が所有するトーラー巻物の数がかなり増加した。それらが周囲の村々からいわくありげな経路で届いたのは、ユダヤ人コミュニティーが消滅したことを示すまぎれもない証拠だった。その頃にはもう、博物館を墓地にするつもりでもなければ、こういうものすべてを展示するのは賢明ではないし、不可能に近いことだった。巻物は敷布に包まれて、ゲットー文書保管所の隅にひっそりと目立たないように置かれていた。

一九四二年九月までに、四千七百人の読者が図書館を訪れたと記録されている。蔵書が増加するにつれて、図書館はゲットーの刑務所、児童館その他に「分館」を設けた。クルクのスタッフは図書館の詳細な目録をつくり直し、このレポート作成時までに、二十七の件名目録を完成した。

クルクのレポートにある手書きの心和む表や図表には多くの事実が語られている。蔵書の構成は棚に収められた本の絵で示されていて、どの本も一冊が千冊を表わしている。貸し出された本の種類は、その横に積み上げられた本の山の絵で示されている。貸出本の七八・三パーセントを示す大きな山は文学だった。その横の低い山は児童文学（一七・七パーセント）、ノンフィクションの文庫本（四パーセント）を示していた。これらのデータや他の表からわかる興味深い動向についてもクルクは述べている。イディッシュ語やヘブライ語の本の貸出比率が、ゲットー閉鎖措置の〝発動〟以降、増加したという。また図書館の来館者も増えた。週日に本を借り出す来館者が二〇パーセント増加し、日曜日には二五パーセントも増えた。

図書館の書物はもちろん、クルクの希望を託した図表のなかの本とくらべて、きちんとした新品のようなものではなかった。ダイナ・アブラモヴィッツによれば、図書館にあった書物は巻頭や巻末頁がとれていたり、何回も綴じ直しているので、余白が少なくなり、行の最初の部分が背綴じのなかに入って消えていたり――要するに、とっくに退役していて当然の傷病兵みたいな本だったという。

だが、書物の状態などお構いなしにゲットーの住民たちは本をむさぼり読んだ。クルクのレポートの「本の奇跡」と題された要約部分で、彼は読者の「精神的因果関係」を描写しようとする。「本が……今となってはだれのために、何の役に立つのだろう?」と彼は問う。はじめの頃、この町が「ユダヤ人の血のなかで溺れかけている」とき、読書はしたくてもできない贅沢であったばかりではなく、「周囲の状況からの逃避」でもあったという。それでも、ゲットーの住民はかなり早い時期から本という〝麻薬〟なしには生き延びられないことがわかっていた。強制移送措置の〝発動〟中でさえ、本は回し読みされていた――「発動のたびに……遺贈品があった。〝借り手の〟読者とともに、彼らに貸し出された本もいっしょに出発した。ゲットーの住民が少なくなるにつれて、図書館の本も少なくなっていった」。クルクの記述はこう続く。

ゲットーの読者は精神障害者だ。最大の望みは逃亡……最小の心配は少なくとも生き延びられるかどうかだ……できることはたった二つ、一つは陶酔を目的にした読書――つまり、考えるのをやめるため――もう一つは反対に、考えるために読み、同じような運命に興味を抱き、類似性を引き出し、ある結論に達することだ……。

読者は本を自分の状況や周囲の事情を映す鏡として利用したがることが多い……。

類推作用、すなわち空腹な人は飢餓について熱心に読むが、お腹がいっぱいの人はそんな話を辛抱強く読まないことは事実だ。

ここのゲットーにいる社会的経験を積んだある階層のインテリのあいだでは、トルストイの作品（利用できるすべての言語で）——とりわけ彼の不朽の名作『戦争と平和』——が一位を占めている。

他に引っ張りだこだったのは、ナチが禁止した『西部戦線異状なし』や、ユダヤ文学、歴史である。さらに人気があったものとしては、トルコ人によるアルメニア人虐殺の歴史があった。「だれがアルメニア人を覚えているものか？」とヒトラーは側近に訊ね、歴史は究極的に「最終的解決（ユダヤ人絶滅計画）」も無視するだろうと断言した。だが、ゲットーの住民たちはアルメニア人を覚えていたのだ。

読者の「大部分」が満足するのは、「現実から自分たちを引き離す本だった……面白さに我を忘れる人もいれば、理解し、認識することで自分を忘れようとする者もいた」。どちらの衝動も究極的には「逃避の手段」にすぎなかったとクルクはのちに認めている。やがて彼は最後に、わびしげにこう認めざるをえなくなる。「本の供給はこのようなありさまだったので、残りもので滋養をとるしかなかった。新しい本は決して増えず、将来増える見込みもなかった……本はぼろぼろになり、全集は欠けたセットになった……まもなく図書館の書棚は空になるだろう」。一九四三年九月、ゲットーが最終的に整理される数週間前に、クルクはエストニアへ強制移住させられ、その一年後、クルーガの強制収容所で焼き殺された。

## 抑圧の道具としての図書館

二十世紀に破壊された図書館のリストは長い。中華人民共和国の人民解放軍はチベットへ侵攻し、たくさんの僧院を徹底的に破壊して、数十万冊の書物が炎のなかに消えた。独特な形のチベットの印刷本――グーテンベルク聖書より数世紀も古い木版印刷本で、幅が狭く縦長の冊子本《コデックス》になっており、背を深紅色の織り糸で綴じ、サフラン色の表紙で装丁されていた――はほとんど失われてしまった。僧侶や避難民たちはありったけの蔵書を馬やラバに積み、国境を越えてインドへ運び込んだ。そこで彼らは新しい図書館を建てたばかりでなく、ラマ教の高僧の血筋とともに、チベット本の技術も後世に伝えた。中国ではどこでも、文化大革命の期間中に書物はひどい迫害を受けた。

だが、本が読まれるところではどこでも、焚書は起こる。一九八一年、スリランカの多数派であるシンハラ人民族主義者は、タミール人の居住地である北部の港町ジャフナで、タミール人図書館に放火した。数千の写本、椰子の葉の巻物、印刷物を所蔵していたこの図書館は、南アジアの文化と歴史の偉大な宝庫の一つで、多民族、多宗教のスリランカ社会の生き証人であった。

タリバンは、バーミヤンの仏像を爆破する三年前に、アフガニスタン北部のハキム・ナセル・ホスロウ・バルヒ文化センターの五万五千冊の本を破壊するのも辞さないと宣言して、館長を震え上がらせた。

だが、図書館の破壊は、ものごとをさっさと片付けるためのもっとも残酷な作法にすぎない。無傷の図書館が民族主義の奇妙な自負心や、民族浄化志向を反映した金科玉条を振りかざし、抑圧と大量殺戮の手先になることもあるのだ。アフリカ系アメリカ人の作家リチャード・ライト〔一九〇八－六〇〕が、屈折した自伝的小説『ブラック・ボーイ』〔一九四五〕のなかに、この地方のよくある光景を描いている。黒人差別の南部州の図書館では一部の書物を図書館に入れなかったばかりでなく、一部の人たちを読者として不適切だとみなす考え方を支持していた。新しい図書館は大きな進歩への希望を与えると同時に、その希望を阻止することによって耐えがたい苦痛をもたらす可能性もあったのである。

ライトがはじめて本に興味をもったのは、十七歳の工場労働者だったとき、ある新聞が評論家H・L・メンケン〔一八八〇－一九五六〕の著書に批判的な論説を載せているのを読んだためだった。南部に見られる人種差別に激しい怒りを感じていたライトは、もし南部の新聞がメンケンの書いたものを嫌っているとすると、メンケンは何かしら注目に値することを言っているにちがいないと判断した。そこでメンケンの本を読んでみたいと思ったが、図書館は黒人には閉ざされており、十九世紀に司書たちが推進してきた啓発的な企画に、自分は入れてもらえる余地がないことを知っていた。

いずれにせよ、何か方法があるはずだ。以前、雇われていた白人に頼まれた本を彼が受けとりに行ったとき、入館を許されたことがある。今回は、実際に本を受けとるのは自分自身だが、頼まれて本を受けとりにきたと言わせてくれる人を見つけなければならない。だれを選ぶかは慎重さが必要だった。というのは、選択を誤れば流血沙汰になりかねないからだ。よく考えた末、彼はカトリック教徒のフォーク氏に頼むことにした。フォーク氏自身、南部プロテスタントたちの偏狭な行為に怒っているのを見ていたからだ。この男はいやいやながら同意した。ライトはフォークの図書館利用カードを使い、本の申込書に彼の名前を書いてもよいが、もし捕まったら全責任をとれと約束させられた。

危険な図書館侵入の描写は、すべての白人に権限が与えられている警察国家に彼が住んでいたことをはっきり物語っている。図書館で本を借りるという一見無害な行為にさえ尋問を受けた。借りたカードを持参したはじめての図書館訪問は心苦しかった。ライトは以前「白人の使い」でしばしば図書館を訪れてはいたが、今回は「へまをして馬脚をあらわす」ことになるのではないかと不安になった。

受付で彼は帽子をとり、「できるだけ無学」のふりをして、並んでいる白人たちがサーヴィスを受けるのを待った。ようやく司書が彼に目をとめてくれると、彼は無言でフォークの図書館利用カードとメンケンの二冊の書名を記した偽の貸出申込書を手渡した。最初、司書は怪訝な顔をした。ライトは彼女に、以前、彼がフォーク氏のために図書館へ使いにきたことを思い出させようとしたが彼女は覚えておらず、彼女はこの本を実際は彼自身が読もうとしているのではないかと訊ねた。「いや、ちがいます。ぼくは字が読めないのです」とライトは答えた。

彼女はメンケンのことをつぶやきながら、背を向けて本を取りに行った。「やったぜと思った」とライトは回想している。「彼女はほかのことを考えていて、人種問題は念頭になかった……ついに彼女は二冊の本を手にしてこちらにやってきた」。ライトは無事に境界を越えた。彼はメンケンの*A Book of Prefaces*と*Prejudices*の二冊の本をもって図書館を出た。

ライトは図書館利用カードを本の世界への入国許可証《ヴィザ》として使った。最初彼を驚かせたのは、意思表示そのものがもつ純然たる力だった。言葉ではなく、言葉を口に出す勇気があれば、できることがあるということがわかったのだ。だが、究極的に彼自身の感受性がめざめ、育ちはじめるのは小説を読みはじめてからだった。これらの小説は単なる娯楽のための読みものではなかった――なぜなら、ライトは小説のなかに自分の世界を再構築する手段を発見したからだ。シンクレア・ルイスを読んで、自分の上司はエルマー・ガントリー〔偽善的な牧師〕であることを知る。ドライサーからは、それまで彼が直視できなかった母の受難を思い返した。「これらの小説から得たものをだれかに語ることは不可能だろう。なぜなら、これが人生なのだという認識以外の何ものでもなかったからだ」

だが、それはライトにとって危険な時期だった。読書の面白さに目覚めた彼に、仕事の場でふんぞり返っている白人が疑惑の目を向けるようになったのだ。

「おいお前、そんな本を読んで何になる?」

「わかりません」

「むずかしい本じゃないか」

「暇つぶしをしているだけです」

「気をつけないと、頭がおかしくなるぞ」

ライトは自分のなかに目覚めつつある鋭敏な意識がいつか露見し、白人がそれに手を伸ばして、またもや摘みとってしまうのではないかと恐れた。彼は新たに学んだ形跡をひたすら隠すため、自分の一言一句、顔つきにまで気を配った。

ライトに対する図書館の対応は、当時としては典型的なものだったことは確かであろう。北部でも南部でも、黒人たちは公共図書館で相手を見下すような態度、誤解、そしてあからさまな敵意に直面した。アーサー・ボストウィックが一九一〇年に書いているところによれば、「北部諸州では、理論的には差別はまったくないことになっている……だが、それにもかかわらず、北部の黒人は期待されていたほど図書館を使わなかった……もっともな理由があろうとなかろうと、黒人は望まれていないことを彼らは本能的に感じていたのだ」。

エリザ・アトキン・グリースンが一九四一年に行なった調査研究「南部黒人と公共図書館」によれば、南部の公共図書館は二十世紀の初頭まで、黒人のためには存在していなかった。黒人カレッジは付属図書館を地域社会に開放することが多く、公共図書館のための司書を養成しているところもあったが、図書館を十分な数だけもっていたこれらの州でも、黒人用の施設はほとんど皆無だった。ジョージア州を例にとれば、一九三六年には五十三の図書館があったが、黒人はそのうちたった五カ所しか使えなかった。フロリダ州では四十四の公共図書館のうち四カ所、同じ年のアーカンソー州では十九の図書館のうち黒人に開放されていたのはたった一カ所である。このような傾向は南部のほとんどすべての州で見られた。アラバマ州では十八のうち二、ケンタッキー州では六十四のうち十四、ルイジアナ州では十六のうち三、ミシシッピー州では二十二のうち二という状況であった。ウエスト・ヴァージニア州は異色で、州法により公共の資金を得ている図書館は黒人に完全に開放されるべきであるとされていた。だが、どんなサーヴィスを与えていたのかこの調査では明らかではない。テキサス州だけは黒人にサーヴィスする公共図書館の比率が黒人の人口比率より高かったが、ほかの州では比率の差は驚くべきものであった。たとえば、ミシシッピー州では黒人は総人口の五〇・二四パーセントを占めていたが、州の図書館の八・一一パーセントしか黒人を受け入れなかった。

もちろん、アフリカ系アメリカ人は本を入手するためいつも閲覧券を偽造する必要があったわけではない。南部には歴史ある黒人カレッジの図書館があった。南北戦争前の北部では、解放奴隷が教養ある白人社会のそれとよく似た文芸協会や会員制貸出図書館を創立して彼らの住む地域全域に本を流通させていた。歴史家エリザベス・マクヘンリーが証明しているように、これらの協会図書館は白人の奴隷廃止論者が提供するしばしば温情主義的な援助は受けずに繁栄し、十九世紀後半以降アフリカ系アメリカ人としての存在基盤《アイデンティティー》の強化に貢献した。

皮肉なことに、南部の公共図書館で黒人の利用を最初に認めたのは、ライトの『ブラック・ボーイ』に描かれている町メンフィスだった。グリースンによれば、一九〇三年、「テネシー州メンフィスのコシット図書館は黒人学校であるレムワン研究所と協定を結び、学校は図書室を整備し、コシット図書館は司書と書籍を提供した。学校図書館であることに加えて、ここの蔵書はメンフィス市とその周辺地域の関心あるすべての黒人に開放された」。

## サラエヴォ哀歌

一八九六年、地元の人には「ヴィエチニカ」として知られるミリヤッカ川のほとりに開館したサラエヴォ市庁舎は、目の覚めるような新ムーア様式建築の一つだった。「堂々たる石造りではあるが、建築学的には気まぐれの要素の多いこの建物は、この都市の戦前の独特な性格を遺憾なく取り込んだものだ」とクルト・ショルクは『ニューヨーク・タイムズ』紙に書いている。一九一四年、オーストリア皇太子フェルディナントとその妻ゾフィーはヴィエチニカから宿命の自動車パレードに出立した。数分後、ガヴリロ・プリンツィプが群衆から飛び出して銃弾を放ったのをきっかけに第一次世界大戦が始まったのだ。だが、ユーゴスラヴィア時代のこの建物の重要性は、戦後のその役割にある。ここには、ボスニア国立・大学図書館の百五十万冊の図書が収蔵されていた。

一九九二年八月二十五日夜十時三十分頃、サラエヴォ―パレ街道の北側、トレベヴィチ山の高台に陣どったセルビア民族主義者の将軍ラトコ・ムラディチの大砲が、川向こうのボスニア国立・大学図書館に砲撃を開始した。ヴィエチニカ周辺の住民たちはその夜の市街への絨毯砲撃が、突如この図書館を標的にした砲撃に変わったと報告している。全市を揺るがす一連の爆発音とともに焼夷弾が図書館の屋根を貫通し、書棚に火を点けた。

多数のサラエヴォ市民が図書館に駆けつけ、燃えさかる炎から書物を救おうと懸命の努力を始めるかたわら、生存者を建物の外へ誘導した。職員の一人アイダ・ブチュロヴィチは炎にまかれて死んだ。燃えさかる内部を映した映像には、大広間に煙が充満し、焦げたページが雪のように舞って漂う、火の荒れ狂う地獄が記録されている。消防隊員が到着すると、たちまち標的にされた。丘の陣地から対空砲弾と機関銃弾が撃ち込まれ、建物自体は大した損傷を受けなかったが、消火ホースと消防隊員をずたずたにした。ボスニア軍兵士たちは、セルビア軍陣地からの攻撃が下火になるのを見はからって、一晩中、図書館から書物を運び出し続けた。それから数日間、救出活動は続いた。消防隊長は書物が図書館の上空に舞い上がるのを見つめていたと回想している。図書館からの灰や紙切れが自分たちの家の中庭に降り積もったと語る目撃者もいた。一人のサラエヴォ人がクルト・ショルク記者に、「燃えていても、建物は美しかった」と言ったという。ボスニアの詩人ゴラン・シーミチは燃えて舞い落ちた紙をたくさん集めた。彼はのちに一篇の詩「ヴィエチニカを悼む」を書き、図書館破壊の悲劇のばかばかしさを訴えた。

書架から自由になって
登場人物たちは町をさまよい
通りがかりの人々や死んだ兵士たちの魂と混じり合う

かつて学者であり、その後、セルビア民族主義政府の高官へと出世したニコラ・コリエヴィチの話は、図書館の破壊者たちを駆りたてていた複雑な動機や憤懣について多くのことを示唆している。戦前のコリエヴィチは有名なシェイクスピア研究の権威だった。学者であるばかりでなく、彼は詩や評論も書き、サラエヴォのコスモポリタン的社会・文化環境のなかでの成功者だった。一九九七年三月の『マンチェスター・ガーディアン』紙に掲載されたジャーナリスト、ジャニーネ・ディジョヴァンニの記事によれば、コリエヴィチは学者の道を捨て、セルビア民族主義を信奉し、ボスニア在住セルビア人の副大統領になって、「オセロを疑心暗鬼にするイアーゴよろしくラドヴァン・カラジッチの耳元でささやく」役回りを演じたという。

ニコラはサラエヴォでただ一人の有名なコリエヴィチではなかった。彼の兄弟でアメリカ文学の権威であったスヴェトザールは学生たちの人気も高く、ニコラよりよく知られていた。それに加えて、スヴェトザールの妻はムスリム出身のボスニア人だったこともあって、彼は南スラヴ系知識人の多文化の混じり合ったライフスタイルがたいへん気に入っていた。

ニコラの息子が七〇年代後半にスキー事故で死んだとき、コリエヴィチは鬱状態に陥り、それが原因でセルビア民族主義と東方正教会神秘主義に傾倒するようになった。彼はセルビア民族主義指導者のラドヴァン・カラジッチ（彼自身、詩人ぶったところがあった）に早くから弟子入りし、洗練された物腰と流暢な英語で、セルビア民族主義の重要なスポークスマンになり、たちまち影響力を大きくしていった。

一九九二年、ニコラ・コリエヴィチはカラジッチといっしょに近くのリゾート都市パレに逃げ、ここをボスニアのセルビア人の首都にして、サラエヴォ包囲の指揮をとった。彼にとって、この都市《まち》に抱いている憎しみすべてを代表するのがヴィエチニカだった。それは多様な歴史を内包し、オスマン・トルコ帝国の残り香があちこちに染みついていたからである。サラエヴォで謳歌できた学者としての生活に、結局スヴェトザールは引き付けられたが、ニコラはなじめなかった。ディジョヴァンニの話によれば、ニコラはかつて学者として、ボスニア国立・大学図書館を広範囲にわたり利用していたにもかかわらず、ラトコ・ムラディチにヴィエチニカの砲撃と、図書館の破壊を命じた。

ディジョヴァンニが新聞社に前述の記事を送ったのは、ニコラが銃で自殺してから約六週間後である。前副大統領だった彼にはそれなりの理由があった。政治権力を決定的に失い、ボスニアのセルビア人の関わった内戦と、民族主義者としての抱負に終止符を打つデイトン和平合意〔一九九五年〕で屈辱をこうむり、戦争犯罪で告訴されるのを待ちながら時間をつぶしていたのだ。ディジョヴァンニがニコラの政策のおかげで人生をずたずたにされた人たちの知人や同僚に会って話を聞いたところによると、被害者たちはコリエヴィチが図書館の破壊を命じたことが彼の自殺の原因の一つになっているにちがいないと見ていたという。サラエヴォの長い包囲のあいだに、燃料のために自分の蔵書を焼かなくてはならなかった彼の知人の学者は、コリエヴィチがマクベスについて書いた評論についてディジョヴァンニにこう語っている。「マクベスは自分以上の者になろうとして、実質的には自分を滅ぼしてしまった」とニコラは見ていたと言って、この学者は思い出を手繰るように一息入れ、「この一文はニコラの墓碑銘にぴったりですね」とつぶやいた。

ヴィエチニカはセルビア人が攻撃した唯一つの図書館ではなかった。その破壊はボスニアの文字文化に対して遂行された軍事作戦の一つにすぎなかった。それより三カ月前には、セルビア民族主義者たちは手投げ焼夷弾で東方研究所を攻撃している。司書で学者、活動家でもあったアンドラーシュ・リードルマイヤーの記述によれば、損害はアラビア語、ペルシア語、ヘブライ語、アジャミイィスキ語〔アラビア文字で記されるボスニア・スラヴ語〕の五千二百六十三冊の写本、五百年にわたるボスニア史の主要な資料である七千部のオスマン・トルコ文書、十九世紀の土地台帳コレクション、オスマン・トルコ時代のその他の文書二十万部、ボスニア国立博物館とヘルツェゴヴィナ国立文書館、モスタル大学図書館、ヘルツェゴヴィナ博物館、モスタル・ローマ・カトリック教区図書館（五万冊の書籍が失われた）に及んだ。その他にも、クロアチア、ボスニア、ヘルツェゴヴィナ、そして最近ではコソヴォ全土で、図書館、博物館、国宝的建造物が砲撃を受けたという。

だが、これらの破壊記録のなかでボスニア国立・大学図書館はおそらく最大の損失だったであろう。十五万冊の稀少本を含む百五十万冊の大部分が破壊された。リードルマイヤーの同僚で、ボスニアのかけがえのないコレクションを再建しようとする国際的な取り組みのコーディネーターであるジェフリー・スパーは、この破壊は「どう見ても歴史上、意図的な焚書の最悪のケースである」と言っている。スパーはまた、この図書館は「何世代にもわたる懸命な努力を大切に保存」してきたので、収蔵されていた文書は、セルビア民族主義者や西欧の批評家が何と言おうと、「多宗教のボスニアが数百年にわたるオスマン・トルコ支配、またそれに続く数十年のオーストリア＝ハンガリー帝国支配のもとで繁栄し、どんな生い立ちの住民でも隣り合って生活できたばかりでなく、混じり合って暮らしていたことを示していた」。ところが、まさにその理由のために、図書館は民族主義者の大砲の標的になったのだ。

リードルマイヤーにとっても、民族主義者の動機はわかりすぎるほどよくわかった。「ボスニア全土を通じて、図書館、公文書保管所、博物館、文化施設は破壊の標的になった。目的は、将来の世代に、異なった民族、宗教伝統をもつ人たちが、かつて共通の遺産を共有していたことを思い出させる書物、文書、芸術作品などの物的証拠を隠滅するためだった」。リードルマイヤーがスペイン語で「共生」を意味する〝コンヴィヴェンシア〟について書いている一文には説得力がある。〝コンヴィヴェンシア〟とは、ムスリム、ユダヤ人、キリスト教徒それぞれのもつ伝統が混ざり合うことによって、さらにスケールの大きな文明を形成すると解釈するムーア人支配下のスペイン文化のおおらかなありようを示す概念である。リードルマイヤーによれば、同じような概念が、かつてオスマン・トルコ時代のバルカン半島の知的・文化的生活にも活力を与えていたという。だが、一九九二年八月、サラエヴォを包囲したセルビア民族主義者たちは、それまで心に抱いてきた民族の純粋性を保つという理想と矛盾することに我慢できなかった。「総体的に見て異様なのは、ものの見方が逆であることだ。〝民族浄化の実行者たち〟は文化的・宗教的要因を熟知しており、それを標的を選ぶ際の第一の基準にしたのである」。民族主義者によるボスニア図書館の意図的な破壊は、皮肉な事実を露呈した。なぜなら、バルカン半島の数百年にわたる知的・文化的共存から生まれた豊かで多様な成果のまぎれもない証拠を無定見に抹殺することはまさに、この地域の民族間に抜きがたい反目があるという西欧の偏見を裏づけているからだ。西欧の平和維持部隊、支援団体職員、官僚たちは、文化の破壊は大量殺戮の前兆であることを認識していない。

アンドラーシュ・リードルマイヤーは、子供のとき、共産主義者によるハンガリー奪取を嫌った家族とともに国外に逃れた。現在、彼は司書であるとともに、ヨーロッパ南部イスラーム圏を専門とする歴史家でもある。ハーヴァード美術図書館にある彼のオフィスは静かで明るく、書物やバインダー、たくさんのファイル・ボックスがあふれている。このオフィスで、リードルマイヤーとジェフリー・スパーはこの図書館のイスラーム美術プログラム作成に携わるかたわら、バルカン半島文明の保存や、それを破壊する人たちを法廷の場に引き出すプロジェクトを主宰している。彼のファイルには、写真、目撃者証言、フィールド・ノート、ボスニアからコソヴォにいたる文化的記念物の破壊の記録報告書など、戦争犯罪の証拠が収められている。彼のキャビネットの上には数個の蓋つきシャーレが置かれていて、そのなかにもまた、証拠が収められていた。リードルマイヤーは自ら、この火災に遭った書物、焼け焦げた亡骸の管理者になったのだ。はじめて彼のオフィスを訪ねたとき、私は彼が焼けた書物の司書かと思ったくらいだった。

ヴェズヴィオ山の噴火でポンペイとともに埋没した古代都市ヘルクラネウムの「パピルスの館《やかた》」からのちに出土した断片と同じように、これらの燃えカスはそのもとの姿を断片的にではあるが証明している。そのあるものには、灰色の紙よりやや黒い、幽霊のような文字が浮かんでいる。やや大きな塊は、本の頁が溶けてくっついたものであることが多く、頁の端が今にも崩れ落ちそうなのに、何か言いたげな風情でひらひらと揺れていた。「本を燃やすのは実際にはなかなかむずかしいことがわかりますよ」とリードルマイヤーは微笑を浮かべながら、ナチが権力をとったとき、怯えたドイツの書籍所有者たちが学んだ苦い教訓と同じことを言った。彼はコソヴォのめちゃめちゃに破壊されたモスクの内部で撮影された写真を見せてくれた。部屋の隅に、ガソリンをかけて火をつけた本の残骸が腰の高さまで積み重なっていた。「本の頁はきっちりと圧縮成形されているので、酸素が行き渡らず燃え上がりにくいのです。攻撃した人たちはこのことを知らなかったのですね」。写真で見るこれらの書物の多くは修復不可能のようだったが、原形は残しており、雑然とした残存物のなかには、テキストの断片がはっきり見えるものもあった。損傷はしているが、きれいにすれば読めるのではないかと思われるものは、さらにたくさんあった。

「ボスニア写本収集プロジェクト」は世界中の図書館に依頼して、ボスニアの戦時中に失われた文書のコピーが残っていないか探しているが、他方、「ボスニア図書目録データベース」は広範囲のネットワークをもつ大学図書館協会によって立ち上げられ、最初の段階として民族コレクション再建のため、失われたボスニアの資料の書誌目録を編纂している。リードルマイヤーも同時に、将来の戦争犯罪裁判に備えた証拠用にバルカン半島の図書館や文化的記念物の破壊を立証する記録資料のデータベースをつくっている。つい最近、彼はオランダのハーグへ出張し、前セルビア大統領スロボダン・ミロシェヴィチの戦争犯罪裁判法廷で証言した。

二〇〇一年の夏の午後、リードルマイヤーはコーヒーを飲みながら、サラエヴォ包囲を耐え抜いた同僚から聞いたという、もう一つの本を燃やす話をしてくれた。冬になって、この学者と夫人は暖房と調理用の薪がなくなったので、仕方なく本を燃やしはじめた。「燃やす本の選択は、よくよく考えなくてはならなかった」と友人は言った。「まず優先順位をつける必要がある。最初、三十年も読んだことがなかった古い大学時代の教科書。次に、同じ本が二冊あるもの。でもやがて、つらい選択を迫られる。今日はだれの本を燃やすか？　ドストエフスキーそれともプルースト？」私はリードルマイヤーに、戦争が終わったときにその友人にはまだ本が残っていたかどうか訊いた。「もちろん」と彼は答え、かすかな微笑を浮かべた。「彼はまだたくさんの本をもっていた。時には本を見つめていると、つい腹がへってもいいと思ってしまうものだよ、と友人は言った」

# 第7章　書架のあいだをさ迷いつつ

## 書物の墓場「ゲニーザ」

昔々あるとき、一人の少年がはしごを登り、窓からカイロの外側に広がる砂漠を見つめていた。見上げれば、はしごの天辺の壁にぽっかりと小さな穴が開いている。うつむくと、しっかり握った紙がくしゃくしゃになって汗に濡れていた。手にしているのは練習帳の頁、メモや手紙、紙くずなどだった。彼の仕事は高いはしごを登って、それらを穴へ押し込むことだった。

　ようやくはしごの一番上までたどり着いたときには身体が震え、息がはずんでいた。穴をじっと見つめるが、開いた口の奥は暗い。これが書かれたものの墓場か――頁のどこかに神の名が記されているかもしれないとユダヤ教宗教指導者《ラビ》から聞いたことがある。そこは本が死んだときに行くところだ。少年は顔をこわばらせ、こみ上げる恐怖を抑えながら紙の塊を穴へ押し込み、最後に指で暗がりへぐいっと突き入れた。紙くずは視界から消えて、カサカサとかすかな音を立てながら下のどこかへ落ちていった。少年は中空の墓場から、破れていない祈禱書と新しい何も書かれていないパピルスの束が待つ安全な場所である大地へと、きしむはしごを降りていった。

「ゲニーザ」は、ヘブライ語で〝倉庫〟を意味する。ラビの言い伝えによれば、それはシナゴグの一角にある使い終わったあらゆる種類の書かれたものを集めておく場所のことで、そこが一種の本の墓場であることを表わしている。儀式用詩篇、過越し祭の古い典礼書、子供の書き方練習帳などのぼろぼろになった頁すべてが集められ、正式に埋葬されるまでゲニーザに保管されることになる。偉大なラビで学者のソロモン・シェクターによれば、「霊魂が去ったとき、私たちは亡骸を見えないところに置き、傷められないように保護するのと同様に、書かれたものがぼろぼろになったとき、それらを隠し、冒瀆されないように保存しておけば、本の中身は魂のように昇天する」という。

書かれた言葉への畏敬の念は「啓典の民」に共通のものだ。『コーラン』は「トーラー」と同様、神聖なものだからあっさり捨てるわけにはいかない。アッラーの言葉を記した本は神の存在の一端を示すものである。パキスタンのクェッタ近くにあるチルタン山には、どれも死者のように白い布に包まれて埋葬された『コーラン』約五万冊を収めた洞窟が連なっており、アジア一帯のムスリムの巡礼地になっている。多くの洞窟は礼拝堂を兼ねていて、敬虔な信者が白布に包まれ積み重なった『コーラン』のあいだで徹夜の祈りを捧げるのだ。一般に〝聖なる『コーラン』の山〟と呼ばれているこの山の近くに埋葬される者は罪が許されると言われている。

こうしたイスラームの慣習は新しいものではない。一九七二年、イエメンのサヌアにある大モスクを修復していた労働者が大量の朽ちた写本を発見した。それらは袋に入れられ、別にしまわれていた。ぼろぼろになった頁のなかから、学者たちはイスラーム教の最初の二百年時代にさかのぼる『コーラン』のテキストを発見した。面白いのは、そのなかに、今日の公認の標準版とは別種のものがあったことで、『コーラン』の原典の歴史についての興味深い手がかりを与えてくれている。

だが、ユダヤ人のゲニーザは、一冊の本（一部あるいは全部）ではなく、書かれた言葉全般を聖なるものとして取り扱っている。おかげで、放置され、忘れられていたゲニーザは長いあいだ、ユダヤ関連写本の重要な情報源になってきた。それにしても、カイロのシナゴグのゲニーザは比類なく長持ちした。はしごでしか近づけない、隔離された場所に、紀元九世紀から十九世紀まで千年にわたる書物、手紙などさまざまな文書が積み重なり、混じり合い、朽ちていたのだ。

一八九〇年にシナゴグが修復されたとき、ゲニーザから大量の資料が市場に流出し、ヨーロッパからの旅行者が貪欲にそれを買いあさった。一八九六年、アグネス・ルイス・スミスとマーガレット・ダンロップ・ギブソンという二人のスコットランド人女性がカイロを旅行中、古い文書の切れ端を購入し、英国へ帰国してからヘブライ語で書かれた二つの断片をソロモン・シェクターに渡した。当時、ケンブリッジ大学の教授であったシェクターはその一つの断片が「シラ書」のものであることを発見した。「シラ書」はそれまでギリシア語のものしか知られていなかった。この文書は紀元前二〇〇年頃に書かれたもので、ヘブライ語の原典は千年にわたって行方不明だったのだ。シェクターはこの発見に興味をかきたてられてカイロへ旅行し、そこで彼が望むものは何でもゲニーザから持ち出せる許可を得た。シェクターのゲニーザについての記述は実に生き生きとしているので、少し長いが引用する。

この当惑を実感できる者はまずいない……それを自分の目で見るまでは。それは書物の戦場だ。何百年にもわたる文人の産物が場所取り合戦に参加し、無残な断片《ディスジェクタ・メンブラ》となってそこに散らばっている。交戦者のなかにはすぐに戦死し、すさまじい場所取り合戦で文字通り塵に帰ったものもあれば、まるで一斉に押しつぶされたかのように大きく不恰好な塊に圧縮され、化学薬品を使っても、構成部分に甚大な損害を与えることなしに分離することは不可能になっているものもある。

文物の栄枯盛衰に感無量になったシェクターは、収集を手書きのもののみに限定し、約四百年分に匹敵する印刷物は除外した。学者たちは今となってはこの選択を残念に思っている。なぜなら、シェクターの時代以降、ユダヤ関連の印刷物に学者の大きな関心が向けられるようになったからである。いずれにせよ、シェクターの収集物はたいへんなものだった。全部で約十万個の断片は、聖書、聖句箱〔旧約聖書の文句を書いた羊皮紙の札を納めた革の二つの容器で、ユダヤ人が朝の祈りに一つは額に、一つは左腕につけ、律法を忘れないようにした〕、アポクリファ〔聖書外典〕と偽典、ミシュナ〔口伝律法〕、マイモニデスその他の編纂によるタルムード〔ミシュナの註解〕、儀式用詩篇、手紙、紙幣、魔よけ、暦、目録、学童用練習帳と読本、辞書、彩飾品、お守り、秘教教本、医学書、名簿、論争術書、詩、単語表、アラビア語の児童書、アラビア語文法、歴史書、科学教科書、ユダヤ関連文書のアラビア語訳など多岐にわたる。

シェクターがカイロのゲニーザの収蔵物のことを披露して以来、時がたつにつれて収蔵物はしだいに大西洋の両側に散らばっていった。断片の大部分はニューヨークのユダヤ教神学校とケンブリッジ大学に保管されているが、S・D・ゴイタインの研究により再統合されつつある。彼の六巻からなる『地中海社会』には、中世のユダヤ人生活が生き生きと描かれており、経済、政治、民族問題、知的活動、個人生活におけるユダヤ人とイスラーム教徒との関連が検証されている。

するとゲニーザは図書館のようなものなのだろうか？　言葉の厳密な意味からすれ

ばもちろん、そうではない。図書館は自由に閲覧できるが、ゲニーザは何百年も閉鎖されていた。さらに図書館の書物は選ばれ、承認され、保存の価値ありと考えられたものだが、ゲニーザの文書は反対に、役に立たなくなったために投げ捨てられたり、廃棄されたものだった。だが、もっと基本的な意味では、ゲニーザはやはり図書館である。なぜなら、図書館は将来役立つような書物を収集し保存するが、ゲニーザも確実にそれを実行しているからである。ゲニーザは、ユニークな文化遺産を収集し保存した点では世界の図書館のなかで比類がない。ゲニーザは文物の保管に関しては並みの図書館以上だったと言えるだろう。なぜなら、断片はほうっておけば間違いなく傷むが、長いこと閉鎖されていたために、保存に気を配っても、取り扱い、運搬、紛失、攻撃や窃盗などの被害をこうむりやすい図書館以上に長持ちしたからである。さらに興味深いことには、価値がないとみなされていた断片が、今日のわれわれにとってかけがえのないものであるという事実である。これらの断片は、信頼性を吟味された権威ある図書館の蔵書よりもはるかにわかりやすい過去からのメッセージを伝えてくれる。これらの捨てられた平凡な断片は——ジョナサン・スウィフトの書物合戦の喩えを髣髴させるシェクターの前述の一文に実に生き生きと描かれている——さもなければ忘れ去られたかもしれない人たちの美点を何と雄弁に物語っていることだろう。

ゲニーザは、イデオロギーその他で人々を虐げる斧をもたない。その点で図書館とはまったく逆の存在である。なぜなら、図書館は政治的中立性、透明性、しがらみのなさを標榜してはいても、著者である王侯、博愛主義者、学者などの隠されてはいるが、しばしば矛盾する衝動を内蔵している。アレクサンドロス大王はつまるところ、知性という資本金で古代市場を買い占めて自分の図書館をつくるつもりだった。デューイは、図書館を効率よく運営するばかりではなく、読者の人生も効率よくすることを願った。条件付き、イデオロギー先行、論争好きのこれらの図書館とちがって、ゲニーザは自分が集めたものの矛盾について心配する必要のない、ごみの山にすぎないのだ。

## ホーム・ライブラリー

カイロのゲニーザへのはしごが撤去されて数百年後、板壁に太陽の光がいっぱいに当たるアメリカのウィスコンシン州にある農家の広間のレースを掛けたテーブルの上には、一そろいの書物が置かれていた。古代ローマの書架《アルマリア》のように、観音開きで中は二段の棚になっているこのポータブル書棚には、二十冊ほどの本がきちんと収められている。本と言えば、この小戸棚に収まった二十冊だけだ。それでも、アーサー・ボストウィックの『アメリカの公共図書館』〔一九一〇年〕に復刻されたポータブル書棚の写真は、わずかな書物であっても、図書館らしい趣を感じさせる。これらの書物は、

ホーム・ライブラリー　ボストウィック著『アメリカの公共図書館』（ニューヨーク：アップルトン、1910）より（ワイドナー図書館蔵　B 7739.10 copy B）

世紀の変わり目の司書たちが〝ホーム・ライブラリー〟と呼んでいたもので、個人の蔵書ではなく、農村地帯の読者用に手ごろな本をセットにして送り出されたものである。初期の移動図書館であるホーム・ライブラリーは、ウィスコンシン州の田園地帯の農場に司書兼御者の馬車で運ばれた。それは無名の人物の肖像画の下に、二つの簡素な黒い椅子にはさまれて置かれる、地味で素朴なものだった。だが、この小戸棚に収まった本には、かすかにアレクサンドリア――ヴァチカン、ソルボンヌ、ボストン公共図書館の堂々たる御影石の円形閲覧室などの匂いがする。

ホーム・ライブラリー本のしっかりした装丁は農家の部屋に光を放っているように見える。書棚に並んだ本は、二枚折聖画像《ディプティク》のように、書物の輝きでこの部屋を満たす祭壇になっている。

ボストウィックによれば、ホーム・ライブラリーには二種類あったという。農村部の読者に回覧されるコレクションのほかに、もう一つのミニ・ライブラリーが都市部の主として移民の子供たちのために用意されていた。都市部では司書かボランティアがこれらのコレクションをもって近所の移民住宅へ赴き、本を貸すことができそうな子供を探した。彼女らの希望は、子供が本を読むばかりでなく、その家族や友人たちにも読んでもらうことだった。一週間かそこらで司書は本を回収に住居を訪れ、子供たちと本のことで話し合い、子供たちが次に借りるコレクションを勧めるのだった。

移民住宅への奉仕と図書館学の組み合わせは、無教育の大衆を読者の輪に引き入れ、冒険物語や旅行記から地理、歴史、貿易へと正しい読書軌道に乗せるという十九世紀の目標をさらに進めるように企画された二十世紀の産物である。目的は、ホーム・ライブラリーの楽しさに惹かれた若い読者を地方分館の児童室に取り込み、そこで彼らの住む社会の価値観を植えつけることであった。

これらの移民の子供たちのなかには、推薦された本を受けとり、これらの本を利用して自分たちを新しい世界、自分たち自身の新しいアメリカに適応させようとする者もいた。彼らにとって、十九世紀の司書たちが軽蔑した気晴らしのための読書——とくに小説——が図書館の本のなかで一番勉強になった。

**人民宮殿**

メアリー・アンティンとアルフレッド・ケイジンの著書に登場する図書館は異彩を放っている。二人とも家族はロシアのユダヤ人特別強制居住地区〔ロシア皇帝がユダヤ人に居住を許した唯一の地区〕から二十世紀はじめにアメリカに移住してきていた。この二人の著者は親の世代の理想を支持したり、覆したりして図書館のイメージをつくり変えている。

アンティンにとって、新しい社会が認めてくれる権利をもっとも明確に象徴するのが、自分も公共図書館の共有者であるという思いだった。波瀾万丈の回想録『約束の地』〔一九一二年〕のなかで、彼女はボストン公共図書館を「私の大好きな場所の一つ」と呼んでいる。彼女は押しかける来館者を観察する。「入り口でおしゃべりを止めた子供たちは……大階段を上がりきったところにある大きなライオンの石像を手で叩いている」。「本をいっぱい抱え……めがねをかけた学者たち」は自分の靴音が響きわたるのに気がつかない。旅行者たちもまた、「玄関広間を長々とうろつき、碑銘や彫刻を念入りに見ている……これらの熱心な子供たち、聡明そうなご婦人連、学術書を書くために家へ帰る学者らはみな——この壮麗なもの、この高貴な学問の宝庫を私と共有しているのだ。〝これは私のもの〟と言えるのは何とすばらしいことか。〝これは私たちのもの〟と言えるのは何と胸が躍ることか」。ベイツ・ホールと呼ばれる「広大な閲覧室」の端で、アンティンは「高いアーチ型天井の下にある広々としたスペースが自分自身の一部であるように」感じた。彼女にとって図書館は文明の神聖な保存庫以上のものだった。そこには、遠慮や言い訳なしに、感謝の気持ちだけで自分の国と呼べる新しい家の全エネルギーが充満している。「十代までほとんど本なしで育てられた私が、今までに書かれたすべての本の真ん中に身を置くということは、記録にあるどんな奇跡にも勝るすばらしいことだった」

移民をアメリカに同化させることはもちろん、公共図書館の目標の一つではあったが、アンティンの言う図書館との込み上げるような一体感は、公共図書館運動のパイオニアたちの予想をはるかに越えたものだった（メルヴィル・デューイもそこまでは望んでいなかっただろう。彼は偏狭な人間で、表向きは穏健な経営者を装いながら、実はユダヤ人嫌いで、ニューヨーク北部に創設した夏のリゾート地にユダヤ人を入れなかった）。十九世紀の図書館指導者たちにとって、図書館は要領のいい読者を生産するエンジンか工場のようなものだった。要領のいい読者とは、役に立つ本を読み、文学の軽薄さやくだらなさを無視し、書物を自分と社会を前進させるために役立てる

メアリー・アンティンが知っていた頃のボストン公共図書館ベイツ・ホール　ボストウィック著『アメリカ公共図書館』(ニューヨーク：アップルトン　1910) より (ワイドナー図書館蔵　B 7739.10 copy B)

人たちである。このような実用本位の考え方は、それまでの世代の理想とかけ離れたものだった。昔は図書館が知識の宝庫であり、不思議の詰まった玉手箱であり、ミューズの鳥かごのようなものと想定されていたのだ。ところが、改革主義者たちは、図書館というものは進歩的なものであり、目的意識をもち、プロレタリア的であるべきだと言う。庶民が図書館にきたら、商売の仕方、貯蓄の仕方、まじめな生き方などを学んで帰るべきである。因習からの解放や個人の啓発はせいぜい二次的な目標だった。だが、図書館、とりわけ絶え間なく大量の本が入ってくる大きな公共図書館は、博愛主義者や行政管理者たちの理想以上に将来の発展への道を拓いた。

アンティンと同様、アルフレッド・ケイジンも、公共図書館運動のパイオニアたちが意図した、彼にふさわしい書物の地味で実際的な使い方には、幸いなことに気づいていなかった。大恐慌の真っ只中の当時、ケイジンはざわざわしたニューヨーク公共図書館の喧騒のなかで、知識人の仲間入りをしようと懸命だった。彼は『ニューヨークのユダヤ人』〔一九七八年〕にこう書いている。

約五年間、私はニューヨーク公共図書館で勉強した……広々とした開放的な315号閲覧室で一日じゅう本を読んで過ごすこともしばしばあった……年ごとに、私は昼も夜も、どっしりしたりっぱなテーブルに座り、多くの時間を自分の学びたいことにあらゆる面からアプローチすることほど楽しいことはないと感じるようになった。このりっぱな図書館は、読みたいときはいつでも、喜んで私を受け入れてくれるように思えた。

ケイジンは、図書館を彼自身のような夢を追い、行動する人にとってのアメリカに見立てて綴ってゆく。315号閲覧室で、彼は、十九世紀の荒削りで無秩序なものを断ち切って文字文化による近代化への道を拓いた出版社、新聞人、文筆家たちに（彼らの本やコラムを通して）出会った。彼らの生き生きした人物像が、動く群衆のように彼の前を通り過ぎていった。ユージン・デブス（一八五五－一九二六、労働運動指導者）、マックス・イーストマン（一八八三－一九六九、編集者・著述家）、アプトン・シンクレア（一八七八－一九六八、小説家・社会運動家）、H・L・メンケン（二六五頁参照）、エドマンド・ウィルソン（一八九五－一九七二、文芸・社会評論家）、セオドア・ドライサー（一八七一－一九四五、小説家）、アレン・テート（一八九九－一九七九、詩人・評論家・編集者）、それにシカゴの名もない呼び売り商人や宵っ張りまですべて。殺到する群衆――ポケットに手を入れ、帽子を目深く被った連中――そのあいだをケイジンは高等遊民のようにうろつき回る。

ケイジンはのらくら者だが、図書館は気にしない。「私は自前の研究員、まったくどこにも属さないフリーランサー、ものを書くことによって近代アメリカ精神で自己教育をしている夜間大学非常勤講師……」。そこにいる彼は、最高に満ち足りた気分のアメリカ人読者だ。

一八九七年のシカゴとサンフランシスコの造反青年出版社に関する黄ばんだぼろぼろの、そのうち姿を消すような資料を、私がなぜ調べる必要があるのかを受付で訊ねる者はいない。一九一二年版の『ポエトリー』創刊号や一九一四年版の『ニュー・リパブリック』、セオドア・ルーズベルト時代のスキャンダル漁りの『コリアーズ』より、もっと手近なものを使ったほうが万事うまくいくのにと勧める人もいなかった。

アメリカ文学を通して急速に台頭しつつある近代思潮に隠されたその他のたくさんの兆候についても、だれも教えてくれなかった。ケイジンは学術図書館の夢にとりつかれる。それは一文無しから大金持ちになる三文小説の空想とは異なった夢であり、無名の他人から援助を受けない個人的な成功の夢であった。大半の閲覧者と同じように、ケイジンは自分が求めていたものはすでにここにはなく、忘れられ、破棄されてしまっている――この図書館は不撓不屈の学者にのみ秘密を明かす「ゲニーザ」だと信じている。もちろんこれらの黄ばんで色あせた資料を手に入れた人がおり、その資料の目録をつくった人がおり、書棚からそれらを取り出し、閲覧者が読み終わったらもとに戻す人もいただろう。だが、この図書館では、そうした助手たちはカーテンの後ろに隠れ、図書館は読者のみを映し出し、書物のさまざまな由緒を曖昧にする背幕用の鏡のついたステージになっている。

一世紀前の図書館では畏敬の念の対象としての書物を展示していた。だが、二十世紀初頭の新しい図書館では書物は隔離収納され、電話、コンベアベルト、エレベーターなどの最新技術を使った職員によってしか提供されなくなった。『サイエンティフィック・アメリカン』誌一九一一年五月二十七日号の表紙には、当時開館したばかりのニューヨーク公共図書館の書庫の断面図が載っている。それには、地階の書庫で全員男性の職員が複雑な構造の縦穴式昇降機を使って書物を配本室へ送るため忙しく働いている様子が描かれている。配本室の窓の先には、書籍が運ばれる機械のことなど知らずに、幸せそうに本に目を通している読者たちが座っている。

『サイエンティフィック・アメリカン』誌の記者は、ニューヨークの新しい図書館の建物があれほど細部にいたるまで複雑な構造でなかったなら、図書館の効率的な人の扱い方にもっと感動していたであろう。「あらゆる階級の読者に書物を供給する必要から、読者が読む本より読者そのものを振り分ける建築プランと実施方法を考え出すことが推奨された」と彼は書いている。この著者が「読者の階級」を強調するところに、十九世紀公共図書館運動のパイオニアたちの関心事が反映されている。結局、建築家は「それ自体が芸術作品であり、西半球の最大都市にふさわしい記念碑となるばかりでなく、言うならば、図書を調べにやってくるたくさんの閲覧者を彼らが属する知的階級別に自動的に振り分けるような図書館を設計した」という（傍点筆者）。

効率的な管理運営の目標など知らないケイジンのような読者は、自分自身と読む本

工場のような図書館（『サイエンティフィック・アメリカン』誌1911年5月27日号の表紙に描かれたニューヨーク公共図書館断面図）図書、職員、閲覧者が効率よく管理されている

がぴったり合うように調整し直す。「シカゴを見る何年も前に、希望、躍進、知的斬新性はこれら中西部のパイオニア的現実主義者とともにやってきたことを私は知った……」とケイジンは書いている。彼はこの図書館にも自分なりの中西部を発見する。洞察力のある作家、ワイシャツ姿の無分別な男、覆面をした夢想家たちが、「自分たちがせっせと生み出しつつある作品以外にアメリカ文学はないと自負する」理想化された「中西部」だ。このニューヨーク公共図書館にはすべてのものが内包されている。この都市《まち》独特の個性のなさ、金ぴか時代の野暮ったさと華やかさ、マンハッタンの考古学と地理学、それより何よりケイジンの言う「失業者収容所兼教会からかき集めてきたような」アメリカ人、「開架式書棚の参考書に〝うそつき野郎！〟としつこく書き込む頭のおかしい特定イデオロギー唱導者や、同じくらい無分別な神学生、百科事典を片っ端から調べまくるパズル狂、市の電話帳から住所リストをこっそり破りとる歩合セールスマン」などなど。ケイジンの描く図書館では、だれもが自分自身のとんでもない未来を彷徨するイノック・ソウムズのように絶望的な思いにとりつかれている。これが昔の知識の案内役、ミューズの鳥かごのなかでせわしく動き回る本の虫、大事なライオンと頭蓋骨といっしょに書庫内読書席に一人でいる聖ヒエロニムス、常識的な考えを生み出す工場あるいは市場などのイメージとはほど遠い、新しい図書館の典型である。しかしそれでも、何もかも新しいのに、図書館についてのケイジンの概念は、それ以前のものと縫い目もなく繋がっている。一億冊の書籍が焼却されようとしていた戦争前夜に書いていているケイジンにとって、図書館は都市文化の坩堝であり、典型であった。

ケイジンの両親〔アメリカに移民してきたユダヤ系ロシア人〕にとって、本というものは神聖で、すばらしい、貴重なものだった。その形式は神によって設定され、（その最初の形である「トーラー」のように）この世の一番大事なものであると言ってもよかった。それはおそろしく高価なものでもあった。両親の世代にとって、本は十七世紀の概念での書物だった。西欧世界では、そうした概念は二十世紀にいたるまで続いている。だが、ケイジンと同時代の人たちは突然、自分が書物の山のなかに埋もれているのに気づいて、「ちょっと見てみたいだけ」の本が際限なくあることを知った。ケイジンは、先達のアンティンと同様に、図書館という施設を前向きのイメージにつくり変えた。もしホーム・ライブラリーが文明の祭壇でありうるならば、もし木箱に入った数冊の本がウィスコンシンの農場では契約の箱〔十戒を刻んだ二枚の石板を収めた箱〕のようにうやうやしく開けられるならば、集められて――すべてそこに置かれて待っているだけ――の数百万冊の書物は、ニューヨークやボストン、シカゴに入れ替わり立ち替わりやってくる群衆のなかで迷子になった移民やその子供たちのために何かできるのではないだろうかと。

## 『アーケード・プロジェクト』

飢えと寒さをものともせず本を選んだ人もいる。ヴァルター・ベンヤミン〔一八九二―一九四〇、ドイツの文芸評論家〕もその一人で、たった一冊の、しかも未完の本のために自分の身を危険にさらした。歴史に残る『アーケード・プロジェクト』〔引用文などを記した数千枚のインデックスカードをクロス・レファレンスできるように整理して、文字文化の世界をアーケードのように構築しようとした「本の本」〕を小脇に抱えて、彼は追ってくるファシストを逃れてピレネー山脈を越えたが、そのずっと前から、ベンヤミンはどんな読者でも、自分の蔵書で個性を発揮することができると考えていた。「蔵書の荷を解く」というエッセイのなかで、彼は自分の本をオブジェとして楽しむ。本を箱から取り出し、棚の上に置き場所をつくってやりながら、彼は物としての本の本当の命を発見する――そこに置かれることによって本は自由になり、自分らしく生き生きしてくるのだ。「書物蒐集家には、すべての本の真の自由はその書棚の上のどこかにあるように見える」と彼は書いている。書物の普遍性は影が薄くなり、表面化してくるのはその個性である。

読者というものは、一冊の本ですべてを語ることができるはずだと期待して、総合図書館の躁病患者的な潜在エネルギーに異議を申し立てるのが常である。『聖書』に始まるそのような本への渇望は、つねに文字文化の一部として存在した。だが、ベンヤミンは、どんなささやかな本でも、その持ち主にとっては「運命の書」になる可能性があることを知っていた。だから、個人の蔵書は、公共図書館や学術図書館の蔵書の影を薄くする可能性があるとベンヤミンは言う。図書館が人間の考えうるすべての世界への道を拓いてくれるとすれば、愛用のオブジェとしての書物は、個人の書物が、以前の持ち主の物語や、製本、折丁のままの頁の歴史のなかに反映されている時代や場所を超えた繋がりを、持ち主にありありと感じさせてくれる。書物は道具であり、道具がみなそうであるように、その発達過程にまつわる話がある。ドアと鍵、パスポートと輸送機関というように。もしそうなら、ベンヤミンが未完の自著――これ自体がさながら図書館と言ってもよい *Das Passagen-Werk*〔『アーケード・プロジェクト』のドイツ語原題〕の原稿を安全で自由なところに運ぶ途中で自殺してしまったのは何と悲劇的だったことだろう。ベンヤミンの最後の数日にとって、その本は錨であり、山腹を押し上げる巨岩であり、読書好きで丸くなった肩に担われた世界だった。だが、たとえそれが重荷だったとしても、彼は喜んでそれを担っていただろう。究極的には、ステージの上でもっとも美しい光を放っているあのオブジェが放つ香気《オーラ》はベンヤミン自身だったのである。「この本は私以上に大事なものだ」と彼は最後の不毛なピレネー山脈越えのとき、同行者に言った。

## ミューズの鳥かごは今

私が書架のあいだではじめて迷子になったとき以降、ワイドナー図書館に集められた数百万冊の書物に多くの変化が起きている。図書館を愛する者がみなそうであるように、私が書誌学者風の夢想に耽っているあいだにも時は流れる。現在、ワイドナー図書館は徹底的な修復工事の最終段階にある。私が下に降りる階段は新しく塗料が塗られ、かすかにきのこの匂いがする。緑色のパイプの手すりは、つかまりながら降りて行くと私の手に嵌めた指輪でコンコンと音を立てる。「特殊用語ゲーム」やXーケージのもろい紙は今はなくなり、離れたところにある倉庫に収められている。今や書架に昔の書物を見つけるのはむずかしくなり、再製本された初期印刷本《インキュナブラ》や羊皮紙の十八世紀の二つ折り判などはより安全な区域へ移されつつある。

今あなたが読んでいるこの本は、どこにあるのだろうか？　この本の図書館での置き場所は名も知れぬ人々によって決められる。最初に、司書がアメリカ議会図書館の分類目録を引く。この振り分け作業は目がくらみそうで、ひょっとして異なった解釈や明白な誤りを冒す可能性はいくらでもある。議会図書館件名分類による入れ子式のクロス・レファレンスが可能な見出し（United States——Social Conditions——to 1865）は、かつては件名カード目録を順序よく並べるのに役立っていたし、現在でもオンライン利用者が分散されたデータベースの検索に用いているが——独特の論理の迷路をつくり出している。

だが、だれもがそれに満足しているわけではない。あらゆる種類、規模、特色の図書館に役立つ威厳のある共通の規準を見出そうとする議会図書館件名分類には、官僚的な高飛車さが感じられることがしばしばある。一九七三年以来、ミネソタ州のヘナピン・カウンティ図書館（ＨＣＬ）の司書をしてきたサンフォード・バーマンはこの件名標目を、人種差別主義的、反動的、人間の尊厳にとって侮辱的で、おまけに人をまごつかせるだけだと感じて、独自の分類作成に挑戦してきた。その過程で、彼と愉快な同僚の目録作成者たちはＨＣＬ目録を読者にとって便利この上ない道具に変えた。

バーマンと同僚たちがつくった代用リストの一部を見ただけでさえ、滑稽であると同時に、なるほどと思わせる。ＬＣ（議会図書館）目録では、曖昧だが語源学的には正しい amicide（同士討ち）を、バーマンはもっと分かりやすく friendly fire casualties（友軍砲火による死傷）としている。彼ならしゃちこばった dysmenorrhea（月経困難）の代わりにズバリ menstrual cramps（月経痛）と言うだろう。だが、バーマンの目録作成法とＬＣのそれとのちがいは、意識のちがい以上のものであった。彼の目録作成法は腕のよい職人風である。司書たちは通常、業界連合によって天文学的数量で集められ、コンピュータ・ネットワークを通じて傘下の図書館にも利用させる出来合いの記載目録を受け入れることを余儀なくされているが、バーマンは図書館が購入する図書の特徴を述べるのに、自分の頭を使うことを主張した。そのため、彼の記載には、目次や詳細な記述などの情報が付け加えられていることが多く、これは、たとえばヌトゼイク・シャンジェの『ホワイトウォッシュ』が人種差別主義者の憎悪によるショッキングな犯罪を描いた本なのか、あるいは家屋塗装の手引書なのかを調べたい読者に大いに役立つ。

メルヴィル・デューイから現在にいたる図書館管理者たちは、このような手づくりの仕事は、書物を読者に手渡すという図書館の一番大事な使命である作業を遅らせると主張してきた。だが、バーマンは、上意下達式のネットワーク化された図書館のやり方そのものがうまくいっていないと感じた。読者は的確な情報供給源へ能率よく導かれていない。それどころか、読者は専門的知識を強調する件名分類に当惑し、疎外感をもってしまう。能率のよさの恩恵を受けるのは、概して大きな図書館ネットワークの管理者たちなのだ。

こうした能率優先がいまや勝利を収めようとしている。バーマンは早期退職に追い込まれ、簡素化、標準化されたデータベースに順次切り替える計画が進むにしたがって、彼の目録も同じ運命をたどることだろう。バーマン目録の廃棄にあちこちの司書から抗議の声が上がると、管理者たちは思い直した。この目録はたぶん図書館学校あるいはアメリカ図書館協会の保存庫に置かれることになりそうだ。これは専門家にとってよいニュースであるが、ヘナピン・カウンティの読者たちにとっては大した慰めにはならない。

私のこの本にはたぶん、ややこしい、あるいはまぎらわしい件名標目は必要ないと思うが、それでも、目録作成者はこの本を、歴史、回想録、それとも小説に分類するのかと気になる。それとも、「食事、飲酒を含む生活習慣」が入れられているGT類になるのだろうか？　もっと可能性が高いのは、言語、文学のためのP類である。だが、C類はどうだろう？　この類には「歴史補助学」、とりわけCD類には紋章、印記、保管文書が含まれている。選択の余地はいろいろあるが、この本は書誌学の分類に入れられることはほぼ間違いない。目録作成者たちは慎みぶかく、書誌学分類をアルファベットの最後のZ類に押し込んだ。このZ類には、図書（一般）、表記、古文書、書籍出版・販売、図書館、書誌学が入っている。きっとZ類にちがいない。するとワイドナー図書館東館階段室の一番下に近いC層《レヴェル》で足をとめれば、そこにZ類の置き場があるはずだ。「屋上出入禁止」のドアの標識が私に注意を促す。

だが、再区分がいろいろある。他の分類と同様、Z類も合理性と偏見と気まぐれが入り混じった分類の仕方だ。どこに目を向けるべきか？　私は害のない本を書いたつもりなので、〝発禁本〟があるZ1019 - 1033にはたぶんないだろう。私の読書歴も入っているが、この類の最後のZ8001 - 8999に属する個人的な書誌目録でもない。他にもZ716.2 - 718.8――「特定テーマと図書館の関係（「図書館と地域社会」「図書館とテレビ」など）」、Z702――「書籍の盗難と紛失」、Z102 - 104.5――「暗号解読法、各種暗号、隠顕書字法」などがある。もしかして「読書指導《ベスト・ブックス》」という分類に入っているといいのだが、それはZ1035.1から1035.9までのほんのわずかなスペースしか与えられていないから、たぶん、入れてもらう余地がないだろう。

Z719 - 725という「図書館（概論）」に関する本に割り当てられた広々した区域もある。この書棚の並びを廻ってみると、かつては通路の区切りを示す淡い黄土色の光を放っていた白熱電球に代わって、まばゆい蛍光灯がほどよく輝いている。頭上のパイプがきらりと光る。このパイプには高圧の水が通り、煙や熱に反応して、燃え上がる書物に水をかける仕掛けになっている。火災報知器が鳴って、ワイドナー図書館の閲覧者やスタッフの仕事が中断させられることがしばしばあるが（改修工事や建設工事による埃で報知器が作動する）、今日は静かだ。Z類とその近辺は閲覧者が訪れることがもっとも少ない場所で、大理石の床に響く私の足音に、頭上の照明器具のかすかなジーンという音が加わるだけだ。

私がいるのはZ721sである。ここにはほかにどんな本があるだろうか？ 面白そうな本が数冊あった。Richard Armour著 *The Happy Bookers : A Playful History of Librarians and Their World from the Stone Age to the Distant Future*（おめでたい

愛書家たち　石器時代からはるかな未来までの司書とその世界のこっけいな話）、John Willis著 *The Care of Books : An Essay on the Development of Libraries and Their Fittings, from the Earliest Times to the End of the Eighteenth Century*（書物の扱いについて　大昔から十八世紀末までの図書館および図書館用品に関する一考察）、Joris Vorstius著 *Grundzüge der Bibliotheksgeschichte*（図書館史要説〔藤野幸雄訳、日外アソシエーツ、一九八〇年〕）、私の師 Kenneth Carpenter著 *The First 350 Years of the Harvard University Library*（ハーヴァード大学図書館の三百五十年）などがある。製本様式はさまざまで、製本の芯地《バックラム》も多種多様だ。装丁に沿って指を走らせると、固い生地の表皮が乾いたリズミカルな音を立てる。だが、私自身の本は見当たらない。足首の高さの棚に収められているかもしれないと屈んでみた。あったのは真っ暗な小さな空間——空っぽのゲニーザの穴のようだ——で、その先の本は隣りの本に寄りかかっている。私の本はここにもない。だれかがすでに借り出してしまったのだと思っておこう。

ゲニーザ、ホーム・ライブラリー、人民宮殿、知識の宝庫、ミューズの鳥かご……パルナッソス神殿や総合図書館などの私独自の分類は、重複点が多すぎて迷路にはまり込んでしまう。ボルヘスの「バベルの図書館」のように、どんな蔵書でもほとんど無限に代替が可能であるとともに、矛盾した要素を内に秘めている。カトリック教会の聖者一覧表のような目録は人間がつくったものだが、これを神聖化することに反対する世俗化の傾向もまた、同じように人間が構築したものである。究極的には、総合図書館でさえ、人類の知識の完全無欠な集合体ではなく、ましてや典型的な宇宙そのものでもなく、集められた知識を別の形式で表わしたにすぎない。アメリカ議会図書館は四百五十言語の一億冊を超える書物を保有している現代のバベルの塔であることは確かだが、それでも世界中で人々が話したり、身振りで表現したりする数千の自然言語と方言のごく一部にすぎない。それらすべてを結実させた、おびただしい数の書物をすべて受け入れる総合図書館があるとすれば、それはあの聖者一覧表のような目録に忠実なパルナッソス神殿の図書館と同じように、典型的な宇宙そのものであるとともに宇宙のひな形でもあるだろう。存在するものはみな、最後にそこにくるのだから。

　われわれはあらゆるところに図書館があるのを知っている。オランダの哲学者スピノザ〔一六三二－七七〕から英国の数学者アラン・チューリング〔一九一二－五四〕にいたる思想家の直観的洞察力に従えば、われわれは宇宙を、知識が流れ、固まり、なだれ落ち、再結合しながらしだいにまとまった形になってゆくものだと考えることができる。最近、宇宙自体が、果てしなく変化するデータすべてを保存するコンピュータのようなものであると言われるようになってきた。ビッグバン以降の原子構成素粒子の拡散から太平洋に寄せては返す大波、周期的に移動するオオカバマダラチョウの羽ばたきまで、すべての現象をコンピュータで計算し、読み出せる。

デジタル時代の書誌学者は、中世の先祖たちがやっていたような天啓の仕事に戻る。司書たちも中世の書記と同じように、文書を保管し分類するだけではない。彼らは書面の研究手引書や本になった図書目録は言うまでもなく、オンライン検索補助資料、CD－ROM用語索引、その他の電子テキスト形式の文書もつくり出す。デジタル・テキストは、昔のレコード盤のうず巻状のみぞによく似た形式で書き込まれる。古代メソポタミアで、家畜の数や穀物の量を柔らかい粘土に楔形文字という大まかな記号で刻み込んだのと同じように、コンピュータ時代の二進法テキストを最初に刻み込んだのは、計算に強い事務員と、労力を節約したがるその道の指導者たちだった。やがてこうした大まかな記号や、古代遺跡に見られる落書きに似た引っかきキズのような符号は、知の女神のカルト集団に盗まれた。われわれがすでに、データベースやオンライン目録を〝デジタル・オブジェ〟と呼んでいるのは、たぶん本という埃をかぶって眠っているような物体へのノスタルジアの表われかもしれない（われわれはまだ、これから数世代にわたってありあまる書物の管理者の役目を続けることになるだろう）。今日の書物のテキストはおそらく、たちまち翻訳されて目に見えないデジタル媒体のなかに姿を消し、将来、何世代にもわたって保存されることになるだろう。しかし、そうした未来の世代は、原文の体裁を整え、彩りを添える装丁のデータの保存には関心をもたないであろうか？　プログラマーがつくった目に見えない暗号のなかに美や真実を探究しないものだろうか？　そんなことはまずあるまい。こうしたデジタル・テキスト、〝デジタル・オブジェ〟はきっと、分類され、特徴を記載され、注釈がつけられるだろう。それは楽しんでする仕事になるにちがいない。今日のデジタル・オブジェは、それほど遠くない明日の初期印刷本《インキュナブラ》であり、もとの字句を消して上書きした羊皮紙《パリンプセスト》、ゲニーザの紙片、変化と不滅性の両方を求めて飽くことを知らないわれわれの本能的欲求の遺物なのだ。

デジタル時代の図書館は不断の変化にさらされている。それは、施設としてばかりでなく、そこに入れられ、保存され、広められる書物にとっても、危機的状況であると言える。それは図書館に深く根をおろした文字文化にとっての危機でもある。総合図書館は、「この図書館には何がふさわしいか？」という問いかけに答えるふりをしてきた。それでも、さらに多くの情報を入れる余地がまだあるように見える世界では、この問いかけはまだまだないがしろにできない。ジョナサン・スウィフトは、近代的な書物を入れることは図書館のカトリック教会の聖者一覧表のような目録がもつ威力を台無しにするのではないかと恐れた。近年のずっと自由であるはずの時代における司書たちも、同じように偏見に満ちた眼差しで、保存する価値のあるものとないものを篩《ふるい》にかけるつもりで、増え続ける蔵書を精細に調べてきた。大きな図書館はどこでも、売却したり、断裁したり、遠方の保存庫に数百万冊の単位で移し替えたりして、たくさんの本を流失させつつある。図書館が直面している問題——スペース不足、資金不足——は切実で、侮りがたい。さまざまな危機に際して、図書館がとらざるをえない選択は、たぶんに精神的な価値を犠牲にするファウスト的な手段である。ニコルソン・ベイカーの近著*Double Fold : Libraries and the Assault on Paper*（板挟み図書館と新聞廃棄）は、日刊紙は一日限りのものだから整理保存しておく価値はないと判断する図書館管理者に怒りをあらわにしたものである。酸性物質をふくんだ新聞紙は保存が厄介だし、内容もありきたりのくだらないものだからとっておく意味がないと彼らは言う。だが、ジョン・ダントンが『アシーニアン・マーキュリー』を〝凡人〟の教育の手段として発刊したように、新聞は時代精神《ツァイトガイスト》の出産地であり、書き手は庶民の領域に属する無名の人であることが多かった。ベイカーの詳述によれば、新聞は印刷技術を飛躍的に向上させ、書体の選択・配列の美しさ、図版のきれいさなどの基準を設定し、書物の印刷者は長いあいだこれを新聞と競い合ってきたものだった。新聞が姿を消したことは——英国図書館、アメリカ議会図書館、ニューヨーク公共図書館など数えきれないほどたくさんの図書館の総合的なコレクションの一部と思われていた新聞が廃棄された——歴史に残る大きな損失である。

理想的な公共図書館において、われわれはみな〝凡人の〟読者である。自分の読みたいものを読むことで、われわれの生まれながらの権利である心のなかのこの上なく神聖なスペースを保ちながら、公民としての役目を果たしている。こうした生まれながらの権利を法律、監視、やがては検閲などによって脅かすことは、われわれがそうしたことを黙認し、自ら権利を放棄するのと同じくらい危険をはらんでいる。

われわれが直面しているのは、書物の喪失ではなく、世界の喪失である。アリストテレス時代以降のアレクサンドリア図書館、ルネッサンス初期の大学や修道院、十九世紀の雑然とした学術図書館のなかでと同じように、「言葉」の形態は再び変化し、紙とインクに代わってピクセルとビットに宿る傾向がますます強まっている。それによって言葉の姿は見えなくなりそうだ。書き言葉は生《なま》の話し言葉の空虚な符丁であると考えた古代の逍遥学派《ペリパトス》、新たに再生した古代世界が印刷術という暴力によって危機に瀕していると見るルネッサンス時代の王侯貴族の写本蒐集家、三文小説は文学の影響力の最後の希釈剤だと考える十九世紀の手づくり本の愛好者にとっても、そう見えたにちがいない。それでも、図書館がそうしたサイクルを耐え忍んできたという事実は、希望を与えてくれそうだ。所蔵する書物と言語を保護するために、図書館は科学技術、変化の威力、王侯貴族の影響力などに何度も挑戦したり、うまく利用したりしてきた。

そのような変化は、果てしない再生サイクルの一部であって、図書館はそれを可能にした読者に感謝しなければならない。考えてみれば、リチャード・ライトは自分を締め出した人種差別時代の図書館を自己発見の道具にした。ヴァルター・ベンヤミンもまた、場所も状況もまったくちがうとはいえ、ライトが発見したのと同じ、本の森の住民だった。ベンヤミンはスーツケースのなかに未完の自著を入れたまま、地理的な境界線で足止めされた。ライトは借り物の図書館利用カードをパスポートのように使って、まだ書かれていない彼自身の著書が待っている同じ世界へ足を踏み入れた。

書架のあいだにいると、図書館は死んだ本が行く場所であるかのように思えるかもしれない。総体的に見ると、書物はそれ自体がつくったすばらしい隠れ家に姿をひそめている。時代が移るにつれて、図書館は成長したり変化したり、繁栄したり消滅したり、花盛りを迎えたり萎縮したり――それでもわれわれはみな、書物を通してアレクサンドリアの顚末を追い、集められた数百万冊の書物が知識と普遍性を生み出すという神話の象徴であるパルナッソス神殿で小休止をしたいと願っているのである。目の見えないボルヘスが書架のあいだを手探りで歩き回っているときに感じたはっとするような皮肉は、目の見える司書にも同じように強烈な印象を与える。書物は自分自身を守るために、われわれを巧みに避けるのだ。だがそれが、われわれに本を書き上げ、全集をそろえ、蔵書にさらなる書物を加えるよう奮起させるのである。

平和な文明国では今、公共図書館は文化の殿堂のように見える。日本もその例外ではない。美しく頑丈な建物、明るく快適な閲覧室、どんな本がどこの書架にあるか、たちどころにわかるオンライン検索機、児童コーナー、貸出中の本や遠方の図書館にある本の予約・取り寄せ、身体の不自由な人への巡回配達、朗読サーヴィスもしてくれ、調べたいことがあればどんな本を見ればよいか、教えてくれるレファレンス・デスクもある。

他方、出版物すべての納本を義務づけている国立図書館ではどこの国でも、洪水のように増える書物の整理・分類の必要に迫られて独自の分類法や書誌学を発達させ、まさに巨大な資料管理・保存センターになりつつある。世界最大の総合図書館であるアメリカ議会図書館は蔵書数一億冊以上、毎日七千冊ずつ増加しているという。それよりずっと規模の小さい日本の国立国会図書館も二〇〇二年に蔵書数は七百九十万冊を越え、毎日、六百冊以上増え続けている。今や一日の出版点数は二百冊を越え、図書・および図書館に関連した業務や経済活動は空前のブームを迎えているかのような印象を受ける。

ところが不思議なことに、人はどんどん本を読まなくなっていると聞く。もはや一年間に出版される書物の数は、一人の人間が一生どころか、三百回生まれ変わっても到底読みきれないほど多く、知識や情報に食傷気味なのか、それとも好みや関心がおそろしく多様化しているのか、あるいはテレビやインターネットなど、もっと手軽に情報を入手できる媒体や、スポーツ、音楽、旅行、映画などの娯楽が余暇を奪いつつあるのだろうか？

不思議なことはもう一つある。これだけ猛烈に増えてゆく本は、どう考えても図書館の限られたスペースに収まりきれるわけがない。溢れた本は一体どこへ消えるのだろう？　一定期間の貸出・閲覧件数が少ないものから順次に保存庫へ移管され、保存庫からさらに遠方の倉庫へと移されたり、あるいはマイクロフィルムその他の媒体に写しとられたりして、現物は廃棄処分にされるものも相当あるにちがいない。

すると現代の図書館は、書物が整理・分類されるまでの一時預かり所、暇つぶしや勉強部屋代わりにやってきて、タバコやコーヒーのつもりで本を手にとる利用者のためのレクリエーション施設か、それとも古びた大聖堂の聖者の影像が立ち並ぶ内陣か地下霊廟のような、湿った埃の匂いがする、過去の亡霊がうろついていそうな不気味な倉庫になりつつあるのか？

そんなはずはない。本書（*Library : An Unquiet History*, W. W. Norton & Company, New York, 2003）は、ハーヴァード大学のワイドナー図書館、稀少本を所蔵しているホートン図書館などで長年、司書をつとめてきたマシュー・バトルズが語る「人間にとって図書館とは何だろう？」としみじみ考えさせる話である。

バトルズは、洪水のように増えつつある書物を処分するプロジェクトへの参加を余儀なくされて、別の倉庫に移管する書物を選ぶために館内を走り回るうちに、ほとんど読まれることもなく古び、場所ふさぎになっている書物を手にとって、思わず感慨に耽《ふけ》らざるを得なかった。そうした本を書いた人がおり、編集・製本・出版した人がおり、分類して棚に並べた人がおり、一度ならず手にとって頁を繰った人がいたはずだ。それぞれに喜怒哀楽を共にした家族や仲間もいたであろう。そうしたささやかな人間の営みの痕跡、それこそ人間社会の縮図ではないか？　その集積こそ歴史であり、今ここにわれわれがいることの証ではないか？

生身の人間の息吹が聞こえる図書館の姿をぜひ知ってもらいたくて、「書架のあいだをさ迷いつつ——総合図書館哀亡史」という一文にまとめたものが『ハーパーズ・マガジン』誌二〇〇〇年一月号に掲載されると、ある編集者からこれを本にしませんかと声がかかった。それから約二年あまりで完成したのが本書である。出版後のインタヴューで、「図書館をめぐる事実だけを並べた無味乾燥な歴史を書きたくなかった。知識と文化がどんな風に影響しあってきたかを見つめてみたかった」と述べている。

図書館の原型は、今から約五千年も前のメソポタミアにすでに存在していた。粘土板に先のとがった筆記用具で楔形文字を刻み込んだものを天火で乾かしたり、窯《かま》に入れて焼いたりしたものは驚くほど耐久性があり、イラク南東部の町ニップールにあった神殿から粘土板でいっぱいの文書保存庫がいくつも発見されている。さらに広範囲の文書を集め、分類して整理・保存した人類初の図書館らしい図書館は、紀元前七世紀のアッシリア王国の支配者アッシュールバニパルが首都ニネヴェにつくったものであると言われる。人間の一生は有限だが〝書かれた言葉〟は、書き手の肉体を離れ、時空を超えることができる……数千年も前に、たとえ無意識のうちにでも、そう直観した人間がいたのだ。

記録された文字の断片が集められ、編集され、一カ所に集められて、さまざまな形の図書館として管理・保存される一方で、自然災害や戦争、価値観の変化や管理者の経済的衰退、新たな支配者によるプロパガンダや過去との断絶の強要などによって、図書館は消滅したり、破壊されたり、忘れられたり、そうかと思うと思いがけない形で再発見されて、その価値が再認識されたりしてきた。

〝書かれた言葉〟を神聖視した昔のユダヤ人は、シナゴグの一角にある「ゲニーザ」

と呼ばれる〝書物の墓場〟に、使い終わった「トーラー」や祈禱書はもとより、帳簿や日誌、子供の学習帳から引きちぎられた一頁にいたるまでていねいに葬ったという。乾燥した地帯の石造建築物のなかに葬られたそれらの〝書かれた文字〟は一千年以上ももちこたえ、昔の人間の暮らしや想念をありありと示す貴重な資料になった。

ルネッサンス期にはまた、時の支配者が古典的な理念のなかに権力の拠りどころを見出そうとする一方、科学技術の進歩による新しい発想法が印刷術の発達と並行して広まりはじめ、急増する書物は自分の居場所を確保するために、スウィフトの描くような「古代派」と「近代派」の書物合戦の様相を見せはじめた。これがやがて図書館の巨大化にともなう、合理的な図書館運営や目録の作成を促し、司書が専門的な職業として注目されるようになってゆく反面、あまりにも書物が増えすぎて、読者が真に必要としている書物を選ぶという文化の担い手としての司書の本来の役目をむずかしくした。

文字文化とそれが促進した知的世界の発達と進歩は、決してギリシア・ローマ世界から西欧キリスト教社会を経て今日の先進国へと一直線に発展してきたのではなかった。ローマ帝国が滅びたあと、ルネッサンス期までのあいだに、イスラーム教徒が地中海文化から学び、異なった文字文化を持つ中国やインドからも知識を導入して、より重層的な学問の世界を培い、それが西欧社会へ再輸出された経緯にも、本書はかなりの頁を割いている。

書物は知識や情報源としてのみ活用されるとは限らない。読書は旅に似て、日常性を逃れ、いながらにして異次元の世界に目を開かれ、しばらく現実を忘れさせてくれたり、同じ境遇の話に心を癒されたりもする。人間らしい暮らしを突然剝奪されて、いつ死地に追いやられるかわからないゲットーのユダヤ人たちも、持ち寄った本で図書館をつくり、表紙がとれ、頁が途切れ途切れになったような本を回し読みした。そうした貸出状況を綴った元司書の記録も書架の谷間の忘れな草である。

書物がそれほどまでに人の心と深い関わりをもつことを知った新しい独裁者が、自分と異なった思想や見解を記した既成の書物の焚書令を出したのは、秦の始皇帝やヒトラーばかりではなかった。レコンキスタ時のコルドヴァやグラナダ、スペイン人征服期のメキシコでも本が焼かれた。二十世紀末のサラエヴォでは、ボスニア国立・大学図書館の建物と蔵書が、イスラーム文化とキリスト教文化の共生を示すまぎれもない証拠であったために、民族浄化気運に駆られたセルビア人民族主義者たちから攻撃の標的にされて炎上した。

皮肉なことに、古代アレクサンドリア図書館の書物の焼失、ヴェズヴィオ山の噴火による「パピルスの館《やかた》」の埋没、二度の世界大戦中、中世以降の貴重な宗教関連書のあったベルギーのルーヴェン大学が受けた戦禍など、かけがえのない知的遺産の喪失は、失われたものへの好奇心をいっそうかきたて、残された資料を探し集めて、さらなる書物を書こうと人々を奮起させる。〝書かれた言葉〟にはやはり、時空を超えた人の声がひそんでいると改めて実感せざるをえない。

本書はアメリカと英国での出版に続いて、すでにドイツ語版、イタリア語版が出ており、本書が出る頃には英語版のペーパーバックの発売も予定されている。

訳出に当たって、世界の図書館の歴史を簡潔にまとめた藤野幸雄著『図書館史・総説』、図書館用語に関しては、日本図書館情報学会用語辞典編集委員会編の『図書館情報学用語辞典』を参照させていただいた。また、ワイドナー図書館の分類や配架、書物のタイトルなどについては、奇しくもバトルズ氏と同じくこの図書館とホートン図書館で司書をされていたアメリカ在住のフミコ・コインさんが面白いエピソードも交えて懇切に教えてくださった。心よりお礼申し上げる。

二〇〇四年九月

白須英子

文庫版のための訳者あとがき

# 人類史の転換期に立つ総合図書館

原著誕生のきっかけとなったマシュー・バトルズの寄稿文〝Lost in the Stacks: The Decline and Fall of the Universal Library〟（「書架のあいだをさ迷いつつ――総合図書館哀亡史」）が『ハーパーズ・マガジン』に掲載されたのは世紀の変わり目となる二〇〇〇年一月のことだった。

当時、ハーヴァード大学図書館司書だった彼は、職務上、洪水のように増えつつある書物を処分するプロジェクトへの参加を余儀なくされて、湿った埃の匂いがする、古びた、場所ふさぎの書物を選んで別の倉庫に移管するために書架の谷間を走り回っていた。そんなある日、ふと手にした処分寸前の本も、それを書いた人がおり、編集・製本・出版した人、分類して棚に並べた人、一度ならず手に取って頁を繰った人がいたはずだという感慨に襲われる。そのそれぞれに喜怒哀楽を共にした家族や仲間がいたであろう。すると、「そうしたささやかな人間の営みの痕跡を所蔵する図書館は人間社会の縮図ではないか、その集積こそ歴史であり、今、ここに自分がいることの証《あかし》ではないか」という思いが込み上げてきて、それを人々に知ってもらいたくてたまらなくなったのだという。

名門大学現職司書の寄稿文のサブタイトル〝The Decline and Fall of the Universal Library〟という言葉に、当時の出版関係者は現代の大規模総合図書館が待ち受ける異変の予兆を鋭く感じとってハッとしたに違いない。この小論はたちまちある編集者の目に留まり、本にしませんかと声がかかって二年あまりで本書が完成した。それが、古典文学・評論など、名著のアンソロジー刊行で名高いアメリカの老舗出版社W・W・Norton社から*Library: an Unquiet History*として世に出たのは二〇〇三年である。日本でもすぐに版権をとって、拙訳の単行本が草思社から刊行されたのは二〇〇四年十一月だった。

当時、アメリカのみならず、日本の出版界でも本書がすぐに注目を集めたのは、第二次大戦後から二十世紀末にかけての平和な文明国における夥しい出版ブームが、読者にとって何度生まれ変わっても到底読み切れないほどの刊行量になり、すべての出版物の納本を義務付ける国立図書館の収蔵能力を超えるほどに急増しつつあったばかりでなく、図書分類法や、保存・修復の手順にまで抜本的な改革が進行していた。急速な変化を後押ししていたのは、書物の刊行が活版からデジタル化へと破竹の勢いで進行していたからである。昨今では、ほとんどの刊行物は紙の本と同じものをデジタル機器の端末でも読めるようになっており、後者のほうがじわじわと優勢になりつつある。デジタル化以前の古い刊行物のうち、貴重なものはマイクロフィルムに収められたり、種目別に区分けして、分館に収められたり、遠方の保存庫に移されたり、情報資料として古くなったものは破棄されたりしている。

書物の刊行も、出版社を通さず、個人の書下ろしを直接、デジタル・データとして書籍販売市場に提示することさえ可能になった。美しい装幀、書店や図書館で手にした時のかすかな持ち重りに心を弾ませながら、ふと開いた頁から偶然、声なき声が聞こえてくるような感動はいずれなくなるのだろうか？

地域の公共図書館の金字塔だった「館外不出」の辞書や百科事典の類《たぐい》はほとんどデジタル化されていて、館内でさえ手に取る者の数は減り、やがてゴミ扱いになる宿命を感じて所在無げに書架にたたずんでいるように見える。図書館の貸出カウンターには、すでに自分の端末で予約した本、来館して書架記号を片手に手早く必要図書を集めた人たちが並び、パートタイムの書籍整理係がそれらにすばやくバーコード・リーダーを当て、同時に印刷される貸出リストと共に手渡してくれる。自動貸出装置を備えている図書館も多くなった。新聞も定期購読する家庭が減って、若い世代ほどニュースは各人が好みのメディアを選んでデジタル版で読む。図書館の新聞・雑誌コーナーはもうずいぶん前から高齢者のたまり場になっている。新聞の発行部数は減少の一路をたどり、読み終わった新聞紙は今や、リサイクル価値の高い、貴重な資源ゴミとして扱われている。

昔は図書館の入り口近くに司書が座っているデスクがあり、読みたい本の書架の位置を教えてくれたり、何かについて調べたい時にどんな書物が、どこにあるか探してくれたりした。今やレファレンス・デスクは階下の保存庫に近いところに移され、訪れる人もまれになった。大抵のことは自分の端末機器で調べることができてしまうからだ。

公共図書館を支える地方自治体は、図書館を地域住民の生涯教育・情報提供の拠点とすることを目的に資料提供や新刊書購入の予算を組み、勉強部屋代わりのWi-Fi付き閲覧室の拡充にも尽力しているが、図書館管理の専門家である図書館司書の役割や配置については戸惑いがあるようだ。

従来の大規模総合図書館は「骨董品の陳列棚」化が危惧され、巷の公共図書館は管理・運営のアウトソーシング化が進み、ますます多様化する利用者のニーズに合わせて、資本主義社会のビジネスさながらの運営に傾きつつある。そんな今、なぜ本書が十七年ぶりの文庫化を要請されているのだろう?

人類が言葉と文字を生み出して以来、連綿として続いてきた文化・文明の象徴のような総合図書館が衰退して行くのを座視するしかないのか？　その理由を模索しながら原著を読み返しているうちに、「そんなはずはない」という著者の思いが表明されているいくつかの語句に気がついた。

たとえば、原著の表題 *Library: an Unquiet History* の副題の部分にある〝Unquiet〟に著者はどんな思いを込めていたのだろう？　図書館に所蔵されている書物の著者の大部分はすでにこの世にいない〝死者〟である。だが、ひとたびその書物を繙《ひもと》けば、そこにしたためられた文字から立ちのぼる著者たちの〝声ならぬ声〟は、書き手のたましいの根底にある沈思が深ければ深いほど〝静かならざる饒舌〟となって〝生者〟である読み手の心に響いてくる。そうした感動を一度でも味わった人が選んだはずの書物が幾層にも連なる書架に並ぶ図書館は「一つの世界に似て」、「包括的でありながら未完で、神秘に満ち満ちている」〝書かれた言葉に宿っている不思議な霊威〟が、戦火や自然災害、政治的抑圧による焚書などの受難が壊滅的であればあるほど人々の無念な思いを揺すぶり、復元、発掘、再興へと後世の人たちを駆り立てて来たのではないか？　そうした図書館の興亡の歴史を何としても書き残しておきたいという著者の執念が〝unquiet〟という語に滲み出ているのではないか？　「人が決めた書物の優劣順位の永続性には無頓着の変化もあれば季節もある。読者の要望という強い引力によって、本は図書館から潮の干満のように出たり入ったりする」。彼のいた図書館の図書整理係はそれを、まるで図書館が「呼吸している」ようだと形容していたという。
そのような大規模総合図書館のことをバトルズは、〝Universal Library〟と呼んでいる。〝universal〟とは、「宇宙」「天地万物」「普遍性」を意味する〝universe〟の形容詞で、「どこの図書館の書架のあいだに立っても、その膨大な数の書物には実際、人間の経験のすべてが含まれているのではないかという強烈な印象を受ける」ばかりでなく、「膨大な数の書物は宇宙のひな形ではなくて、宇宙そのものを形成して」おり、「外界で起こっているすべてのことは文書にして印刷され、これらの書架のどこかにあるにちがいないという感覚に襲われる」と著者はいう。

図書館の書物からは、「真実なもの、本質的なもの」を発見することも出来るであろうが、「人を欺き、論理的に正しくない説明」に惑わされることもあるであろう。バトルズは、「図書館の道義性と信憑性、愚劣なものと本質的なものの錯綜する関係」を解き明かさずにはいられない衝動に駆られてこの本を書いたに違いない。

十七年ぶりの本書の文庫化による再刊で、私たちはもう一度、人類にとって図書館とは何だったのか、古代世界の学問・文化の殿堂だったアレクサンドリア図書館から現代までの図書館史を辿り直してみることにより、書物のあいだから湧き上がる声なきざわめき、「意味を求める沈黙の叫び」が聞こえてきて、「不可視なもの、触れ得ないものへの畏敬の念」が生者と死者を結びつけ、その音なき余韻を豊かに響かせてくれることを願ってやまない。

文庫版刊行に当たり、草思社の藤田博氏、貞島一秀氏をはじめ、校閲、装丁、営業その他の関係各位に心から感謝申し上げる。

二〇二一年三月

白須英子

University Press, 1969初版は1912）とAlfred Kazin著*New York Jew*（New York：Alfred A.Knopf, 1978）も参照した。

・議会図書館目録と件名分類についてはアメリカ議会図書館のウェブサイト（www.loc.gov/catdir）を参照した。Sanford Bermanの大河物語は、Rory LitwinのすばらしいウェブサイトLibrary Juice（www.libraryjuice.org）に収録された資料に詳しい。Bermanの物語、および彼自身の著作については、Chris DodgeとJan DeSirey編*Everything You Always Wanted to Know about Sandy Berman but Were Afraid to Ask*（Jefferson, N. C.：McFarland, 1995）で知ることができる。この本をはじめ、ここに挙げた書物の大半は図書館の書誌学セクションで見つけることができるであろう（ある程度大きな図書館でないと無理かもしれないが）。アメリカ議会図書館の分類法では、これらはZに属し、デューイの分類法では010（書誌学）および020（図書館学）に入れられている。他にも分類法はいろいろあって、ワイドナー図書館では、Zは旧ワイドナーの書誌学分類であるBの近辺にある。これらの書物のための二つの分類は、ハーヴァード・ヤードの地下2階にあるワイドナーの墓場のようなC層《レヴェル》にあって、ハーヴァードの多くの司書たちの秘密の桃源郷になっている。この場所はこのところ数年、筆者の狩場で、本書はまさにここから生まれたのである。

バンによるHakim Nasser Khosrow Balkhi Cultural Centerその他の図書館の焼き討ちの話は、抑圧を受けた作家や芸術家を支援する国際組織Autodafeのウェブサイトに Latif Pedramが寄せた記事“Afghanistan：The Library Is Burning”による（www.autodafe.org/autodafe/autodafe_01/art_03.htm）。

Eliza Gleason著 *The Southern Negro and the Public Library*（Chicago：University of Chicago Press, 1941）は、黒人差別時代の図書館サーヴィスについて重要な資料を提供している。Elizabeth McHenryは、*Harvard Library Bulletin,* vol.6, no.2（Spring 1996）に“Dreaded Eloquence'：The Origins and Rise of African-American Literary Societies and Libraries”という論文を寄せ、南北戦争前のアフリカ系アメリカ人の書物文化について詳しく述べている。

## 第7章 書架のあいだをさ迷いつつ

ニューヨークのユダヤ神学校で特別蔵書の客員研究員を務めるDavid Wachtelは館内を案内しながら筆者にカイロのゲニーザについて、注目すべき話をはじめて聞かせてくれた。ゲニーザ文書については、Schechterのエッセイ（*Studies in Judaism : A Selection*［Cleveland：World, 1958］に収録されたもの）に加えて、Paul Kahle著 *The Cairo Geniza,* 2nd ed.（Oxford：Blackwell, 1959）に依拠している。Shelomo Dov Goitein著の6巻からなる *A Mediterranean Society : The Jewish Communities of the Arab World as Portrayed in the Documents of the Cairo Geniza*（Los Angeles：Near Eastern Center, University of California, 1967-93）はこの件についてもっとも徹底した、権威ある著作である。Toby Lesterは、イエメンのサヌアの大モスクで発見された初期の『コーラン』について、*The Atlantic Monthly*（January 1999）に掲載された“What is the Koran?”で論じている。Mary Antin著 *The Promised Land,* 2nd ed.（Princeton：Princeton

*Conflict Resolution and Foreign Policy in Multi-ethnic States*（Montreal：McGill-Queens University Press, 2002），pp.98-135に“From the Ashes：The Past and Future of Bosnia's Cultural Heritage”と題する論文に述べられている。本書が出版される頃までには、筆者が利用させてもらった図書館攻撃に関連したRiedlmayerの集めた目撃証言はハーグの戦争犯罪裁判記録に収録されているはずである。大勢のその証人たちはKnut Jorfald監督のドキュメンタリー映画*Burning Books*（2002）にも登場している。ハーヴァード大学のイスラーム関連書の目録作成者であり、ボスニア図書館プロジェクトのコーディネーターでもあるJeffrey Spurrは、ヴィエチニカ破壊10周年にあたっての彼の言葉の引用を承諾してくれた。

20世紀末のバルカン半島戦争に関する数ある書物のなかで、ボスニアの文化破壊がもたらした影響を理解するためにもっとも役立ったと思うのは、Michael A.Sells著*The Bridge Betrayed：Religion and Genocide in Bosnia*（Berkeley：University of California Press, 1996）だった。Goran Simicの詩は、David Harsent著*Sprinting from the Graveyard*（Oxford：Oxford University Press, 1997）のなかから引用させていただいた。Goran Simicから激励されたことも嬉しい。

Tsering Shakya著*The Dragon in the Land of Snows：A History of Modern Tibet since 1947*（New York：Columbia University Press, 1999）には中国軍侵攻以降のチベットの歴史が感動的に綴られている。チベットの製本技術については、Conservancy for Tibetan Art and Cultureのウェブサイト（www.tibetanculture.org/culture_traditions/people/language.htm）で見ることができる。ワイドナー図書館で最近取得した昨今のチベットの書物のコレクションは手軽に調べることができた。パキスタンのクエッタに近いチルタン山については、Karla Brunerの*Sydney Morning Herald*の記事、“Mohammed's Mountain, a Place to Die For”（November 26, 2001）で知った。タリ

*and Its Library*（London：J. M. Dent, 1917）に記されており、借りた本を埋めた教授の話もそのなかにある。ドイツ軍のルーヴェン侵攻については*New York Times* 1914年8月と9月の記事から引用した。ナチの文化攻撃の歴史はJ. NoakesとG. Pridham編*Nazism, 1919-1945 : A Documentary Reader*（Exeter：University of Exeter, 1983）に実によく調べ上げられている。「火祭託宣」、ゲッベルスの1933年の焚書への関与、ナチの検閲の拡大に関する資料の翻訳は、*State, Economy, and Society, 1933-1939,* vol.2に依拠している。Margaret F. Stieg著*Public Libraries in Nazi Germany*（Tuscaloosa：University of Alabama Press, 1992）は、図書館界がいかに第三帝国の台頭に呼応したかにまつわる物語の資料となった。University of Alabama Pressの厚意により、シュタイクの著書から長文の引用を許してもらった。「ショアー（ヘブライ語でホロコーストの意）」期の書物の運命については、Jonathan Rose編*The Holocaust and the Book : Destruction and Preservation*（Amherst：University of Massachusetts Press, 2001）が忘れられない1冊である。このなかに収録されているZachary M. Bakerの翻訳によるHerman Krukの日記その他の資料の使用許可を与えてくれたUniversity of Massachusetts Pressに感謝する。他にもこの本のなかで筆者にとって重要だったのは、Dina Abramowiczの回想“The Library in the Vilna Ghetto”、“The Nazi Attack on ‘Un-German’ Literature、1933-1945”、Leonidas E.Hillの“Bloodless Torture：The books of the Roman Ghetto under the Nazi Occupation”、Stanislao G. PuglieseとAndrás Riedlmayer“*Convivencia* under Fire : Genocide and Book Burning in Bosnia”などである。

Riedlmayerはまた、自分のノートをはじめ、ボスニア国立・大学図書館の破壊関連の貴重な資料の閲覧を許し、いろいろご教示いただいたことに深く感謝している。民族紛争における文化遺産の重要性についての彼の見解は、Maya Shatzmiller編*Islam and Bosnia :*

*General Catalogue of Printed Books in the British Museum*（Aldershot, U.K.：Scolar Press, 1987）の2冊に詳しい。激動期の英国の公共図書館運動については、Alistair Black著*A New History of the English Public Library*: *Social and Intellectual Contexts, 1850-1914*（London：Leicester University Press, 1996）が説得力がある。

メルヴィル・デューイについては主として次のような資料、Wayne Wiegand著*Irrepressible Reformer*:*A Biography of Melvil Dewey*（Chicago：American Library Association, 1996）、Gordon StevensonとJudith Kramer-Greene編*Melvil Dewey*: *The Man and the Classification*（Albany：Forest Press, 1983）、Fremont Rider著*Melvil Dewey*（Chicago：American Library Association, 1944）を参照した。ハーヴァードの司書だったウィリアム・コズウェルの書簡の一部はハーヴァードの文書保管所に保存されている。筆者にコズウェルの「しおり目録《スリップ・カタログ》」のことを最初に教えてくれたのは、ハーヴァード大学図書館についてのエマーソンのレポートの編集・出版（*Harvard Library Bulletin*, vol.1, no.1, Spring 1990）にも携わったKenneth E.Carpenterだった。アダムズ、プール、スミス、グリーンらのエッセイは*American Library Journal*（1876）、「きりがないこと」は*Harper's Weekly*の1890年8月30日号に掲載されたものである。

## 第6章　知的遺産の焼失

ルーヴェン大学図書館破壊に関するベルギー戦争犯罪調査委員会報告は、ワイドナー図書館所蔵の小冊子（Q47）に収録されている。この大学と図書館の歴史年表はValentin Denis著Bartholomew Egan訳*Catholic University of Louvain, 1425-1958*（Louvain：n.p.,1958）に載っている。第一次世界大戦後のこの図書館再建についてのアメリカの関与については、Theodore Koch著*The University of Louvain*

の全部で4巻からなる書誌学的研究書*The Library and Reading of Jonathan Swift*（Bern and New York：Peter Lang, 2002）の一部が出版された。これでスウィフト自身の文庫ばかりでなく、彼がいろいろな所で接した書物の利用法の詳細が明らかになるはずである。ワシントン・アーヴィングの『スケッチブック』（1820）に出てくる古い地下墓地に閉じ込められていらいらしている1冊の本の話を筆者に教えてくれ、この本を貸してくれたのは、ホートン図書館の友人であり、同僚でもあるPeter X. Accardoである。

## 第5章　みんなに本を

筆者にはじめてイノック・ソウムズの物語を聞かせてくれたのは友人のJames Parkerである（彼の名前は目録に末永く残りますように！）。英国図書館については、P. R. Harris著の公認の説明書*A History of the British Museum Library, 1753-1973*（London：British Library, 1998）がある。Jacob Abbottの*The Harper Establishment*は、ホートン図書館にある初版を参照した。Oak Knoll Booksによりこの本が再版され、入手しやすくなったことはたいへん嬉しい。Walter Benjamin著*Arcades Project*は未完ながら記念碑的著作で、Harvard University Pressから1999年にHoward Eiland Kevin McLaughlinによる翻訳が出ている。

パニッツィについては、Edward Mi1ler著*Prince of Librarians : The Life and Times of Antonio Panizzi of the British Museum*（London：British Library, 1988）と、パニッツィ自身の著書*Passages in My Official Life*（London：C. F. Hodgson, 1871）の2冊の資料から引用した。パニッツィから現在にいたるまでの大英博物館の目録にまつわる話は、Barbara McCrimmon著*Power, Politics, and Print : The Publication of the British Museum Catalogue, 1881-1900*（Hamden, Conn.：Linnet Books, 1981）とA. H. Chaplin著*GK : 150 Years of the*

とOscar Handlinの記述に依拠している。書物合戦の話が一番よく描かれているのは、歴史家Joseph M. Levine著*Battle of the Books: History and Literature in the Augustan Age*（Ithaca：Cornell University Press, 1991）である。ベントリー、テンプル、ウォットンの生涯や著作に関するさらに詳しい情報については、複数の版のある著作、書簡集、印刷物を英国図書館で調べた。その主なものは次の通りである。C. Wordsworth編*The Correspondence of Richard Bentley, D. D., Master of Trinity College, Cambridge*（London：J. Murray, 1842）および*A Dissertation upon the Epistles of Phalaris, Themistocles, Socrates, Euripides, and Others, and the Fables of Aesop*、Wotton著*Reflections upon the Ancient and Modern Learning*、Temple著*An Essay upon the Ancient and Modern Learning*。

ジョン・ダントンの生涯は、彼自身の2巻からなる奇想をこらした自伝的告白に詳しいが、Gilbert D. McEwen著*The Oracle of the Coffee House*（San Marino, Calif：Huntington Library, 1972）はさらにこまかく調べてある。17世紀末のロンドンの日常についての筆者の基本的理解のもとになったのは、Robert LathamとWilliam Matthews編の記念碑的な完結版*Diary of Samuel Pepys*（Berkeley：University of California Press, 2000）である。王室図書館の歴史については、Elaine M.Paintinの歴史書*The King's Library*（London：British Library, 1989）から学んだ。

ジョナサン・スウィフトの文庫については、Harold Williams著*Dean Swift's Library, with a Facsimile of the Original Sale Catalogue and Some Account of Two Manuscript Lists of His Books*（Folcroft, Pa.：Folcroft Press, 1969）およびWilliam Le Fanu著*Catalogue of Books belonging to Dr Jonathan Swift, Dean of St Patrick's Dublin, Aug.19, 1715*（Cambridge：Cambridge University Library, 1988）を参照した。本書執筆中に、Heinz J. VienkenとDirk F. Passmann著

果たした重要な役割についてさらに広い視点を与えてくれた。ヴァチカン図書館については、Anthony Grafton編*Rome Reborn : The Vatican Library and Renaissance Culture*（Washington, D.C.：Library of Congress, 1993）に詳述されており、とりわけAnthony Grafton、James Hankins、Leonard E.Boyleらが執筆の部分を参照した。ヴェスパシアーノの*Memoirs*およびヴァチカン図書館におけるマッシモ・セレサその他の司書たちと筆者自身の討議も引き合いに出している。ヴァチカン図書館では、Vat.1at.3966（初期の配布記録）、Vat.1at.3955（最初の目録）、Vat.lat.3967とVat.lat.3954（のちの目録）など、目録および初期の図書館の配布手順についての手書きの資料を調べた。モンテーニュの図書館についての随想は、*Travel Journal*（San Francisco：North Point Press, 1983）に掲載のDavid Frame訳で読んだ。

## 第4章　書物合戦

ハーヴァードの初期の印刷目録と、それがつくられた図書館の歴史は、Hugh AmoryとW.H.Bond編の*The Printed Catalogues of the Harvard College Library, 1723-1790*（Boston：Colonial Society of Massachusetts, 1996）に述べられている。Ilse Vickersは、*Defoe and the New Sciences*（Cambridge：Cambridge University Press, 1996）のなかで、英国思想史におけるフランシス・ベーコンの重要性と、英国の教育界における非国教徒学者集団の役割について言及している。W. H. Bond著*Thomas Hollis of Lincoln's Inn : A Whig and His Books*（Cambridge：Cambridge University Press, 1990）は、ハーヴァードの後援者で、図書館および大学の近代化を促進した人物の生涯を描いている。初期のハーヴァード大学についての筆者の見解は、Bernard Bailyn編*Glimpses of the Harvard Past*（Cambridge：Harvard University Press, 1986）に収録されているBernard Bailyn

J. A. Szirmaiが*The Archaeology of Medieval Bookbinding*（Burlington, Vt.：Ashgate, 2000）で論じている。ニシビスのモーセのシリアの図書館の話、およびカッシオドルスの生涯と中世イスラーム世界の図書館については、James Westfall Thompson著*The Medieval Library*（Chicago：University of Chicago Press, 1939）に含まれているS. K.PadoverとIsabella Stoneの記事で知った。ルネッサンス期の著名人の生活のなかで書物がどんな役割を果たしていたかについては、Lisa Jardine、Anthony Grafton共同編集の*From Humanism to the Humanities：Education and the Liberal Arts in Fifteenth-and Sixteenth-Century Europe*（Cambridge：Harvard University Press, 1986）で論じられている。コジモ・デ・メディチ、ニッコロ・ニッコーリ、サン・マルコ図書館については、Berthold L.Ullman、Philip A. Stadter共著*The Public Library of Renaissance Florence*（Padua：Antenore, 1972）から学んだ。ヴェスパシアーノについては、William George、Emily Waters共訳の*The Vespasiano Memoirs：Lives of Illustrious Men of the XVth Century*（Toronto：University of Toronto Press, 1997）を使用した。ヴェスパシアーノのことをはじめて教えてくれたのは、妻のおばに当たるFlora Greenanである。これを奨めてくれた彼女に感謝する。中世の図書館の所有財産についての情報は、James Stuart Beddie著、*Libraries in the Twelfth Century, Their Catalogues and Contents*（Cambridge：Houghton Mifflin, 1929）から拾い集めた。そのなかに引用されているRichard and Mary Rouse著*Authentic Witness：Approaches to Medieval Texts and Manuscripts*（Notre Dame：University of Notre Dame Press, 1991）には、ソルボンヌ大学の蔵書とその利用法についての研究が載っている。L. D. Reynolds、N.G.Wilson共著*Scribes and Scholars：A Guide to the Transmission of Greek and Latin Literature,* 3rd ed.（Oxford：Clarendon Press, 1991）は、人文主義の発展に図書館が

*Chimalpopoca*（Tucson：University of Arizona Press, 1992）、Gordon Brotherston著*Painted Books from Mexico*（London：British Museum Press, 1995）、Joyce Marcus著*Mesoamerican Writing Systems : Propaganda, Myth, and History in Four Ancient Civilizations*（Princeton：Princeton University Press, 1992）から学ぶところが多かった。

著名な古典学者Lionel Casson著*Libraries in the Ancient World*（New Haven：Yale University Press, 2001）は古代世界の図書館の全体像を見せてくれる。彼の学識に裏付けられた豊富な引用は、筆者のさらなる読書のまたとない案内役となった。ローマ時代の図書館の背景については、Elizabeth Rawson著*Intellectual Life in the Late Roman Republic*（Baltimore：Johns Hopkins University Press, 1985）がローマ時代の知識階級の生活や仕事の仕方の全貌を明らかにしてくれた。古代世界における書物の役割について、異なった視点を与えてくれたのは、H. L. Pinner著*The World of Books in Classical Antiquity*（Leiden：A.W.Sijthoff, 1948）である。ヘルクラネウム物語とヴェズヴィオ火山の噴火による破壊については、Amedeo Maiuri著*Herculaneum and the Villa of the Papyri*（Novara：Istituto Geografico de Agostini, 1974）に詳しい。ブリガム・ヤング大学とナポリ中央図書館の研究者たちの仕事についてはBYUのウェブサイト（www.byu.edu/news/releases/archive01/Mar/Herculaneum/photos.html）で見られる。

## 第3章　知恵の館

"book"という言葉の由来、および蠟板の利用に関する興味深い事実については、R. H. and M. A. Rouseの書いた記事"The Vocabulary of Wax Tablets", *Harvard Library Bulletin,* new series, Vol.1, no.3（Fall 1990）で知った。ナグハマディ図書館の書物の綴じ方については、

年に英国図書館のパニッツィ記念講演で発表した。その内容は*Lost Books of Medieval China*（London：British Library, 2000）に収録されている。Burton Watsonの中国史の翻訳は古典として認められており、彼の編集した司馬遷の*Annals, Records of the Grand Historian*（New York：Columbia University Press；Hong Kong：Chinese University of Hong Kong, 1993. 邦訳『史記』小竹文夫・小竹武夫訳、筑摩書房）も例外ではない。Grant Hardyは古代中国における学識の有用性と意味、司馬遷の著作と彼の運命について*Worlds of Bronze and Bamboo : Sima Qian's Conquest of History*（New York：Columbia University Press, 1999）に書いている。Li Yu-ning編の中華人民共和国の学者たちによる論文集*The First Emperor of China*（White Plains, N.Y.：International Arts and Sciences Press, 1975）は、秦時代の焚書物語の政治的利用について述べたものである。Tsuen-hsuin Tsien著*Written on Bamboo and Silk : The Beginnings of Chinese Books and Inscriptions*（Chicago：University of Chicago Press, 1962）は、中国における文字と書物の歴史と意味について一読に値する研究書で房山石碑図書館および仏教文献の普及にまつわる石碑の重要性を述べ、今日までの中国の歴史における書物の形態と意図について詳しく説明している。David Diringer著*The Book before Printing : Ancient, Medieval, and Oriental*（New York：Dover, 1982）は、書物のさまざまな形態の歴史について詳しい。

アステカ族の歴史隠滅の物語については、Miguel León-Portilla著Lysander Kemp訳*The Broken Spears : The Aztec Account of the Conquest of Mexico*（Boston：Beacon Press, 1992）という出色の著書がある。León-Portillaは、Angela Maria Garibay K.がスペイン語に訳した昔のナワ族が書いたメキシコ征服物語を取り上げ、編集している。さらにナワトル語の文字の形や意味については、John Bierhorst著*History and Mythology of the Aztecs : The Codex*

とされている。Mostafa el-Abbadi著*The Life and Fate of the Ancient Library of Alexandria*（Paris：UNRSCO, 1992. 邦訳『古代アレクサンドリア図書館』松本慎二訳、中公新書）は、この有名な図書館の消滅にまつわる物語を逍遥させてくれるばかりでなく、古代以降の中近東の歴史に新たな視点を与えてくれる。アレクサンドリア図書館の命運について筆者の理解を深めてくれたその他の書物も挙げておこう。Roy MacLeod編*The Library of Alexandria : Centre of Learning in the Ancient World*（London：Tauris, 2000）、とりわけ編者による一 文、"Alexandria in History and Myth"、D.T. Potts（"Before Alexandria：Libraries in the Ancient Near East"）、Robert Barnes（"Cloistered Bookworms in the Chicken Coop of the Muses：The Ancient Library of Alexandria"）、Samuel N.C.Lieu（"Scholars and Students in the Roman East"）が参考になった。Luciano Canfora著Martin Ryle訳の*The Vanished Library : A Wonder of the Ancient World*（Berkeley：University of California Press, 1990）は、古代アレクサンドリアの壮麗さと謎を生き生きと描いている。Rudolf Blum著Hans Wellisch訳、*Kallimachos : The Alexandrian Library and the Origins of Bibliography*（Madison：University of Wisconsin Press, 1991）は、古代世界における書物の意味、図書館および書物の歴史のなかで偉大な抒情詩人カリマコスの重要性についての生彩ある学問的な探求の書である。

Martin Kern著*The Stele Inscriptions of Chin Shih-huang : Text and Ritual in Early Chinese Imperial Representation*（New Haven：American Oriental Society, 2000）は、秦の始皇帝の石碑をわかりやすく訳し、ニュアンスに富んだ解釈を示しているばかりでなく、秦時代の焚書の話との関連も論じている。この本はまた、"biblioclasm"（この著者の造語らしい）というたいへん有用な言葉を筆者に教えてくれた。Glen Dubridgeは新時代の書物破壊の逸話を調べ、1999

のなかで発見した。ピアソンはまた、二十世紀最高の娯楽小説の一つである *The Old Librarian's Almanack*（Woodstock, Vt.：Elm Tree Press, 1909）も書いている。ピアソンの小説に登場する架空の司書ジャレド・ビーンは、たくさんの批評家、コラムニスト、司書らに好意的に引用されている。Franco Morettiは*Atlas of the European Novel, 1800-1900*（London：Verso, 1998）で、文学作品の読者イコール教養人というあまりにも通俗的な偏見があるにもかかわらず、歴史のなかで読書の効用について新しい見方が始まっている様子をスケッチしている。Stéphane Mallarméの金言めいた書物宇宙論は、Keith Bosley 編訳の *The Poems : A Bilingual Edition*（New York：Penguin, 1977）で読んだ"As to the Book：The Book, a Spiritual Instrument"に明示されている。マラルメの傑作*Un Coup de dés jamais n'abolira le hasard*（サイコロの役目はチャンスを決して無効にしないことだ）は、この詩人の書物の本質と意味についての深遠な心の揺れを描いたものだ。Henry David Thoreauは、*A Week on the Concord and Merrimack Rivers*（1849）で、やはり自分自身の心の揺れを表明している。Jorge Luis Borgesももちろん、図書館について彼なりのさまざまな、錯綜した思いを抱いている。彼の短編「バベルの図書館」（邦訳『世界の文学』第9巻、篠田一士訳、集英社）はあちこちに収録されているが、筆者はJames E.Irby訳*Labyrinths : Selected Stories and Other Writings*（New York：New Directions, 1964）を参照した。ボルヘスの「天恵の詩」はAlexander Coleman編、Alistair Reid訳*Selected Poems*（New York：Penguin, 1999）から引用した。

## 第2章　アレクサンドリア炎上

Alfred J.Butler著*The Arab Conquest of Egypt*（Oxford：Clarendon Press, 1902）は、西欧の東洋学者がカリフ国の興隆を描いた古典

# 出典について

本書で参照した出典について、可能なかぎりたくさん挙げておく。とりわけ普通の読書の範疇を越えるものについて、書名、著者名など文献検索に役立つものを記しておきたい。それによって筆者がたどった道を知り、道すがら案内役をつとめてくれた他の著者たちの重要性を認識していただければ嬉しい。

## 第１章　図書館は宇宙に似ている

Thomas Wolfeの小説*Of Time and the River*（New York：Scribner's, 1935）に描かれている典型的な図書館の場面は、ワイドナー図書館の書架に押し寄せるたくさんの学生、教授陣、図書館職員らの日常を生き生きと表現している。ジュゼッペ・アルチンボルドの生涯については、Werner Kriegeskorteの*Giuseppe Archinboldo*（Cologne：Taschen, 1993）で知った。世界の書物出版に関する統計数字はVladimir F.Wertsman著*The Librarian's Companion,* 2nd ed.（New York：Greenwood Press, 1996）および*UNESCO Statistical Yearbook*（annual）から引用した。セネカの言葉はRichard M.Gummereの英訳による*Ad Lucilium epistulae morales,* Loeb Classical Library（Cambridge：Harvard University Press, 1979）からの引用である。Loebの全集は古色蒼然としたものだが、ラテン語原文の向かいの頁に丁寧な注釈付きの英語の対訳が載っていて、専門家でない者が古典を読むときの最上の文献である。とくに断り書きがない限り、以降の古典作品についてはこの全集を参照した。Edmund Lester Pearsonの目録カード作成に関する一文は、*Boston Evening Transcript*その他の新聞に掲載した著者のコラムを編纂した*The Library and the Librarian*（Woodstock, Vt.：Elm Tree Press, 1910）

## 【わ】



## 【A—】

## 【は】

## 【な】

## 【た】

## 【さ】

## 【か】

# 索 引

## 【あ】

＊本書は二〇〇四年に当社より刊行された『図書館の興亡 古代アレクサンドリアから現代まで』を文庫化したものです。

草思社文庫

図書館の興亡
古代アレクサンドリアから現代まで

2021年4月8日　第1刷発行

著　者　マシュー・バトルズ
訳　者　白須英子
発行者　藤田　博
発行所　株式会社 草思社
〒160-0022　東京都新宿区新宿1-10-1
電話　03(4580)7680(編集)
　　　03(4580)7676(営業)
　　　http://www.soshisha.com/
本文組版　有限会社 一企画
本文印刷　中央精版印刷 株式会社
付物印刷　中央精版印刷 株式会社
製本所　加藤製本 株式会社
本体表紙デザイン　間村俊一

ISBN978-4-7942-2513-9　Printed in Japan

## 草思社文庫既刊

### 銃・病原菌・鉄（上・下）
ジャレド・ダイアモンド　倉骨 彰＝訳

なぜ、アメリカ先住民は旧大陸を征服できなかったのか。現在の世界に広がる〝格差〟を生み出したのは何だったのか。人類の歴史に隠された壮大な謎を、最新科学による研究成果をもとに解き明かす。

### 文明崩壊（上・下）
ジャレド・ダイアモンド　楡井浩一＝訳

繁栄を極めた文明がなぜ消滅したのか？　古代マヤ文明やイースター島、北米アナサジ文明などのケースを解析、社会発展と環境負荷との相関関係から「崩壊の法則」を導き出す。現代世界への警告の書。

### 人間の性はなぜ奇妙に進化したのか
ジャレド・ダイアモンド　長谷川寿一＝訳

まわりから隠れてセックスそのものを楽しむ——これって人間だけだった!?　ヒトの性は動物と比べて実に奇妙である。動物の性と対比しながら、人間の奇妙なセクシャリティの進化を解き明かす、性の謎解き本。